地理科学类专业研究

潘玉君 张谦舵 等 著

国家一流课程"地理科学导论"
国家规划教材《地理科学导论》
国家自然科学基金项目
云南省博士生优质课程"地理学思想方法"
云南省教学改革研究项目
云南省潘玉君名师工作室

图书在版编目(CIP)数据

地理科学类专业研究/潘玉君等著. —北京:北京大学出版社,2023.12
ISBN 978-7-301-34819-2

Ⅰ. ①地…　Ⅱ. ①潘…　Ⅲ. ①地理学—研究　Ⅳ. ①K90

中国国家版本馆 CIP 数据核字(2024)第 012036 号

书　　　名	地理科学类专业研究 DILI KEXUELEI ZHUANYE YANJIU
著作责任者	潘玉君　等著
责 任 编 辑	王树通
标 准 书 号	ISBN 978-7-301-34819-2
出 版 发 行	北京大学出版社
地　　　址	北京市海淀区成府路 205 号　100871
网　　　址	http://www.pup.cn　新浪微博:@北京大学出版社
电 子 邮 箱	编辑部 lk2@pup.cn　总编室 zpup@pup.cn
电　　　话	邮购部 010-62752015　发行部 010-62750672　编辑部 010-62764976
印 刷 者	北京虎彩文化传播有限公司
经 销 者	新华书店 720 毫米×1020 毫米　16 开本　19 印张　300 千字 2023 年 12 月第 1 版　2023 年 12 月第 1 次印刷
定　　　价	78.00 元

未经许可,不得以任何方式复制或抄袭本书之部分或全部内容。
版权所有,侵权必究
举报电话: 010-62752024　电子邮箱: fd@pup.cn
图书如有印装质量问题,请与出版部联系,电话: 010-62756370

编委会

顾　问　武友德　杨　昆

主　编　潘玉君　张谦舵

编　委　（以姓氏笔画为序）

丁文荣　马立呼　马佳伸　马颖涛　吕赛鸫
华红莲　刘　化　刘佳琪　刘　玉　孙　俊
李　佳　李可可　李　润　李　萍　李晓莉
李玉琼　杨　倩　杨晓霖　肖　翔　吴菊平
辛会杰　汪顺美　张谦舵　范　玉　林晓婉
林昱辰　郑省念　周　毅　郝君倩　姚　辉
俞颖笑　高庆彦　晏祥选　韩丽红　蒋仁琼
潘玉君

目录 Contents

第一章 学习转型与成才方向 … 001
第一节 学习转型 … 001
一、学习理念：要自觉地建立所学与所思之间的联系 … 001
二、学习创新：研究性学习的基础和核心 … 002
三、学习要求 … 002
第二节 成才方向 … 003
一、培养目标 … 004
二、成才方向 … 006

第二章 专业构成 … 008
第一节 专业：人才培养的基本单位 … 008
一、专业的概念 … 008
二、专业的基础 … 009
第二节 地理科学类专业 … 011
一、专业名称 … 011
二、培养目标 … 012
三、培养规格 … 014
第三节 就业与成才目标 … 014

第三章 专业建设发展 … 016
第一节 国内地理专业布局 … 016
一、地理学科专业布局 … 016

二、地理学科院校培养质量 …………………………………………… 026

　　　三、地理学科专业建设水平 …………………………………………… 027

　　　四、地理学科院校培养特色 …………………………………………… 029

　第二节　国外地理学科设置情况 …………………………………………… 054

　　　一、地理学相关学科的院校和机构分布 ……………………………… 054

　　　二、地理学相近专业的院校和机构分布 ……………………………… 057

第四章　专业的主要学科基础 …………………………………………………… 063

　第一节　地理科学 …………………………………………………………… 063

　第二节　资源科学 …………………………………………………………… 065

　第三节　环境科学 …………………………………………………………… 067

　第四节　人居环境科学 ……………………………………………………… 069

　第五节　地理信息科学 ……………………………………………………… 070

　第六节　地球系统科学 ……………………………………………………… 072

　第七节　系统科学 …………………………………………………………… 073

　第八节　哲学 ………………………………………………………………… 074

第五章　主要课程 ………………………………………………………………… 076

　第一节　课程类型 …………………………………………………………… 076

　第二节　课程体系 …………………………………………………………… 076

　　　一、地理科学专业的课程体系 ………………………………………… 077

　　　二、自然地理与资源环境专业的课程体系 …………………………… 077

　　　三、人文地理与城乡规划专业的课程体系 …………………………… 078

　　　四、地理信息科学专业的课程体系 …………………………………… 078

　第三节　主要课程 …………………………………………………………… 079

　　　一、地理科学类专业导论 ……………………………………………… 079

　　　二、地理科学导论 ……………………………………………………… 079

　　　三、自然地理学类课程 ………………………………………………… 080

　　　四、人文地理学类课程 ………………………………………………… 081

　　　五、区域地理学类课程 ………………………………………………… 082

  六、地图与地理信息科学类课程 ······ 082

第六章　科学研究基本过程 ······ 084
第一节　科学研究的起点——科学问题 ······ 085
  一、科学问题的重要性 ······ 085
  二、科学问题的基本属性与构成原则 ······ 087
  三、确定选题 ······ 088
第二节　科学研究的基础——文献阅读与积累 ······ 093
  一、查阅文献的目的 ······ 093
  二、查阅文献的步骤 ······ 094
第三节　科学研究的规划 ······ 098
  一、科学研究的规划原则 ······ 099
  二、科学研究的规划内容 ······ 100
第四节　科学研究的方法 ······ 101
  一、观察法 ······ 102
  二、调查法 ······ 102
  三、专家咨询法 ······ 103
  四、实验法 ······ 103
  五、综合集成法 ······ 104
  六、系统动力学方法 ······ 105
  七、计算地理方法 ······ 105
  八、科学模型法 ······ 107
  九、综合考察法 ······ 108
  十、质性研究方法 ······ 108
第五节　科学研究的成果 ······ 109
  一、标题 ······ 109
  二、作者 ······ 109
  三、摘要与关键词 ······ 109
  四、引言 ······ 110
  五、搜集资料 ······ 111

六、分析资料 …… 111
七、结果和结论 …… 111
八、讨论 …… 112
九、感谢辞 …… 113
十、参考文献 …… 113
十一、附录 …… 114

第七章 国外文献平台与主要期刊 …… 116

第一节 国外地学文献平台 …… 116

一、ACLS 平台 …… 116
二、AGU 平台 …… 116
三、ASME 平台 …… 117
四、BioOne 平台 …… 117
五、EBSCO 平台 …… 117
六、EBL 平台 …… 118
七、PQDT 平台 …… 118
八、ProQuest 平台 …… 118
九、SAGE 平台 …… 118
十、Scopus 平台 …… 119
十一、Science Direct 平台 …… 119
十二、Springer Link 平台 …… 119
十三、Taylor & Francis SSH 平台 …… 119
十四、SCI/SSCI 平台 …… 120
十五、ResearchGate …… 120

第二节 地学主要期刊 …… 121

一、自然地理学领域 …… 121
二、人文地理学领域 …… 137
三、地图与地理信息科学领域 …… 148
四、综合地理学领域 …… 153
五、多学科领域 …… 157

第八章 国内文献平台与主要期刊 ……162

第一节 文献平台 ……162
一、中国社会科学引文索引平台 ……162
二、中国科学引文数据库平台 ……162
三、中国知网平台 ……163
四、人大复印报刊资料全文数据库平台 ……163
五、大成老旧刊全文数据库平台 ……164
六、万方期刊网数字化期刊平台 ……164
七、维普中文期刊数据库平台 ……164

第二节 地学主要期刊 ……165
一、自然地理类期刊 ……165
二、人文地理类期刊 ……174
三、地图与地理信息类期刊 ……176
四、综合地理类期刊 ……179
五、多学科类期刊 ……182

第九章 数据平台与数据来源 ……184

第一节 数据平台 ……184
一、地球系统科学数据共享平台 ……184
二、国际主要的地球系统科学数据共享平台 ……184
三、中国主要地球系统科学数据共享平台——国家地球系统科学数据中心 ……196

第二节 常用数据库 ……202
一、国外常用数据库(集) ……202
二、国内常用数据库(集) ……204

第十章 实验室和研究基地 ……209

第一节 实验室 ……209
一、实验室的主要类型 ……209
二、地理科学实验室 ……210

第二节　研究基地 …………………………………………………… 221
　　一、基地标准 …………………………………………………… 221
　　二、基地分布 …………………………………………………… 221
　　三、地理学性质基地 …………………………………………… 225

第十一章　学会与会议 …………………………………………… 228
　第一节　学会 ……………………………………………………… 228
　　一、国际地理联合会 …………………………………………… 228
　　二、中国地理学会 ……………………………………………… 229
　　三、美国国家地理学会 ………………………………………… 230
　　四、俄罗斯地理学会 …………………………………………… 231
　　五、英国皇家地理学会 ………………………………………… 231
　　六、日本地理学会 ……………………………………………… 232
　　七、国际地貌学家协会 ………………………………………… 232
　　八、美国地理学家协会 ………………………………………… 233
　　九、欧洲地理学家协会 ………………………………………… 234
　　十、德国莱布尼茨学会 ………………………………………… 234
　　十一、国际土壤科学联合会 …………………………………… 234
　　十二、国际大地测量学和地球物理学联合会 ………………… 235
　　十三、中国城市规划学会 ……………………………………… 236
　　十四、国际城市与区域规划师协会 …………………………… 236
　　十五、中国自然资源学会 ……………………………………… 237
　　十七、中国区域科学协会 ……………………………………… 237
　　十八、中国区域经济学会 ……………………………………… 238
　　十九、国际区域科学协会 ……………………………………… 238
　　二十、欧洲区域科学协会 ……………………………………… 239
　　二十一、中国环境科学学会 …………………………………… 239
　　二十二、美国环保协会 ………………………………………… 239
　　二十三、中国地理信息产业协会 ……………………………… 240

第二节　学术会议 …… 240
一、国际地理大会 …… 240
二、亚洲地理大会 …… 242
三、中国地理学会学术年会 …… 243
四、中国地理学大会 …… 248
五、中国地理编辑出版年会 …… 248
六、中国国情与发展论坛学术年会 …… 249
七、中日韩地理学国际研讨会 …… 249
八、中国高校GIS论坛 …… 250
九、全球地理信息开发者大会 …… 250
十、中国地理信息产业大会 …… 250

第十二章　地学工具书 …… 252

第一节　学科名词 …… 252
一、《地理学名词(第二版)》 …… 252
二、《资源科学技术名词》 …… 252
三、《地理信息系统名词(第二版)》 …… 253
四、《测绘学名词(第三版)》 …… 253
五、《生态学名词》 …… 253
六、《城乡规划学名词》 …… 254

第二节　百科全书 …… 254
一、《中国大百科全书》 …… 254
二、《美国百科全书》 …… 255
三、《不列颠百科全书》 …… 256
四、《科利尔百科全书》 …… 256
五、《俄罗斯大百科全书》 …… 257
六、《插图欧美大百科全书》 …… 257
七、《法国大百科全书》 …… 258
八、《意大利科学、文学与艺术百科全书》 …… 258
九、《地球系统科学百科全书》 …… 258

第三节　辞典 ······ 259
一、综合性辞典 ······ 259
二、专题性辞典 ······ 262
三、地名录 ······ 271

第十三章　赛事活动 ······ 274
第一节　大学地理赛事活动 ······ 274
一、中国高校地理科学展示大赛 ······ 274
二、高校地理师范生教学技能展示交流活动 ······ 274
三、中国"互联网+"大学生创新创业大赛 ······ 275
四、全国大学生GIS应用技能大赛 ······ 275
五、Esri杯中国大学生GIS软件开发竞赛 ······ 276
六、全国高校GIS技能大赛 ······ 276
七、CPGIS年度最佳学生论文奖（大赛）······ 277

第二节　中学地理赛事活动 ······ 277
一、国际地理奥林匹克竞赛 ······ 277
二、全俄中学生地理奥林匹克竞赛 ······ 278
三、全国中学生地理奥林匹克竞赛 ······ 278
四、国家世界地理锦标赛 ······ 279
五、全国中学生地球科学竞赛 ······ 279
六、全国中学生天文奥林匹克竞赛 ······ 280
七、"地球小博士"全国地理科技大赛 ······ 280

第三节　其他地理赛事活动 ······ 281
一、美国《国家地理》全球摄影大赛 ······ 281
二、全俄地理听写大赛 ······ 281
三、中国地理学会主办的"全民地理科普摄影大赛" ······ 282

主要参考文献 ······ 283

第一章 学习转型与成才方向

学习转型与成才方向是大学生开始新的学习生活时,要理性思考的首要问题,也就是说大学生应该怎样学习,今后要成为哪方面的人才,以对国家、民族和人类有所贡献。大学生要尽快实现学习转型,尽快明确专业成才方向。

第一节 学习转型

学习转型的核心是学习理念的提升和再造。大学的学习理念应该是"要自觉地建立所学与所思之间的联系"。这一学习理念的形成和不断实践,是学习创新的基础,也是成才的基础,更是为国家做出贡献的基础。

一、学习理念:要自觉地建立所学与所思之间的联系

大学的学习与中学的学习有很大不同。其中之一,大学的学习理念是"要自觉地建立所学与所思之间的联系"。第一,态度,学生要自觉;第二,所学包括向老师学、向同学学、向论著学、向专家学,等等,其中最主要的是向授课老师学习某一分支学科的系统知识;第三,所思是指学生自己正在思考的问题,包括学科性问题,如该学科的"研究对象是什么""研究核心是什么""研究范式是什么"等学科基本理论问题,又如该学科可以研究哪些社会经济发展和环境建设方面的现实问题等;第四,"所学"与"所思"之间联系的方向,是指应该由"学而不思则罔""思而不学则殆"提升发展为"学而又思则新"。

二、学习创新:研究性学习的基础和核心

学习创新是"研究性学习"的基础和核心。"学而又思则新"的"新"是指"学习创新""创新性学习"。"新"主要表现在:① 学生运用所学到的理论和方法思考和研究某一具体的地理事物、地理现象和地理过程等,如运用"综合自然地理学"课程中所学习到的包括自然地域分异因素作用机制和自然地域分异规律在内的自然地域分异理论,分析和研究某一自然地域的分异格局;② 学生运用所学到的多重理论和方法思考和研究具体的地理事物、地理现象和地理过程等并比较它们之间的异同,如运用戴维斯地貌发育理论和彭克地貌发育理论研究某一自然地域的地貌发育;③ 学生运用所学到的理论和方法,发现和预见新的地理事物、地理现象、地理过程,如运用社会经济发展的点轴理论,发现社会经济布局的新的点、新的轴,等等;④ 学生在一定的探讨和研究基础上,提出可能的新的科学概念和科学假说,并进行阐述,哪怕是初步的、粗浅的阐述。

学习创新是理论创新的重要基础——意识基础、能力基础和知识基础。马克思主义哲学和德国古典哲学已经深入系统地阐述了理论创新的原则问题。理论创新的最高原则是"历史与逻辑的统一"。

三、学习要求

大学的专业学习是多元化的过程。其中,最基本、最重要的学习途径是通过课堂跟老师学习,按时保质完成长期作业。

(一) 课堂笔记(本)

课堂笔记是系统、完整地记录老师所讲授课程内容的最重要的工作,其载体是课堂笔记本。课堂笔记非常重要,主要原因是老师所讲授的内容具有多元化特征,即老师所讲授的内容有多元基础,包括教材、主要参考书、主要学术论文、自己正在研究的部分内容,是再创造、知识再生产的过程和结果。

课堂笔记本的基本要求包括:① 要使用大约 16 开的笔记本,不要使

用64开的笔记本;② 在封面合适的位置规规矩矩地写上课程的名称,如"地理科学导论";③ 课堂笔记本前面要留出2～3页,以便不断编辑"目录";④ 课堂笔记本要在合适的位置连续标注页码;⑤ 课堂笔记本要单面使用,这不是浪费,而是供今后陆续补充丰富的内容;⑥ 课堂笔记本的每一个页面要科学"分隔",一般的"分隔"形式是把课堂笔记本纵向分隔出约1/4作为"辅助区域",这一部分有很大用处。这样的课堂笔记本已不是普通的课堂笔记本,而是具有一定研究性、学术性的课堂笔记本。

养成这样的课堂笔记习惯,对今后从事科学研究、学术研究具有重要的"习惯作用"。

(二) 完成长期作业

课程的长期作业主要包括三个方面:① 学术文献卡片的编制。这里的学术文献卡片主要包括"学术文献摘录卡片""学术文献摘要卡片""学术文献题录卡片"等形式,涉及地理科学、资源科学、环境科学、人居科学、信息科学等学科以及科学和社会经济发展重大问题等方面的内容。② 学术名著阅读。要精读、学习一部学术名著并形成阅读笔记。建议精读《地理学思想史》(詹姆斯著,李旭旦译,商务印书馆)、《地理科学导论(第三版)》(潘玉君,武友德,科学出版社)。③ 专题探索作业。这项长期作业是本科导师制所必需的,并以"专题笔记本"等形式呈现。

长期作业的完成特别是出色完成,是培养科学研究精神、科学研究意识、科学研究能力的重要基础。

第二节 成才方向

地理科学类——地理科学专业、自然地理与资源环境专业、人文地理与城乡规划专业、地理信息科学专业——的学生要立志成为对国家、对民族、对人类有贡献的专业人才。

一、培养目标

《普通高等学校本科专业类教学质量国家标准》中的"地理科学类教学质量国家标准"系统阐述了地理科学类的人才培养目标。人才培养目标的科学实现,是成才的坚实基础。

1. 地理科学类培养的学生应该掌握以地理思想方法为核心的元地理学、自然地理学、人文地理学、地理信息科学技术的基础知识、基本理论、分析方法、研究方法、研究技能。其中,与元地理学对应的主要是核心课程地理科学导论、地理学思想方法、地理学思想史、地理科学方法论等;与自然地理学对应的主要是自然地理学类课程,包括部门自然地理学、综合自然地理学、区域自然地理学等;与人文地理学对应的主要是人文地理学类课程,包括人文地理学、经济地理学、区域分析与规划、区域总体规划、区域详细规划等;与地理信息科学技术对应的主要是地理信息科学导论、地理信息系统原理、空间分析等课程。

2. 地理科学类培养的学生应该具有通过野外综合考察、社会调查、实验分析等获得第一手科学资料和地理数据的能力。这些能力的形成,主要通过有关课程的实验实践、地理野外综合实习、自然地理野外综合实习、人文地理野外综合实习、本科毕业论文或毕业设计、大学生科研训练项目、大学生社会实践活动、参加有关老师主持的科研课题等教育教学环节来实现。

3. 地理科学类培养的学生应该能够分析、归纳、整理、整合多元多源数据,掌握一定的数理统计分析和计算机技术,具有"从定性到定量的综合集成"分析研究地理问题的能力。这些能力的形成,主要通过计量(算)地理学课程的系统学习、有关课程中的案例教学、大学生科研训练项目、探索性或研究性作业、本科毕业论文或毕业设计等教育教学环节来实现。

4. 地理科学类培养的学生应该具有遥感、卫星定位导航、地理信息系统的应用开发能力,掌握资料调查与收集、文献检索及运用现代技术获得相关信息的基本方法。这些能力的形成,主要通过地理信息科学技术类课程、地理信息科学技术实验类课程、地理信息科学技术实习实践、有关课程中的案例教学、大学生科研训练项目、探索性或研究性作业、本科毕业论文或毕业设计等教育教学环节来实现。

5. 地理科学类培养的学生应该具有一定的自主设计探索性、综合性科学实验的能力，开展野外科学考察的能力。这些能力的形成，主要通过地理科学综合野外实习、有关课程的研究方法学习、大学生科研训练项目、探索性或研究性作业、本科毕业论文或毕业设计等教育教学环节来实现。

6. 地理科学类培养的学生应该具有较强的科学探索精神和接受新知识、新理论和新技术的能力，以及良好的合作精神和团队意识。这些能力的形成，主要通过地理科学导论和地理学思想方法等课程以及地理科学综合野外实习、大学生科研训练项目、社会实践等环节来实现。

7. 地理科学类培养的学生应该具有高度关注地理科学等有关学科的发展历史、发展态势和前沿领域的科学意识、科学精神和科学能力。这些能力的形成主要通过"地理科学导论"和"地理学思想方法"等课程、核心课程的导言中的学科前沿部分、较系统的学术报告和科学报告、创新性和探索性作业等来实现。

8. 地理科学类培养的学生应该具有高度关注人类发展、国家发展、地区发展的强烈意识，包括关注甚至参与人类发展报告、世界格局、国家和地区远景目标建议、国家和地区五年发展规划建议、国家和地区发展战略（远景目标）、国家和地区五年发展规划、国家和地区年度发展计划、国家和地区主体功能区规划等的强烈意识。

9. 地理科学类培养的学生应该具有向政府有关部门提出科学咨询和科学建议的强烈意识和基本能力，具有编写建议报告或咨询报告的能力。这些能力的形成需要通过多重教育教学环节来实现，其中地理科学导论课程、地理综合实习报告撰写、地理综合设计等最为重要。

二、成才方向

(一) 总体方向

地理科学类毕业生要努力成为对国家、民族、人类发展有所贡献的人，可以成为中学地理教育家，甚至中学地理卓越教师，也可以成为地理学家、地理信息科学家、地理信息工作者、人文地理和城乡规划学家、人文地理和城乡规划工作者、自然地理与资源环境学家、自然地理与资源环境工作者以及这些领域的优秀专家。

(二) 具体方向

地理科学类毕业生要成为复合型专门人才。第一，成才单位——教学单位、科研单位、政府有关单位、企业单位等；第二，成才领域——地理学、人文地理学、自然地理学、地理信息科学、地理环境及其变化、全球自然变化与人文变化、环境保护、资源开发与利用、灾害监测与管理、国土资源调查与管理、城乡规划及其实施、区域发展规划及其实施、旅游规划及其实施、地理信息技术开发与利用、国防研究与建设等，还可服务于新农村建设、"一带一路"倡议、美丽中国和家乡建设等；第三，成才工作——基础教育、科学研究、应用及管理等方面的具体工作。

(三) 成才目标

地理科学类的毕业生经过多年——二十年、三十年——的勤奋工作和深造学习，逐渐成长为地理科学学科、以自然地理为厚重基础的资源环境学科、以人文地理为厚重基础的城乡规划学科、以地理学为厚重基础的地理信息科学学科、以地理学和教育学为厚重基础的中学地理教育学科的优秀的乃至卓越的科学家、教育家等。

问题与讨论

一、常规性问题与讨论

1. 你如何理解"要自觉地建立所学与所思之间的联系"这一学习理念?
2. 你如何理解"学习创新"?
3. 请简述课堂笔记(本)的基本要求。
4. 请简述长期作业。
5. 请简述学术文献卡片。
6. 你如何理解地理科学类人才培养目标?
7. 你如何理解地理科学类成才目标?
8. 长期作业:
(1) 每天最少完成一张学术文献卡片;
(2) 每天研读所确定的学术名著。

二、研究性问题与讨论

1. 请在教师或导师的指导下,确定你准备精读的地理学名著。
2. 请在观看《大家·吴传钧》等的基础上,谈谈你对成才的理解。
3. 请你谈谈地理科学为国家发展做出贡献的领域。
4. 请全班同学研究设计学术文献卡片的格式。

第二章 专业构成

专业是高等教育发展到一定阶段的产物,是较大规模人才培养的基本单位。工业化以来,专业培养出来大批专业人才,对人类社会发展做出重大贡献。地理科学类的4个专业——地理科学专业、自然地理与资源环境专业、人文地理与城乡规划专业、地理信息科学专业——都具有很好的发展前景,对国家、中华民族和人类的发展具有重要贡献。

第一节 专业:人才培养的基本单位

人才的培养与成长有多重路径和多种形式。对于绝大多数现代人的成长以及成才而言,专业是人才培养的基本单位。

一、专业的概念

专业是一个具有多重含义的概念,包含学科性专业、教育性专业和职业性专业三种含义。学科性专业是指一定科学领域或一门科学的专业分支;教育性专业是指培养专门人才的基本单位或组织形式;职业性专业是从社会分工、职业分类的角度来定义的,相对于普通职业的专门职业。这里的专业指的是教育性专业,特指高等教育中培养人才的基本单位。

业界对专业这一概念形成了多样的界定。《现代汉语词典》中将"专业"定义为:"高等学校的一个系里或中等专业学校里,根据科学分工或生产部门的分工把学业分成的门类。"在《辞海》中,"专业是高等学校或中等专业学校根据社会分工需要而划分的学业门类。"《教育管理辞典》中对专业的定义与《辞海》中的一致,并进一步指出各专业都有独立的教学计划,以体现本专业的培养目标和要求。《教育大辞典》中,将专业定义为"高等教育培养学生的各个专门领域",指出社会职业分工、学科分类、科学技术和文化发展状况及经济建设与社会发展需要是专业划分的依据。在潘懋元、王伟廉主编的《高等教育学》中,认为"专业是指课程的一种组织形式"。在吴启明、薛天翔主编的《高等教育学》中,"专业是指高校中根据学科分类和社会职业分工需要分门别类进行高深专门知识教与学活动的基本单位"。在周川主编的《简明高等教育学》中,"专业是高等学校根据社会专门职业分工和学科体系的内在逻辑而划分的基本教育单位",是依据确定的培养目标设置于高等学校(及其相应的教育机构)的教育基本单位或教育基本组织形式。

在上述对专业的既有界定中,多数界定共同指出了"学科分类""社会职业分工需求"是专业形成的基础和划分依据,一部分定义则强调专业是一个教育基本单位,另一部分则指出专业的主要构成要素包括培养目标和课程体系。综合而言,可以将专业定义为:专业是高等学校根据学科分类和社会职业分工需求分门别类地以确定的培养目标和课程体系进行人才培养的教育基本单位。

二、专业的基础

专业的基础主要包括专业的学科基础、社会基础、课程基础、师资基础等。这些基础及其发展深远影响着专业的形成、发展和变化。

(一)专业的学科基础

这里的学科分类是指按科学的性质而划分的门类,指一定科学领域或一门科学的分支。专业的出现和演化是与学科的不断分化和综合密切相关的。18世纪自然科学从哲学中分化出来后,出现了一系列学科门类。19世纪上半叶,自然科学的分化已经达到相当精确的程度。之后,随着现代科技的发展,基础学科不断分化,相继出现了二级、三级学科,同时,学科综合的趋势也大大增强,原有学科之间的交接部分产生了新的边缘学科。

20世纪30年代以来学科之间又出现了交叉的趋势,这样,大量的综合学科、横向学科、边缘学科不断产生,这些构成了新专业的学科基础,推动了专业的发展和更替。

(二) 专业的社会基础

社会分工和职业需要对从业者知识结构、能力和素质的不同需求,是专业设置的基础。中世纪后的一个相当长的时期内,由于社会分工不发达,大学的专业设置也极为单一。但四大传统专业设置俨然受到不同地区经济社会发展对于四大传统职业从业人员需求的影响。例如,贸易纠纷频发导致对法律专业从业人员的迫切需求,是以法学著称的博洛尼亚大学诞生的重要因素;因当时战争频繁,需要救助的伤员增多,亟须懂得医术的治病疗伤的人员,在后来以医学著称的萨莱诺大学,以培养医生为主要目标的医科专业应运而生;巴黎大学前身是巴黎圣母院大主教学校,是教会为了培养高级僧侣和神职人员,在自己管辖的土地上建立起来的教会学校,以神学著名。18世纪末,工业的发展促使整个社会结构发生了深刻变化,社会分工极大地提高了劳动生产率,一系列新兴的产业应运而生,职业需求越来越专业化,很多专业不断从原有的专业大类中分离出来,形成新的专业。大学的专业设置越来越多地受到新的社会分工和职业需求的影响。

在不同的国家和地区或者同一国家的不同历史时期,专业不是固定不变的。专业的划分以一定的社会分工为前提,又与一定的学科基础相对应。由于专业形成的社会分工和学科基础处在不断的分化与综合的过程中,因此,专业决不是一成不变的。首先,学科是专业的基础,由于专业的学科基础处在不断发展之中,同一专业在不同时期往往具有不同的发展方向,专业的内容和发展方向要与学科的形成、发展相适应,专业需要随着学科的发展不断更新,以新的综合和组合方式形成新的专业。其次,科技的发展和社会的进步,不断引起社会结构尤其是经济结构的调整变化,进而引起对各类专门人才的需求。专业需要根据整个经济社会动态系统的变化不断调整发展,尽可能反映科学技术和现代生产发展的趋势。

（三）专业的课程基础

人才培养是"专业"的实质所在，人才培养离不开专业的基本构成要素——培养目标和课程体系。首先，培养目标是专业的核心，它具体规定了各专业所要培养的人才应达到的基本素质和业务规格。其基本内容包括基础理论、专业知识、专业能力以及身体方面的特殊要求和职业道德等。其次，专业中围绕特定的人才培养目标形成课程体系。专业按照学科发展和分类以及社会职业分工需要选择学习内容，形成系统化的知识体系，这种知识体系融于教与学活动系统中形成课程以及课程体系。教学活动将系统化、结构化的知识体系转化为社会分工和社会职业需求的人才的知识结构、能力和素质，最终实现专业人才的培养。

（四）专业的师资基础

教师及其团队是专业的重要条件，划分为不同系统。在中华人民共和国成立之前一段时期，大学教授划分为教育部部聘教授和校聘教授，当时胡焕庸教授为唯一部聘教授。中华人民共和国成立后一段时期，开始大学教授级别划分，包括一级教授、二级教授和三级教授等，一级教授中的绝大多数为中国科学院学部委员（即后来的中国科学院院士）。21世纪以来，大学教师划分为不同级别，从高到低为一级教授、二级教授、三级教授、四级教授、五级副教授、六级副教授、七级副教授、八级讲师、九级讲师、助教、见习助教等。其中，一级教授相当于院士（中国科学院院士和中国工程院院士），有的学校如中国人民大学、中央民族大学等评定文科一级教授，这是各自学校意义上的文科一级教授。大学教师划分为专职教师、兼职教师等。

第二节 地理科学类专业

一、专业名称

改革开放以来，根据学科发展和社会需求等，中国进行了4次大规模的学科目录和专业设置调整工作。教育部编制的《普通高等学校本科专业目录》中,按门类、类、专业等层次设置。① 专业门类包括哲学门类、经济学门类、法学门类、教育学门类、文学门类、历史学门类、理学门类、工学门类、农学门类、医学门类、管理学门类、艺术学门类等。② 理学门类包括数学类、物理学类、化学类、天文学类、地理科学类、大气科学类、海洋科学类、地球物理学类、地质学类、生物科学类、心理学类、统计学类。③ 地理科学类属于理学门类。地理科学类专业是以地理科学为第一支撑学科基础的各个专业的统称,包括4个专业:地理科学专业、自然地理与资源环境专业、人文地理与城乡规划专业、地理信息科学专业。这4个专业的专业发展既具有共性也具有个性。

二、培养目标

(一)目标内容

地理科学类的每一个专业的毕业生,都应该成为对国家、对民族、对人类发展有贡献的人。《普通高等学校本科专业类教学质量国家标准》提出和阐述了地理科学类人才培养目标,包括知识目标、能力目标和素质目标等多个维度。主要为:① 应该具有遵循马克思主义特别是辩证唯物主义、历史唯物主义,运用普通系统论,观察、分析和研究以及表述地理事物的自觉意识;② 应该基本形成包括地理环境整体性、地理环境分异性、地理环境尺度性、地理环境人地性、地理环境过程性等在内的地理科学意识、地理科学精神和地理科学能力;③ 应该系统掌握地理学(整体)、自然地理学、人文地理学、地理信息科学的基础知识、基本理论和基本方法;④ 应该初步形成综合运用基础知识、基本理论和基本方法解决较复杂地理问题的能力,包括野外综合考察和调查、人文社会经济考察和调查、统计资料系统收集和综合运用、文献检索和综合集成、数据多元处理和模型运用、地理科学问题的确立和系统表述、地理科学研究过程、科学研究报告和科学论文撰写等;⑤ 应该具有进一步深造学习的意识和基本能力,即攻读硕士研究生的意识和能力,以及再进一步攻读博士研究生的意识和能力;⑥ 应该具有合作意识和团队精神。

(二) 目标分析

第一,关于马克思主义。马克思主义特别是辩证唯物主义和历史唯物主义,是地理科学工作者认识世界、研究世界、把握世界的最高、最基本的原理,一定要牢牢掌握。第二,关于普通系统论。普通系统论已具有科学方法论意义,是开展地理基础研究、地理应用研究、地理实际应用等的最重要的基础和工具。第三,关于地理学(整体)。地理学(整体)知识、理论和方法,明显有别于自然地理学、人文地理学和地理信息科学的知识、理论和方法,后三者无法替代。这需要高水平的课程"地理科学导论"的支撑。第四,关于地理环境基本性质。地理环境具有多重性质,但基本性质有地理环境整体性、地理环境分异性、地理环境尺度性、地理环境人地性、地理环境过程性。对地理环境这些基本性质的科学认识、科学把握非常重要。这也需要高水平的课程"地理科学导论"的支撑。第五,关于综合运用。在学习过程中,基础知识、基本理论和基本方法分别按不同系统讲授,它们的综合运用不足。因此,要高度重视课程实习、专业实习和毕业论文等实践环节。第六,关于工作意识和能力。绝大多数毕业生经过几十年的努力,都会成为有关领域的专门人才、专家和科学家(如地理学家、地理信息科学家、城乡规划学家、资源环境学家),为国家、民族和人类做出贡献。

(三) 目标差别

1. 专业目标差别

地理科学类专业群之下的各个专业的培养目标,有一定差别。这主要体现在课程设置、实践环节、毕业论文等方面。如在地理科学专业中,地理科学基础理论方面的课程的比重远高于其他 3 个专业;又如在自然地理与资源环境专业中,资源和环境方面具有一定实践性的课程的比重远大于其他 3 个专业;再如在人文地理与城乡规划专业中,区域总体规划和详细规划方面具有一定实践性的课程的比重远大于其他 3 个专业;还有,在地理信息科学专业中,计算机语言和软件运用方面具有一定实践性的课程的比重远大于其他 3 个专业。

2. 学校目标差别

同一专业在不同院校的培养目标也有一定差别。如北京大学地理科学专业、北京师范大学地理科学专业、云南师范大学地理科学专业、南京大学地理科学专业虽同属于地理科学专业，但它们的具体的培养目标具有一定差别，各具特色或优势。这些特色或优势，主要通过课程及课程群、课程深度、授课教师水平等综合体现。

三、培养规格

《普通高等学校本科专业类教学质量国家标准》提出和阐述了地理科学类人才培养规格，包括学制、学位、学时、学分、要求等。① 关于学位。学位是标志一个人学历的头衔，即一个人通过学习取得学识及相应学习能力程度的标志，由国家授权的高等学校颁发。一般包括学士、硕士、博士三种。学士学位是高等教育本科阶段授予的学位名称。它表示学位取得者较好地掌握了本门学科的基础理论、专业知识和基本技能，并具有从事科学研究工作或担负专门技术工作的初步能力。地理科学类 4 个专业——地理科学专业、自然地理与资源环境专业、人文地理与城乡规划专业、地理信息科学专业——的本科毕业生可以授予理学学士学位。其中，自然地理与资源环境专业、人文地理与城乡规划专业的本科毕业生还可以授予管理学学士学位。② 关于学分和学时。地理科学类专业中的每一个专业的各类课程总学分不少于 150 学分，总学时不少于 2700 学时。③ 关于学制。学校根据实际情况，可以实行弹性学制，允许学生分阶段完成学业。但具有学籍的时间最长不超过 8 年，累计修业时间不少于 3 年且不超过 6 年。

第三节 就业与成才目标

地理科学类的毕业生要成为或逐渐成为对国家、对中华民族、对人类发展有贡献的人。其成才目标包括 4 个维度，即单位维度、领域维度、工作维度、层次维度。① 在单位维度上，地理科学类毕业生可以在教学单位、科研单位、政府有关部门、企业单位等 4 种单位就业与发展;② 在领域维度上,地理科学类毕业生可以在全球变化领域、环境保护领域、资源开发与利用领域、灾害监测与管理领域、国土资源调查与管理领域、旅游规划领域、城乡规划领域、区域发展领域、地理信息技术开发与应用领域、国防建设领域等 10 个领域就业与发展;③ 在工作维度上,地理科学类毕业生可以在基础教育、科学研究、应用、管理等 4 个方面就业与发展;④ 在层次维度上,经过多年工作和勤奋努力,逐渐成长为不同领域的普通工作者、卓越工作者、专家、大专家等 4 个层次。

问题与讨论

一、常规性问题与讨论

1. 你如何理解"专业"?
2. 你如何理解"成才与就业的维度"?
3. 你如何理解"地理科学类人才培养规格"?
4. 长期作业:
(1) 每天最少完成一张学术文献卡片;
(2) 每天研读所确定的学术名著。

二、研究性问题与讨论

1. 你准备选择地理科学类中的哪一个专业?
2. 你准备成为哪一个领域的专家?

第三章 专业建设发展

20世纪70年代以来,地理科学的科学思维、研究方法、表达方式等深刻地影响着自然科学、人文科学、社会科学、工程学科等与地理空间秩序特别是地域空间秩序有关的学科的发展及研究。在这一背景下,地理高等教育得到较为充分的发展。

第一节 国内地理专业布局

国内地理专业设置情况主要通过地理学科专业布局、地理学科院校培养质量、地理学科专业建设水平和地理学科院校培养特色几个方面来反映。

一、地理学科专业布局

(一)地理学科本科专业布局

全国(不含港澳台地区)共319所开设地理科学类专业(地理学专业)的高校,所有省(自治区、直辖市)均拥有具有地理学专业的高校。其中江苏、湖南、山东拥有地理学专业的高校数最多,均在20个以上;河南、河北、北京、云南、吉林、浙江等14个省(直辖市)拥有10~18个具有地理学专业的高校;广西、山西、福建、上海、重庆、新疆等14个省(自治区、直辖市)拥有1~9个具有地理学专业的高校(表3-1)。

1. 地理科学专业

全国共163所开设地理科学专业的高校,所有省(自治区、直辖市)均有开设该专业的高校。其中,河南、河北开设该专业的高校数均为10个;广东、湖北、吉林、山西等13省有6~9所开设该专业的高校;黑龙江、北京等6省(直辖市)有3~5所开设该专业的高校;其余省(自治区、直辖市)有1~2所高校开设该专业。地理科学专业包括地理科学师范类和地理科学非师范类。

2. 自然地理与资源环境专业

全国共123所高校开设自然地理与资源环境专业,其中,湖南开设自然地理与资源环境专业的高校最多,共13个;湖北、河南、山东等9省开设自然地理与资源环境专业的高校各有6~9个;广西、海南、辽宁、青海、上海、天津、西藏均仅有1所高校开设自然地理与资源环境专业,其余省(自治区、直辖市)有2~5所高校开设该专业。

3. 人文地理与城乡规划专业

全国共151所开设人文地理与城乡规划专业的高校,分布在所有省(自治区、直辖市)中。其中,江苏、河南、湖南开设该专业的高校数均为10个以上,分别为14所、11所、11所;湖北、四川、广东、云南等12省有5~8所开设该专业的高校;吉林、重庆、江西、上海、新疆有2~3所开设该专业的高校;其余省(自治区、直辖市)仅有1所高校开设该专业。

4. 地理信息科学专业

全国共176所开设地理信息科学专业的高校,分布在所有省(自治区、直辖市)中。江苏、山东、河南、北京等8省(直辖市)开设该专业的高校数均为10个以上;吉林、四川、贵州、云南等11省有4~9所开设该专业的高校;其余省(自治区、直辖市)有1~3所高校开设该专业。

表 3-1 全国地理学专业 319 所培养院校明细

院校属地	院校名称	院校属地	院校名称
北京	首都师范大学	山西	山西大学
北京	中国地质大学(北京)	山西	山西工程技术学院
北京	中国科学院大学	山西	山西农业大学
北京	中国矿业大学	山西	山西师范大学
北京	中国农业大学	山西	山西师范大学现代文理学院
北京	中国石油大学(北京)		
北京	北京大学	山西	太原理工大学
北京	北京建筑大学	山西	太原师范学院
北京	北京联合大学	山西	忻州师范学院
北京	北京林业大学	内蒙古	呼伦贝尔学院
北京	北京师范大学	内蒙古	集宁师范学院
北京	清华大学	内蒙古	内蒙古农业大学
天津	天津城建大学	内蒙古	内蒙古师范大学
天津	天津理工大学	内蒙古	赤峰学院
天津	天津师范大学	内蒙古	内蒙古财经大学
天津	天津大学	内蒙古	包头师范学院
河北	华北科技学院	辽宁	沈阳大学
河北	华北理工大学	辽宁	辽东学院
河北	邯郸学院	辽宁	辽宁工程技术大学
河北	河北地质大学	辽宁	辽宁师范大学
河北	河北工程大学	吉林	吉林大学
河北	河北民族师范学院	吉林	吉林建筑大学
河北	河北农业大学	吉林	吉林师范大学
河北	河北师范大学	吉林	吉林师范大学博达学院
河北	河北师范大学汇华学院	吉林	长春工程学院
河北	石家庄学院	吉林	长春师范大学
河北	张家口学院	吉林	白城师范学院
河北	保定理工学院(中国地质大学长城学院)	吉林	东北师范大学
		吉林	东北师范大学人文学院
河北	保定学院	吉林	长白山大学
河北	防灾科技学院	吉林	延边大学
河北	唐山师范学院	黑龙江	黑龙江工程学院
河北	邢台大学	黑龙江	黑龙江科技大学
河北	燕山大学	黑龙江	佳木斯大学
山西	山西财经大学	黑龙江	哈尔滨师范大学

(续表)

院校属地	院校名称	院校属地	院校名称
黑龙江	哈尔滨学院	浙江	浙江工商大学
黑龙江	齐齐哈尔大学	浙江	浙江工商大学杭州商学院
黑龙江	绥化学院	浙江	浙江农林大学
黑龙江	东北林业大学	浙江	浙江农林大学暨阳学院
黑龙江	东北农业大学	浙江	浙江师范大学
黑龙江	牡丹江师范学院	安徽	阜阳师范学院
上海	华东师范大学	安徽	合肥工业大学
上海	上海师范大学	安徽	合肥学院
上海	同济大学	安徽	安徽大学
江苏	江苏海洋大学	安徽	安徽科技大学
江苏	淮阴师范学院	安徽	安徽理工大学
江苏	河海大学	安徽	安徽农业大学
江苏	江苏科技大学	安徽	安徽师范大学
江苏	江苏科技大学天平学院	安徽	安庆师范大学
江苏	中国矿业大学	安徽	池州学院
江苏	东南大学	安徽	滁州学院
江苏	江苏第二师范学院	安徽	铜陵学院
江苏	江苏师范大学	安徽	皖西学院
江苏	江苏师范大学科文学院	安徽	宿州学院
江苏	南京大学	安徽	阜阳师范大学
江苏	南京大学金陵学院	福建	华侨大学
江苏	南京工业大学	福建	集美大学
江苏	南京林业大学	福建	福建师范大学
江苏	南京农业大学	福建	福州大学
江苏	南京师范大学	福建	莆田学院
江苏	南京晓庄学院	福建	泉州师范学院
江苏	南京信息工程大学	福建	闽南师范大学
江苏	南京邮电大学	江西	上饶师范学院
江苏	南通大学	江西	宜春学院
江苏	南通大学杏林学院	江西	华东理工大学
江苏	盐城师范学院	江西	江西理工大学
浙江	杭州师范大学	江西	江西农业大学
浙江	宁波大学	江西	江西师范大学
浙江	宁波大学科学技术学院	江西	赣南师范大学
浙江	浙江财经大学	山东	鲁东大学
浙江	浙江大学	山东	泰山学院

(续表)

院校属地	院校名称	院校属地	院校名称
山东	菏泽学院	湖北	湖北科技学院
山东	济南大学	湖北	湖北民族学院
山东	齐鲁师范学院	湖北	湖北民族学院科技学院
山东	青岛大学	湖北	湖北师范大学
山东	青岛理工大学	湖北	湖北师范大学文理学院
山东	曲阜师范大学	湖北	湖北文理学院
山东	山东建筑大学	湖北	华中农业大学
山东	山东交通学院	湖北	华中师范大学
山东	山东科技大学	湖北	黄冈师范学院
山东	山东理工大学	湖北	长江大学
山东	山东农业大学	湖北	中国地质大学（武汉）
山东	山东师范大学	湖北	武汉大学
山东	枣庄学院	湖北	武汉科技工程学院
山东	中国石油大学（华东）	湖北	武汉科技大学
山东	滨州学院	湖北	武汉理工大学
山东	德州学院	湖北	武汉设计工程学院
山东	聊城大学	湖南	衡阳师范学院
山东	临沂大学	湖南	衡阳师范学院南丘学院
河南	河南农业大学	湖南	湖南城市学院
河南	华北水利水电大学	湖南	湖南工业大学
河南	河南财经政法大学	湖南	湖南科技大学
河南	河南大学	湖南	湖南科技大学潇湘学院
河南	河南大学民生学院	湖南	湖南农业大学
河南	河南理工大学	湖南	湖南农业大学东方科技学院
河南	平顶山学院		
河南	商丘师范学院	湖南	湖南师范大学
河南	郑州大学	湖南	湖南师范大学树达学院
河南	郑州师范学院	湖南	湖南文理学院
河南	安阳师范学院	湖南	湖南文理学院芙蓉学院
河南	洛阳师范学院	湖南	吉首大学
河南	南阳师范学院	湖南	吉首大学张家界学院
河南	信阳师范学院	湖南	邵阳学院
河南	信阳学院	湖南	长江理工大学
河南	许昌学院	湖南	中南大学
河南	郑州工商学院	湖南	中南林业科技大学
湖北	湖北大学	湖南	中南林业科技大学涉外学院

(续表)

院校属地	院校名称	院校属地	院校名称
湖南	长沙学院	四川	成都理工大学工程技术学院
广东	华南农业大学		
广东	华南师范大学	四川	成都师范学院
广东	惠州学院	四川	成都信息工程大学
广东	嘉应学院	四川	乐山师范学院
广东	广东财经大学	四川	绵阳师范学院
广东	广东石油化工学院	四川	内江师范学院
广东	广州大学	四川	西昌学院
广东	韩山师范学院	四川	华西师范大学
广东	韶关学院	四川	西南交通大学
广东	中山大学	四川	西南科技大学
广东	中山大学新华学院	四川	西南交通大学城市学院
广东	北京师范大学珠海分校	四川	西南石油大学
广东	东莞理工学院城市学院	贵州	贵州师范大学
广东	佛山科学技术学院	贵州	贵州师范大学求是学院
广东	岭南师范学院	贵州	贵州师范学院
广西	广西财经大学	贵州	安顺学院
广西	广西师范学院	贵州	凯里学院
广西	桂林理工大学	贵州	六盘水师范学院
广西	桂林旅游学院	贵州	铜仁学院
广西	钦州学院	贵州	兴义民族师范学院
广西	百色学院	贵州	贵州财经大学
广西	北部湾大学	贵州	贵州大学
海南	海南大学	贵州	贵州工程应用技术学院
海南	海南师范大学	贵州	贵州理工学院
重庆	重庆工商大学	云南	曲靖师范学院
重庆	重庆交通大学	云南	玉溪师范学院
重庆	重庆师范大学	云南	云南财经大学
重庆	重庆邮电大学	云南	云南大学
重庆	西南大学	云南	云南师范大学
四川	四川农业大学	云南	昭通学院
四川	四川师范大学	云南	保山学院
四川	宜宾学院	云南	楚雄师范学院
四川	阿坝师范学院	云南	昆明理工大学
四川	成都理工大学	云南	文山学院

(续表)

院校属地	院校名称	院校属地	院校名称
云南	西南林业大学	甘肃	甘肃农业大学
云南	云南农业大学	甘肃	兰州财经大学
西藏	西藏大学	甘肃	兰州城市学院
西藏	西藏农牧学院	甘肃	兰州大学
陕西	陕西理工大学	甘肃	兰州交通大学
陕西	陕西师范大学	甘肃	兰州交通大学博文学院
陕西	陕西学前师范学院	甘肃	天水师范学院
陕西	商洛学院	甘肃	西北师范大学
陕西	长安大学	甘肃	陇东学院
陕西	安康学院	青海	青海师范大学
陕西	宝鸡文理学院	宁夏	宁夏大学
陕西	渭南师范学院	宁夏	宁夏师范学院
陕西	西安科技大学	新疆	新疆农业大学
陕西	西安外国语大学	新疆	新疆师范大学
陕西	西安文理学院	新疆	新疆大学
陕西	西北大学	新疆	喀什大学
陕西	西北农林科技大学	新疆	伊犁师范学院
陕西	咸阳师范学院	新疆	石河子大学
甘肃	甘肃民族师范学院		

（二）地理学科研究生专业布局

全国地理学硕士点授权高校共85所，其中北京硕士点授权高校最多，共8所；湖北、江苏、陕西各有6所硕士点授权高校；山东、吉林、广东、河南等12省分别有3～5所硕士点授权高校；安徽、上海、海南、黑龙江等14省（直辖市）各有1～2所硕士点授权高校；西藏暂无硕士点授权高校。

全国地理学一级学科博士点授权高校共33所，其中北京博士点授权高校最多，共4所；江苏、湖北、广东、陕西、云南、甘肃6省各有2所博士点授权高校；湖南、山东等17省各有1所博士点授权高校；四川、浙江、广西、山西、海南、宁夏、西藏7省（自治区）暂未有地理学一级学科博士点授权高校。

表 3-2　全国地理学专业研究生培养单位

高校隶属关系	院校名称	学院名称	学位点
教育部	北京大学	城市与环境学院	博士一级学科授权
教育部	北京师范大学	地理科学学部	博士一级学科授权
中国科学院	中国科学院大学	资源与环境学院	博士一级学科授权
教育部	华东师范大学	地理科学学院、城市与区域科学学院	博士一级学科授权
教育部	武汉大学	资源与环境科学学院	博士一级学科授权
教育部	南京大学	地理与海洋科学学院	博士一级学科授权
江苏省	南京师范大学	地理科学学院	博士一级学科授权
北京市	首都师范大学	资源环境与旅游学院	博士一级学科授权
福建省	福建师范大学	地理科学学院	博士一级学科授权
教育部	兰州大学	资源环境学院	博士一级学科授权
教育部	中山大学	地理科学与规划学院	博士一级学科授权
河南省	河南大学	环境与规划学院	博士一级学科授权
教育部	东北师范大学	地理科学学院	博士一级学科授权
云南省	云南师范大学	地理科学学部	博士一级学科授权
广东省	华南师范大学	地理科学学院	博士一级学科授权
教育部	华中师范大学	城市与环境科学学院	博士一级学科授权
湖南省	湖南师范大学	资源与环境科学学院	博士一级学科授权
教育部	陕西师范大学	地理与旅游学院	博士一级学科授权
陕西省	西北大学	城市与环境学院	博士一级学科授权
甘肃省	西北师范大学	地理与环境科学学院	博士一级学科授权
贵州省	贵州师范大学	地理与环境科学学院	博士一级学科授权
黑龙江省	哈尔滨师范大学	地理科学学院	博士一级学科授权
辽宁省	辽宁师范大学	地理科学学院	博士一级学科授权
山东省	山东师范大学	地理与环境学院	博士一级学科授权
教育部	西南大学	地理科学学院	博士一级学科授权
安徽省	安徽师范大学	地理与旅游学院	硕士一级授权（＋博士授权点）
河北省	河北师范大学	资源与环境科学学院	博士一级学科授权
青海省	青海师范大学	地理科学学院	博士一级学科授权

(续表)

高校隶属关系	院校名称	学院名称	学位点
新疆维吾尔自治区	新疆大学	资源与环境科学学院	博士一级学科授权
浙江省	浙江师范大学	地理与环境科学学院	硕士一级学科授权
江西省	江西师范大学	地理与环境学院	博士一级学科授权
教育部	中国地质大学（北京）	地球科学与资源学院	硕士一级学科授权
湖北省	湖北大学	资源环境学院	硕士一级学科授权
教育部	中国地质大学（武汉）	地球科学学院、地理与信息工程学院	硕士一级学科授权
教育部	河海大学	水文水资源学院	硕士一级学科授权
江苏省	江苏师范大学	地理测绘与城乡规划学院	硕士一级学科授权
天津市	天津师范大学	地理与环境科学学院	硕士一级学科授权
内蒙古自治区	内蒙古师范大学	地理科学学院	博士一级学科授权
云南省	云南大学	地球科学学院	博士一级学科授权、硕士一级学科授权
广东省	广州大学	地理科学学院	硕士一级学科授权
江苏省	南京信息工程大学	地理科学学院	硕士一级学科授权
上海市	上海师范大学	环境与地理科学学院	硕士一级学科授权
四川省	四川师范大学	地理与资源科学学院	硕士一级学科授权
重庆市	重庆师范大学	地理与旅游学院	硕士一级学科授权
天津市	天津大学	地球系统科学学院	博士一级学科授权
教育部	合肥工业大学	资源与环境工程学院	硕士一级学科授权
教育部	中国农业大学	土地科学与技术学院	硕士一级学科授权
北京市	北京联合大学	旅游学院、应用文理学院、城市科学系	硕士一级学科授权
教育部	北京林业大学	林学院	硕士一级学科授权
福建省	福州大学	环境与资源学院	硕士一级学科授权
甘肃省	兰州交通大学	测绘与地理信息学院	硕士一级学科授权
广西壮族自治区	广西师范学院	地理科学与规划学院	硕士一级学科授权
海南省	海南师范大学	地理与环境科学学院	硕士一级学科授权
河南省	河南财经政法大学	资源与环境学院	硕士一级学科授权

(续表)

高校隶属关系	院校名称	学院名称	学位点
河南省	信阳师范学院	地理科学学院	硕士一级学科授权
湖北省	湖北师范大学	城市与环境学院	硕士一级学科授权
教育部	武汉理工大学	资源与环境工程学院	硕士一级学科授权
教育部	中南大学	地球科学与信息物理学院	硕士一级学科授权
吉林省	吉林师范大学	旅游与地理科学学院	硕士一级学科授权
吉林省	长春师范大学	地理科学学院	硕士一级学科授权
吉林省	延边大学	地理与海洋科学学院	硕士一级学科授权
江西省	华东理工大学	地球科学学院	硕士一级学科授权
江西省	江西理工大学	土木与测绘工程学院	硕士一级学科授权
宁夏回族自治区	宁夏大学	资源环境学院	硕士一级学科授权
山东省	曲阜师范大学	地理与旅游学院	硕士一级学科授权
山东省	山东科技大学	测绘科学与工程学院	硕士一级学科授权
山东省	聊城大学	环境与规划学院	硕士一级学科授权
山东省	鲁东大学	资源与环境工程学院	硕士一级学科授权
山西省	山西师范大学	地理科学学院	硕士一级学科授权
山西省	太原师范大学	地理科学学院	硕士一级学科授权
教育部	长安大学	地球科学与资源学院	硕士一级学科授权
陕西省	宝鸡文理学院	地理与环境学院	硕士一级学科授权
陕西省	西安科技大学	测绘科学与技术学院	硕士一级学科授权
四川省	成都理工大学	旅游与城乡规划学院	硕士一级学科授权
四川省	华西师范大学	国土资源学院	硕士一级学科授权
新疆维吾尔自治区	新疆师范大学	地理科学与旅游学院	硕士一级学科授权
云南省	西南林业大学	林学院、园林学院、生态旅游学院	硕士一级学科授权
浙江省	宁波大学	宁波大学昂热大学联合学院	硕士一级学科授权
重庆市	重庆交通大学	建筑与城市规划学院	硕士一级学科授权
公务员侨务办公室	华侨大学	建筑学院	硕士点授权
教育部	中国矿业大学	资源与地球科学学院	硕士点授权
山西省	山西大学	环境与资源学院	硕士点授权

(续表)

高校隶属关系	院校名称	学院名称	学位点
陕西省	西安外国语大学	旅游学院、人文地理研究所	硕士点授权
四川省	四川农业大学	资源学院	硕士点授权
教育部	浙江大学	地球科学学院	硕士点授权

二、地理学科院校培养质量

地理学科在不同地区不同院校的培养质量有所差异,这一差异主要通过学科评估结果来反映。根据第四轮学科评估结果,地理学一级学科中,全国具有博士授权的高校共31所,本次参评29所;部分具有硕士授权的高校也参加了评估,参评高校共计60所。其中,北京大学、北京师范大学评估结果为A^+,华东师范大学评估结果为A,南京大学、南京师范大学和武汉大学评估结果为A^-,这些院校的地理学科定位为国际一流水准;首都师范大学、东北师范大学、福建师范大学、河南大学、中山大学、云南师范大学和兰州大学7所院校评估结果为B^+,华中师范大学、湖南师范大学、华南师范大学、西北大学和陕西师范大学5所院校评估结果为B,辽宁师范大学、哈尔滨师范大学、山东师范大学、西南大学、贵州师范大学和西北师范大学6所院校评估结果为B^-,这些院校的地理学科定位为国内一流水准;河北师范大学、浙江师范大学、安徽师范大学、中国海洋大学、青海师范大学和新疆大学6所院校评估结果为C^+,天津师范大学、河海大学、江苏师范大学、江西师范大学、中国地质大学(北京)和湖北大学6所院校评估结果为C,云南大学、广州大学、内蒙古师范大学、上海师范大学、南京信息工程大学、四川师范大学和重庆师范大学7所院校评估结果为C^-,这些院校的地理学科定位为国内平均水准(表3-3)。

表 3-3　第四轮学科地理学评估结果

评估序号	学校名称	评估结果	评估序号	学校名称	评估结果
1	北京大学	A$^+$	23	贵州师范大学	B$^-$
2	北京师范大学	A$^+$	24	西北师范大学	B$^-$
3	华东师范大学	A	25	河北师范大学	C$^+$
4	南京大学	A$^-$	26	浙江师范大学	C$^+$
5	南京师范大学	A$^-$	27	安徽师范大学	C$^+$
6	武汉大学	A$^-$	28	中国海洋大学	C$^+$
7	首都师范大学	B$^+$	29	青海师范大学	C$^+$
8	东北师范大学	B$^+$	30	新疆大学	C$^+$
9	福建师范大学	B$^+$	31	天津师范大学	C
10	河南大学	B$^+$	32	河海大学	C
11	中山大学	B$^+$	33	江苏师范大学	C
12	云南师范大学	B$^+$	34	江西师范大学	C
13	兰州大学	B$^+$	35	中国地质大学(北京)	C
14	华中师范大学	B	36	湖北大学	C
15	湖南师范大学	B	37	云南大学	C$^-$
16	华南师范大学	B	38	广州大学	C$^-$
17	西北大学	B	39	内蒙古师范大学	C$^-$
18	陕西师范大学	B	40	上海师范大学	C$^-$
19	辽宁师范大学	B$^-$	41	南京信息工程大学	C$^-$
20	哈尔滨师范大学	B$^-$	42	四川师范大学	C$^-$
21	山东师范大学	B$^-$	43	重庆师范大学	C$^-$
22	西南大学	B$^-$			

注：评估结果相同的高校排序不分先后，按学校代码排列。

三、地理学科专业建设水平

地理学科专业建设水平主要通过国家"双一流"学科建设结果予以反映，其目的在于通过对学科建设、人才培养、师资队伍、科学研究、社会服务和其他指标的监测，推进学科建设进展，培养拔尖创新人才，建设一流师资队伍，提升科学研究水平和提高社会服务能力。2019年国家"双一流"建设专业中，地理学有33个院校入选，其中地理科学专业有21个院校入选，自然地理与资源环境专业有1个院校入选，人文地理与城乡规划专业有5

个院校入选,地理信息科学专业有 5 个院校入选。

表 3-4 地理学"双一流"建设专业及院校名单

专业名称	专业代码	高校名称	学院
地理科学	070501	安徽师范大学	地理与旅游学院
		北京师范大学	地理科学学部
		东北师范大学	地理科学学部
		福建师范大学	地理科学学部
		贵州师范大学	地理与环境科学学院
		河南大学	环境与规划学院
		湖南师范大学	资源与环境学院
		华东师范大学	地理科学学院
		华南师范大学	地理科学学院
		江西师范大学	地理与环境学院
		辽宁师范大学	地理科学学院
		鲁东大学	资源与环境工程学院
		宁夏大学	资源环境学院
		青海师范大学	地理科学学院
		山东师范大学	地理与环境学院
		陕西师范大学	地理科学与旅游学院
		四川师范大学	地理与资源科学学院
		太原师范学院	地理科学学院
		天津师范大学	地理与环境科学学院
		云南师范大学	旅游与地理科学学院
		浙江师范大学	地理与环境科学学院
自然地理与资源环境	070502	兰州大学	资源环境学院
人文地理与城乡规划	070503	北京大学	城市与环境学院
		北京联合大学	应用文理学院
		广州大学	地理科学学院
		西北大学	城市与环境学院
		中山大学	地理科学与规划学院
地理信息科学	070504	南京大学	地理与海洋科学学院
		南京师范大学	地理科学学院
		首都师范大学	资源环境与旅游学院
		武汉大学	资源于环境科学学院
		中国地质大学(北京)	信息工程学院

四、地理学科院校培养特色

不同定位的院校，其地理学科的发展条件、方向和特色也存在差异，现就第四轮评估中 A 类和 B 类院校的地理学科发展情况进行梳理。如下情况均根据该部门的 2023 年网页介绍整理。请读者直接进入该部门网页，以便使用最新的资料。

（一）A 类评估结果的院校

1. 北京大学

北京大学城市与环境学院网页介绍了基本情况。学院以地理学为主体，包含生态学、环境科学、城乡规划等多个相关学科，具有理、工、文多学科交叉的综合优势。学院拥有地理学国家一级重点学科，自然地理和人文地理两个国家二级重点学科。2017 年，北京大学地理学和生态学两个学科首批进入国家一流学科建设行列。2023 年，学院共有全日制教学科研人员 81 人，其中国科学院院士 3 人，教育部"长江学者奖励计划"特聘教授（以下简称"长江学者"）10 人，长江讲座和讲席教授各 1 人，海外高层次引进人才 2 人，国家杰出青年科学基金项目获得者（以下简称"国家杰青"）20 人，"四青人才"19 人。学院设有环境科学、生态学、自然地理与资源环境、人文地理与城乡规划、城乡规划（五年制工科）5 个本科专业，新开设环境健康（挂靠在环境科学专业）、国土空间规划（挂靠在人文地理与城乡规划专业）2 个交叉学科专业；设有自然地理学、人文地理学、地理学（历史地理学）、国土空间规划、环境科学、生态学 6 个硕士专业；设有自然地理学、人文地理学、环境地理学、历史地理学、国土空间规划、生态学 6 个博士专业。

2. 北京师范大学

北京师范大学地理科学学部已经形成了完善的多学科、多层次人才培养体系。该单位网页介绍了基本情况。现设 5 个本科专业：地理科学、自然地理与资源环境、人文地理与城乡规划、地理信息科学以及资源环境科学专业，共有在读本科生 460 余人。现有一级学科博士点 1 个、一级学科硕士点3个、二级学科硕士点8个,共有在读研究生近900人。其中,地理科学专业入选首批国家级一流本科专业建设点,人文地理与城乡规划专业入选北京高校重点建设一流专业。"励耘计划"地理学拔尖学生培养基地入选首批基础学科拔尖学生培养计划2.0基地。学部现有专任教师195人,其中95%以上具有博士学位,21%获得境外博士学位,50%以上具有境外工作背景。拥有中国科学院院士、长江学者、国家杰青等各类人才称号者45人,其中国家级教学名师奖获得者和国家万人计划教学名师2人,北京市教学名师奖获得者4人。2007年区域地理教学团队获批教育部"国家级教学团队"。

地理科学学部与海外众多高校、研究机构、国际组织建立了密切合作。通过联合学位项目(如与澳大利亚昆士兰大学合作的"2+2"培养项目、"3+2"本硕培养项目)、联合实习项目(如与加拿大女王大学、美国马里兰大学的联合实习)以及短期交流项目,为学生提供优质国际教育机会。地理科学学部积极支持教师和学生开展海内外合作研究、研讨,同时搭建平台鼓励双向合作对话。每年平均有200多人次出国进行科学研究及参加学术会议;每年国内外知名学者有近百人次应邀到学部讲学、开展合作研究;每年举办高层次学术会议,为海内外同人搭建学术研讨和学术交流平台,促进学术对话和共同繁荣;地理科学学部主持并运行国际综合风险防范计划(Integrated Risk Governance Project),是国际全球环境变化研究领域首个由中国科学家发起、组织和管理运行的大型国际合作项目。

3. 华东师范大学

华东师范大学地理科学学院前身地理系成立于1951年,是中华人民共和国成立后组建的第一个高校地理系,由浙江大学地理系迁并组建而成。该单位网页介绍了基本情况。该学院是我国最早具有地理学一级学科博士点授予权的单位之一,是我国首批博士后流动站建站单位之一,也是我国最早2个具有自然地理学重点学科的单位之一,同时地理学是国家一级重点学科。2012年,地理学成为上海高校19个一流学科(A类)建设的学科之一;2015年,地理学成为上海市11个"高峰高原"(高峰Ⅱ类)学科之一;2016年,地球学进入全球ESI排名前1%行列;2017年,地理学进入双一流学科建设,第四次学科评估获结果为 A;2000 年,自然地理学成为上海市 10 个"重中之重资助学科"之一。华东师范大学地理科学学院已经成为我国地理学高素质人才培养基地、高水平科学研究开展单位。

地理科学学院教学、科研条件一流,师资力量雄厚,学术成果丰富,人才培养层次完整。学院拥有国家地理学理科人才培养基地、国家虚拟仿真教学试验中心、地理信息科学教育部重点实验室、上海市实验教学示范中心等重要教研机构。学院现有专任教师 94 人,其中,正教授 37 人,副教授 20 人;包括中国科学院院士 1 人,国际欧亚科学院院士 1 人,南非皇家科学院院士 1 人,国家杰青 3 人,国家优秀青年科学基金项目获得者(以下简称"国家优青")2 人,"万人计划"教学名师 1 人;国家级教学团队 1 个,教育部创新团队 1 个,上海市曙光学者 2 人,上海市科技启明星 1 人,上海市教学名师 2 人。近 5 年来,主持国家重点研发计划、国家自然科学基金等科研项目,在包括 *Science Advances*、*Nature Communications*、*Nature Sustainability*、*PNAS* 等国际一流刊物上发表论文数百篇,其中 2019 年 ESI 高被引论文 20 篇。学院在地理学人才培养上不断致力于综合化、国际化、学术化的特色培养,旨在打造复合型、实践型、研究型高层次人才。在重视部门地理学教学基础上,不断充实"3S"技术、空间统计、地理计算、专业英语等教学内容,充分对接社会需求。通过全国高校地理学联合野外实践教学、本科生科研训练项目资助等,强化学生实践训练和科研能力的培养。近年来,通过与世界著名大学开展本科"2+2"联合培养(美国辛辛那提大学、得克萨斯大学达拉斯分校,澳大利亚昆士兰大学)、研究生"1.5+1.5"联合培养(辛辛那提大学),与国际著名学术机构(普林斯顿大学、哥伦比亚大学、国际应用系统分析研究所等)进行合作交流,以及聘请外国专家开设国际课程等举措,不断提高学院人才培养的国际化水平。毕业生部分在国内外继续深造,其余到科研单位、高等院校、重点中学以及各级政府行政管理部门、企事业单位工作,受到用人单位的普遍欢迎。

4. 南京大学

南京大学地理与海洋科学学院网页介绍了基本情况。学院设有自然地理学系、国土资源与旅游学系、地理信息科学系、海岸海洋科学系,现有教职员工140人，其中院士4人（兼职3人）、长江学者4人、国家杰青4人、国家优青2人、青年长江学者1人，教授30人、副教授39人、在校本科生和研究生约1000名，拥有自然地理学国家重点学科和地图学与地理信息系统、土地利用与规划（人文地理学）、海洋地质学三个江苏省重点学科。学院在地表过程与环境演变、碳循环和陆气协同遥感、海岸带环境与资源、区域可持续发展与土地利用、旅游地理等方向具有鲜明特色，赢得了学术界的广泛赞誉。近三年来，学院主持国家"973计划"项目和课题、"863"重点项目课题、国家社会科学基金重大招标项目、国家自然科学基金重点项目、公益性行业科研专项项目等10余项；在国际重要学术刊物发表SCI收录论文200余篇。新增国家自然科学基金委员会创新研究群体（主要参与）、教育部创新团队和江苏省优秀科技创新团队各1个。学院教师荣获国家自然科学奖二等奖（2010）、国家科技进步奖二等奖（2009）、国土资源部科学技术一等奖（2012）、国家测绘科技进步一等奖（2009）以及法国地理学会和国际第四纪联合会荣誉会员（2010）等。

学院现设有地理学涵盖的全部本科专业、硕士点、博士点及博士后流动站，是地理学国家理科基础科学研究和教学人才培养基地，建有庐山、连云港和宁镇地区等实习基地，开展了"俄罗斯贝加尔湖综合科学考察""台湾大地学综合联合教学考察"等创新人才培养活动。近年来，获得高等学校教学名师奖（1人）、国家级教学成果奖（1项，参与）、国家级精品课程（2门）、省优秀博士学位论文（2篇）、省优秀硕士学位论文（5篇）、教育部博士学术新人奖（1项）等多项荣誉。学院培养了一批知名学者，如院士李吉均、王颖和陈毓川等，培养了一批国家杰青，如高抒、顾朝林、周成虎、宫鹏、时钟、鹿化煜和李新等。学院拥有海岸与海岛开发教育部重点实验室、国家遥感中心江苏业务部等科研平台和地球科学国家级实验教学示范中心（主要参与）、地理与海洋科学江苏省高等学校实验教学示范中心等平台。

学院师生积极服务于国家资源开发与环境保护的重大需求，先后承担援藏规划、江苏省土地利用总体规划；主持编制《市、县、乡土地利用总体规划制图规范》并在全国范围内实施，产生了重大社会效益；承担国家高分辨率对地观测系统重大专项、海岸海岛开发等领域重要工程任务,开展了数字南海及南海与周边地区资源环境遥感监测,开展的中国森林碳汇研究为政府气候变化谈判和碳排放交易提供了决策依据;积极开展非洲地理研究,多次主办"走非洲,求发展"研讨会,出版《非洲农业图志》等著作。此外,学院在服务区域规划、旅游资源规划等方面开展了大量工作。学院教授担任数十个 SCI 及国内学科主要刊物的副主编或编委,20多人次出任国家级学会副理事长和理事等职。

5. 南京师范大学

南京师范大学地理科学学院网页介绍了基本情况。溯源于 1902 年三江师范学堂历史与地科,1919 年后历经南京高等师范学校国文史地部、国立东南大学地学系、国立中央大学地理系、南京大学地理系等阶段,1952 年全国院系调整,时任南京大学地理系主任李旭旦教授带领金祖孟等先生至南京师范学院创办地理系。学院现有教职工 150 人,其中教授 61 人,93%的教师具有博士学位,高效的院校交流和广泛的学科融合是学院师资队伍的特色和优势。学院拥有中国科学院院士 1 人,中国工程院院士 1 人,长江学者 1 人,国家杰青 3 人,国家"万人计划"教学名师 2 人,教育部跨(新)世纪优秀人才 3 人,江苏省"333"第一层次培养对象 2 人,第二层次培养对象 4 人,国家优青 2 人,江苏省杰出青年基金获得者 1 人。学院拥有地理学博士后流动站、地理学一级学科博士点,形成了本科—硕士—博士—博士后完整的人才培养体系。拥有 6 个教学系,6 个本科专业,专业门类涉及地理学、测绘科学及管理学等学科。地理信息科学专业入选国家特色专业。

学院紧紧围绕国家经济建设和社会发展的迫切需求,瞄准地理科学国际学术前沿,秉承教学与科研并举的方针,以"扎根地理学、服务地理学、发展地理学"为特色,重点打造"季风环境演化过程与机理""区域空间系统建模与优化"和"地理环境全息表达与分析"等具有国际一流水平的主要研究方向。学院教师以第一作者身份在 *Science* 上发表论文 3 篇,在 *Nature* 上发表论文 3 篇,在 *PNAS* 上发表论文 1 篇。以第一单位获得国家自然科学奖二等奖等省部级以上奖项 14 项,3 人入选 ESI 高被引科学家,成果入选中国高校十大科技进展和中国十大基础研究新闻。主持国家"973计划"项目2项、重点研发项目1项、重点研发国际合作项目1项、国家社会科学基金重大项目1项、国家自然科学基金(重点、杰青、优青)及国际合作项目17项、科技部各类计划项目和课题30余项。

6. 武汉大学

武汉大学资源与环境科学学院网页介绍了基本情况。学院涵盖地理学、环境科学与工程、测绘科学与技术、公共管理等4个一级学科,是一个多学科交叉的综合性学院。学院努力追求卓越目标,共建1个"双一流"学科,拥有地图学与地理信息系统、地图制图学与地理信息工程等2个国家级重点学科,地理学、环境科学与工程、土地资源管理等多个省级重点学科,拥有和共享4个一级学科博士点和博士后流动站,各学科方向均可招收硕士生和博士生。设有7个本科专业,2个专业入选国家"双万计划",为国家理科基础科学研究与教学人才培养基地(地理科学)。学院发挥多学科优势,培养了一大批优秀的复合型人才。学院瞄准学科发展前沿,紧密结合国家和社会发展需求,形成了具有多学科交叉特色的研究方向。共享1个国家重点实验室,拥有5个省部级重点实验室和工程研究中心等科研平台。近年来,在地理信息、生态环境、国土资源等领域开展了一系列科学研究,取得了诸多重要成果,为生态文明建设做出了积极贡献。

(二) B类评估结果的院校

1. 首都师范大学

首都师范大学资源环境与旅游学院网页介绍了基本情况。学院始于1954年的地理专业,1957年建立地理系,2001年7月正式更名为资源环境与旅游学院。下设地理系、旅游系、地理信息系、遥感科学与技术系、环境系,拥有9个地学类国家级、省部级重点实验室/工程中心。

学院现有在编教师99人,其中北京市特聘教授3人,博士生导师33人,硕士生导师61人,正、副教授73人。2001年,引进中国工程院院士刘先林研究员,任名誉院长。团队成员有中国工程院院士、俄罗斯工程院院士、UNESCO Chair and Co-chair in Hydro informatics for Ecohydrology、国家级人才计划入选者、国务院学位委员会学科评议组成员、教育部高等学校地理科学类专业教学指导委员会委员、北京学者等；13位中青年教师入选"北京卓青计划""北京长城学者"、新世纪百千万人才工程、教育部新世纪优秀人才和北京市科技新星计划等；多位教授在联合国教科文组织（UNESCO）、欧洲空间局（ESA）、国际水协会等国内外重要的学术组织及科学计划中担任专家。

学院现有4个本科专业，分别为地理科学（师范）、旅游管理、地理信息科学、遥感信息与技术，在读本科生共474人。学院以开设野外课程实践、师范教学实践、社会专业实践为专业特色。2007年，地理科学与技术实验教学中心首批入选国家实验教学示范中心；2016年，城市环境过程虚拟仿真实验教学中心入选国家级虚拟仿真实验教学中心。学院拥有国家精品课程——地理信息系统、国家特色专业——地理信息科学（教育部综合改革试点专业）、国家级优秀教学团队——地理学教学团队。2008年，"地理学实验教学体系与人才培养模式的改革实践"获北京市教育教学成果一等奖、第六届高等教育国家级教学成果二等奖。

拥有地理学一级学科博士点、地理学博士后流动站；有自然地理学、人文地理学、地图学与地理信息系统3个博士点以及自然地理学、人文地理学、地图学与地理信息系统、环境科学与工程、旅游管理、水利工程（专业学位）、测绘工程（专业学位）、旅游管理（专业学位）、环境工程（专业学位）9个硕士点。2023年，在读博士生88人、学术型硕士346人、专业学位硕士121人、教育硕士16人。博士论文曾获国家百篇优秀博士论文提名奖，在读博士生研究成果被 *SCIENCE LETTER* 报道。

2018—2023年，主持和参加国家"863"项目、"973计划"项目、科技支撑项目等8项，主持国家自然科学基金项目96项，主持省部级以上科研项目144项。获国家科学技术进步奖二等奖1项，国家级教学成果奖1项，省部级科学技术进步一等奖7项、二等奖2项、三等奖1项，省部级科学技术奖一等奖1项、二等奖1项、三等奖2项，高等教育教学成果奖一等奖2项、二等奖2项、优秀奖1项。在2008年"5·12"汶川大地震救灾应急工作中，出色完成国家减灾中心、国家遥感中心交付的遥感灾情监测任务，被组织部授予"抗震救灾先进基层党组织"光荣称号。

国际合作方面，2016年获批国际化示范学院。与UNESCO、ESA、美国USGS、俄罗斯工程院等紧密合作。2005年以来，主持中国科技部与ESA在遥感领域的最大合作项目——"龙计划"课题，承办ESA与科技部的"陆地遥感培训"；2009年，ImageInfo被UNESCO水资源可持续发展与管理部选用，作为其开展全球水资源科学管理和教育培训平台软件；2013年以来，与加拿大滑铁卢大学、荷兰特文特大学ITC、美国北伊利诺伊大学、纽约州立大学布法罗学院合作，开展本科生、研究生双学位联合培养；2014年以来，地理信息科学、遥感科学与技术、地理学三个本科专业入选北京市外培计划。截至2023年，已有51名本科生、研究生参加国内外联合培养项目。

2. 东北师范大学

东北师范大学地理科学学院网页介绍了基本情况。始建于1949年8月的东北师范大学地理系，是中华人民共和国成立后最早建立的地理教学与科研单位之一。学院设有地理学博士后流动站，拥有地理学一级学科博士点、区域经济学博士点，开设自然地理学、人文地理学、地图学与地理信息系统、区域经济学、城乡规划学、旅游管理、土地资源管理、课程与教学论、地理学科教学（专业学位）等9个硕士研究生专业，及地理科学（公费师范）、地理科学（非公费师范）、人文地理与城乡规划学、地理信息科学等4个本科专业。学院有自然地理学和人文地理学2个省级重点学科，并有长白山地理过程与生态安全教育部重点实验室（在建）、生态环境部国家环境保护湿地生态与植被恢复重点实验室、植被生态科学教育部重点实验室等3个部属重点实验室和1个省属重点实验室（中国东北资源与环境吉林省高等学校重点实验室）。学院下设地理科学（地理教育）系、自然地理与资源环境系、人文地理与城乡规划系、地理信息科学系、地理学博士后科研流动站、吉林省地理学基础实验教学示范中心、中国东北研究院、泥炭沼泽研究所、城乡规划研究设计院、旅游研究所、土地资源管理研究所等教学和研究机构。另有中国地理学会东北地区工作站、国际泥炭学会中国国家委员会、国家泥炭标准委员会秘书处、中国腐植酸工业协会泥炭工业分会、吉林省泥炭学会等学术挂靠机构。

学院现有教职员90人,其中专任教师71人,行政教辅19人。专任教师中教授25人、副教授28人、讲师(含师资博士后)18人。学院有博士生导师25人,教育部地理学教学指导委员会委员1人,大气科学教学指导委员会委员1人,吉林省高级专家4人,省级优秀教学团队1个,有7位海外高级专家被聘为"东师学者讲座教授"。现有本科生557人,硕士生290人,博士生49人。

建院以来,在原有师资基础上,录用一批年轻骨干师资和学术带头人,较大地推动了学科建设、团队建设,特别是科研学术的快速发展,在教学、科研等各方面突显成效。2016年首次获批国家重点研发计划项目2项、国家自然科学基金重点项目1项,分别为:国家重点研发计划项目"中高纬度湿地景观格局演变机制"和"退化泥炭沼泽结构性修复与碳汇功能提升技术研发与示范",国家自然科学基金重点项目"东北振兴空间过程与综合效应研究"。

3. 福建师范大学

该校地理科学学院网页介绍了基本情况。肇始于1907年创办的"福建优级师范学堂"之史地专科,至今,地理学科已走过了百余年的历程。目前,学院形成比较完备的学科和支撑体系。拥有地理学、生态学两个一级学科博士点和两个博士后科研流动站,设有自然地理学、人文地理学、地图学与地理信息系统、自然资源学、城市与区域规划、水土保持、生态学等7个二级学科博士点;自然地理学、人文地理学、地图学与地理信息系统、自然资源学、城市与区域规划、生态学、土地资源管理、学科教学(地理)等8个硕士点,地理科学、地理信息科学(含闽台合作项目)、自然地理与资源环境、人文地理与城乡规划(含闽台合作项目)、生态学等5个本科专业和1个地理学国家理科基础科学研究与教学人才培养基地。学院下设地理学系、资源与城市规划系、地球信息科学系、生态学系、地理学国家理科基地建设办公室等5个教学工作单位。

学院建设有高水平的教学科研支撑平台。教学支撑平台有国家级地理学实验教学示范中心、国家级大学生校外实践教育基地（福建武夷山国家级自然保护区国家理科实践教育基地）、福建省高校人文社会科学研究基地（福建师范大学生态文明科学研究中心）、福建省地理学实验教学示范中心、福建省综合地理学实验教学示范中心。科研支撑平台有福建师范大学地理研究所、湿润亚热带山地生态重点实验室—省部共建国家重点实验室培育基地、湿润亚热带生态—地理过程教育部重点实验室、福建闽江河口湿地生态系统定位观测研究站（国家林业草原局）、福建省陆地灾害监测评估工程技术研究中心、福建森林碳计量技术开发应用工程研究中心、福建省亚热带资源与环境重点实验室、福建省植物生理生态重点实验室、福建省资源环境与绿色发展研究中心（智库）、三明森林生态系统与全球变化福建省野外科学研究站、闽江河口湿地福建省野外科学研究站、福建省河湖健康研究中心等省部级以上平台，以及城乡规划研究所、生态文明研究所、旅游研究所、全球变化研究中心、自然资源研究中心、亚热带湿地研究中心、地球信息科学研究中心、人口与发展研究中心等校属教学科研单位。《亚热带资源与环境学报》(*Journal of Subtropical Resources and Environment*)编辑部、福建省地理学会、自然资源学会、天文学会、生态文明研究会、教育学会地理教学研究会挂靠学院。

学院拥有一支结构日趋合理的师资队伍，现有专任教学科研人员134人，其中拥有院士1人、双聘院士2人、教育部长江学者特聘教授1人、国家"万人计划"人才4人、国家杰青2人、国家优青5人，科技部中青年科技创新领军人才1人、教育部新世纪优秀人才1人、省双创计划4人、省科技领军人才2人、省哲学社会科学领军人才1人、省高校领军人才2人和闽江学者特聘教授6人。博士生导师39人，教授（研究员）45人，副教授（副研究员）55人。杨玉盛教授领衔的"湿润亚热带山地生态地理过程"团队入选教育部创新团队，并于2013年以优秀成绩通过验收。人文地理学科带头人朱宇研究员连续5年入选世界著名出版公司爱思唯尔的中国高被引学者榜单，被聘请担任联合国人类住区规划署世界城市报告国际顾问委员会委员。陈志彪教授获2019年全国脱贫攻坚奖创新奖。

近5年学院获"973计划"课题、"973计划"前期研究项目、国家自然科学基金重点项目、国家杰出(优秀)青年基金、国家科技支撑计划、国家自然科学基金重大国际(地区)合作研究、国家发展和改革委员会赠款项目、教育部创新团队、国家自然科学基金面上(青年)项目等一批国家级及省部级项目,总经费近2亿元。近年来,学院发挥学科优势,积极承担了福建省资源与环境五年计划及中长期科技发展规划,《福建省生态功能区划》《福建省主体功能规划》《福建省土地利用总体规划》修编试点研究,福建省重点港湾海域使用规划、全省土壤污染大调查、海洋资源价值绿色评估及其应用、福建省林业保护利用规划、福建省生态十年变化遥感调查与评估、福州(平潭)综合试验区的生态建设与环境保护规划等一系列横向课题任务。

4. 河南大学

河南大学环境与规划学院网页介绍了基本情况。学院是以地理学为主体,环境科学、生态学、测绘科学与技术和区域经济学等交叉融合的综合性学院。学院前身为始创于1923年的河南大学地学系,首任系主任为著名地学家、中国科学院院士冯景兰教授。学院下设地理科学系、区域与城市科学系、地理信息科学系和环境科学系。拥有环境与规划国家实验教学示范中心、黄河中下游数字地理技术教育部重点实验室、黄河文明与可持续发展研究中心(教育部人文社科重点研究基地)、国家地球系统科学数据中心黄河中下游分中心、区域经济研究中心河南省人文社科重点研究基地、河南省时空大数据产业技术研究院、河南省大气污染综合防治与生态安全重点实验室、河南省土壤重金属污染控制与修复工程研究中心、河南省数字地理技术国际联合实验室等国家、省部级教学、研究机构。

学院拥有地理学一级学科博士点和博士后科研流动站,设有自然地理学、人文地理学、地图学与地理信息系统、经济地理学、遥感信息科学与技术5个二级学科博士点,设有区域经济学和生态学2个二级学科博士点及博士后科研流动站,有课程教学论(地理)、土地资源管理、环境科学等15个二级学科硕士点。设有地理科学、自然地理与资源环境、人文地理与城乡规划、地理信息科学、环境科学5个本科专业。地理学为河南省优势学科,人文地理学和区域经济学为河南省重点学科。在2009年和2012年教育部一级学科评估中,地理学分列第8名和第11名。

学院现有教职工160人,其中教授45人,副教授42人,院士1人,双聘院士3人,博士生导师33人;长江学者1人,国家杰青2人,国家"百千万人才工程"第一、二层次人员3人,国家"万人计划"领军人才1人,国家"万人计划"教学名师1人;享受国务院政府特殊津贴者9人,国家有突出贡献中青年专家2人,全国模范教师、优秀教师3人,具有博士学位者148人。在国家级学会及专业委员会中担任学术职务者20人次,在国家专业性学术刊物担任主编、编委者15人次。

近年来,学院承担了来自国家重点研发计划、国家自然科学基金、国家社会科学基金等的科研项目70余项;获省级以上科研奖励48项,其中主持完成的"地球系统科学数据共享关键技术研究与应用"成果获2013年河南省科学技术进步奖一等奖;发表SCI、SSCI、EI等论文180余篇。在《地理学报》80年和《地理研究》32年发文总量排名中分列全国高校第8名和第7名。

5. 中山大学

中山大学地理科学与规划学院网页介绍了基本情况。学院成立于2002年10月,其前身是创建于1929年的中山大学地理学系,是我国最早在理科开设的地理学系。学院设有自然地理与资源环境、人文地理与城乡规划、地理信息科学、城乡规划(工科)等4个本科专业,地理学、城市与区域规划(工科)等2个一级学科硕士点,地理学一级学科博士点,以及地理学博士后流动站;拥有广东省城市化与地理环境空间模拟重点实验室、广东省水环境遥感监测工程技术研究中心、广东省公共安全与灾害工程技术研究中心等3个省级科研平台,人文地理、空间模拟与预测等研究方向居全国前列。

学院的发展目标是努力建设全国一流的地理学人才培养基地;建设国内领先、具有鲜明国际特色、在部分区域与部分研究方向上不可替代的优势学科;建设为国家和区域社会发展服务的重要科研支撑平台;跻身全国地理学排名10%,全球地理学QS(Quacquarelli Symonds)排名前100。

6. 云南师范大学

云南师范大学地理学部及地理科学研究肇始于西南联合大学(简称

"西南联大")时期。1938年西南联大理学院成立地质地理气象学系,西南联大师范学院成立史地系。1946年组成西南联大的三校复员北返,师范学院整建制留在昆明独立办学,继续设置史地系。1982年昆明师范学院成立地理系,其后昆明师范学院更名为云南师范大学,设置地理系。1999年云南师范大学成立旅游与地理科学学院。2020年学校整合旅游与地理科学学院、西部资源环境地理信息技术教育部工程研究中心、中国西南对外开放与边疆安全研究中心等科研和教学资源,成立云南师范大学地理学部。地理学部目前有专职教师110人,教授22人,其中二级教授6人,国家高层次人才特殊支持计划教学名师1人,云南省"万人计划"教学名师2人,教育部新世纪优秀人才2人,云南省有突出贡献的哲学社会科学专家1人,云南省中青年学术技术带头人、云南省中青年技术创新人才、云南省"万人计划"青年拔尖人才等20余人。地理学部的地理学科在第四轮全国学科评估中获B^+,进入地理学科全国前20%。在地理学思想方法与地理学史、资源环境地理信息技术、高原湖泊及全球变化、城镇化的湖泊水环境效应、政治地理与边疆地理、山地环境与自然灾害、民族地理与区域发展、文化与旅游地理、城镇与区域经济发展等9个方向形成特色优势。

地理学部已形成了地理人才培养的完整体系。现有地理科学(国家一类特色专业,国家一流专业建设点)、自然地理与资源环境、人文地理与城乡规划、地理信息科学、旅游管理、旅游管理与服务教育(国家二类特色专业)、测绘工程、空间信息与数字技术专业(教育部新工科建设项目)等8个本科专业;地理学一级学科硕士点,以及学科教学(地理)、课程与教学论、旅游管理等硕士点;地理学一级学科博士点,以及自然地理学、人文地理学、地图学与地理信息系统等6个二级学科博士点。建有地理学一级学科博士后流动站。地理学部现有科学研究和人才培养的省部级平台30余个,主要包括:西部资源环境地理信息技术教育部工程研究中心、云南省陆大道院士工作站、地理科学国家实验教学示范中心、"大山包国际重要湿地"国家级大学生课外实践训练基地、云南省教学名师工作室等。近年来,地理学部主持国家自然科学基金面上项目、国家哲学社会科学基金重大项目、国家哲学社会科学基金面上项目、国家科学技术学术著作出版基金项目、国家哲学社会科学(教育单列)项目、"973 计划"前期研究专项、教育部人文社科项目等国家级和省部级项目 200 余项。这些项目主要分属地理学、民族学、经济学、生态学、教育学、社会学等学科领域。地理学部人员分别以独著、第一作者、主编的方式撰写了《中国民族地理》(为吴传钧主编《中国人文地理丛书》中的一卷)、国家级规划教材《地理科学导论》、《云南大百科全书:地理》、《中国自然资源通典:云南》等专著、教材 60 余部,分别以独立作者、第一作者、通信作者在 Science、《中国社会科学》、Nature Communications、《光明日报(理论版)》、Water Research、Water Resources Research、《地理学报》《测绘学报》《遥感学报》《生态学报》《自然辩证法研究》《科学学研究》《中国大学教学》等国内外知名期刊发表学术论文数百篇。地理学部主持或作为核心成员完成国家行业标准和多份省政府咨询报告,承担国家精准扶贫工作成效第三方评估及云南省特色小镇评估等工作。地理学部人员主持完成的研究成果获多项奖励。主要包括:国家级教学成果奖二等奖、省自然科学奖二等奖、教育部高等学校科学研究优秀成果奖(人文社会科学)二等奖、省科学技术进步奖二等奖、省哲学社会科学一等奖、教育部教育科学研究优秀成果奖三等奖、省级教学成果奖一等奖、省教育科学二等奖数十项学术奖励。

7. 兰州大学

兰州大学资源环境学院网页介绍了基本情况。1946 年国立兰州大学建立地理系;1952 年地理系设立自然地理学本科专业;1958 年更名为地质地理系;1975 年成立冰川冻土研究室(专业);1987 年设经济地理学本科专业;1991 年获批地理学国家理科基础研究与教学人才培养基地;1996 年设立环境科学本科专业;1999 年成立由地理科学系、地质学系和大气科学系组成的资源环境学院;同年成立环境科学系;2000 年西部环境教育部重点实验室立项建设,2001 年 9 月通过教育部验收并正式对国内外开放;2001 年设立环境工程本科专业;2002 年成立水文学与水资源工程系;2004 年大气科学学院独立设置;2009 年西部环境与气候变化研究院独立设置;2011 年地质科学与矿产资源学院独立设置;2015 年 3 月资源环境学院、西部环境与气候变化研究院合并成立新的资源环境学院。

学院现有在编教职工 183 人,其中:教师 149 人(教授 50 人、副教授 54 人、讲师 45 人)、实验技术人员 20 人、党务行政人员 14 人。专兼职教师队伍中有院士 4 人(李吉均、姚檀栋、陈发虎、侯立安)、长江学者 2 人(陈发虎、勾晓华)、国家杰青 4 人(陈发虎、孙东怀、潘保田、董广辉)、"万人计划"领军人才 2 人(王乃昂、聂军胜)、国家教学名师 1 人(王乃昂)、长江学者奖励计划青年学者人选 1 人(董广辉)、国家优青 4 人(聂军胜、刘建宝、李育、陈建徽)、新世纪优秀人才 17 人(勾晓华等)。

1981 年获得自然地理学硕士学位授予权;1986 年获得博士学位授予权;1987 年设立经济地理学与城乡区域规划本科专业;1991 年地理学被国家教委首批批准为"国家理科基础科学研究和人才培养基地";1995 年,国家教委、中国科学院与甘肃省以兰州大学地理系为依托联合成立"西部资源环境科学研究中心";1997 年兰州大学将自然地理学列为"211 工程"重点建设学科;1998 年设立地理学博士后科研流动站;2000 年地理学被国务院学位委员会确立为一级学科博士点;2002 年自然地理学在国家重点学科评审中名列第一;2003 年获批环境科学和古生物地层学两个博士点以及环境工程、岩土工程和水文水资源三个硕士点;2004 年地图学与地理信息系统博士点通过评审并开始招生,地理学基地在由教育部和国家自然科学基金委员会联合组织的评估中被评为优秀,学院成为教育部"985 工程"重点建设单位;2005 年新批城市与区域规划硕士点,自然地理学被评为国家自然科学基金委员会"创新研究团队";2007 年新批地球系统科学、生物地理学 2 个博士点、硕士点;2009 年西部环境教育部重点实验室在第二轮评估中获得优秀;2010 年 5 月中国西部循环经济研究中心被批准为甘肃省高等学校人文社会科学重点研究基地;2012 年 12 月甘肃省环境地质与灾害防治工程技术研究中心获批;2014 年 9 月甘肃省环境污染预警与控制重点实验室(培育基地)获批。

学院现有博士后流动站 1 个(地理学),一级学科博士点 1 个(地理学),二级学科博士点 6 个(自然地理学、人文地理学、遥感与地理信息系统、地球系统科学、第四纪地质、环境科学),硕士点 9 个(自然地理学、人文地理学、地图学与地理信息系统、城市与区域规划、地球系统科学、第四纪地质、水文学及水资源、环境科学、环境工程),本科专业6个(自然地理与资源环境、人文地理与城乡规划、地理信息科学、环境科学、环境工程、水文与水资源工程)。学院拥有国家重点学科、国家级地理学人才培养基地、一级学科博士点、博士后科研流动站,已成为我国西部地学与环境科学基础研究、学术交流和人才培养中心。

8. 华中师范大学

华中师范大学城市与环境科学学院网页介绍了基本情况。学院设有地理科学、自然地理与资源环境、人文地理与城乡规划、地理信息科学和旅游管理5个本科专业,其中地理科学专业为湖北省本科品牌专业;拥有地理学一级学科博士点和硕士点,还设有地理教育博士点,自然地理学、人文地理学、地图学与地理信息系统、地理教学论、旅游管理5个学术学位硕士点以及学科教学(地理)、农村与区域发展、旅游管理3个专业学位硕士点,并设有地理学博士后流动站;开办了中美联合办学硕士专业——区域旅游与环境(简称MTM,授予美国科罗拉多州立大学硕士学位)。学院是中国地理学会华中地区代表处、湖北省及武汉市地理学会的挂靠单位和武汉地区旅游教育培训定点单位。

学院拥有一支以中青年教师为核心,年龄结构、学缘结构和专业结构合理的师资队伍。现有教职员工94人,其中专任教师79人,教授21人,副教授30人;有湖北省优秀教学团队1个,湖北省优秀基层教学组织1个,湖北省自然基金创新群体1个,湖北省优秀教师1人,桂苑名师2人,桂子青年学者2人。另聘有中外兼职教授7人,其中院士2人。

学院高度重视人才培养。在校全日制本科生800多人,各类硕士研究生600多人,博士研究生40多人。拥有国家级精品资源共享课程1门,国家精品在线开放课程1门,省级精品课程2门,省级精品视频课程1门,省级精品网络视频课程1门,湖北教师教育网络联盟课程2门。

学院以地理学科为主导,聚焦长江中游地区,形成经济地理学与城乡网络化发展、历史地理学与健康可持续发展、土壤地理学与土地利用、地理信息科学与地理过程模拟、旅游地理学与资源开发利用5个优势学科方向。拥有武汉城市圈"两型社会"建设研究院、中国旅游研究院武汉分院两个省部级人文社会科学重点研究基地,建有地理过程分析与模拟湖北省重点实验室和湖北省地理科学实验教学示范中心,设有地理研究所、旅游规划与景观设计研究院、可持续发展研究中心、土地科学研究中心、城乡发展与规划研究中心等多个研究机构。

9. 湖南师范大学

湖南师范大学资源与环境科学学院网页介绍了基本情况。学院源自国立师范学院时期的史地系。学院目前下设地理学系、地理信息工程系、城乡规划系、土地科学系和资源与环境研究所、国土研究所、地理信息系统研究中心、区域经济与社会发展研究中心;开设有地理科学、自然地理与资源环境、人文地理与城乡规划、地理信息科学、土地资源管理等5个本科专业(其中地理科学、人文地理与城乡规划专业为湖南省特色专业);拥有地理学一级学科博士点,土地资源管理、人口资源环境经济学、水土保持与荒漠化防治3个二级学科硕士点和教育硕士、公共管理硕士等专业硕士方向授权。学院是中国区域科学协会空间分析专业委员会、湖南省地理学会的挂靠单位和湖南省青少年科普教育基地。

学院现有教职员工74人,其中专任教师57人。专任教师中,教授21人,副教授16人,具有博士学位的教师占比达到80%以上,既有包括中国科学院院士(双聘)、国际欧亚科学院院士、国家级有突出贡献的中青年专家、国务院政府特殊津贴专家、全国优秀教师、中国科学院"百人计划"入选者、湖南省"百人计划"入选者等在内的知名学者,也有包括教育部"新世纪优秀人才支持计划"入选者、湖南省杰出青年基金获得者、湖湘青年英才等在内的一大批发展潜力强劲的年轻博士。

2012年以来,学院教师先后完成包括国家自然科学基金、国家社会科学基金、国家"863计划"、国家"973计划"、国家科技支撑计划、国家重点研发计划等在内的国家课题50余项,省部级课题100余项,厅局级及横向课题500余项,到账项目经费近2亿元;获得省部级及以上科技成果奖励(含教学成果)10余项;在国内外高水平学术刊物发表学术论文1000余篇,出版学术著作和教材30余部。学院积极开展对外交流活动,在国际上已与美国、加拿大、日本、俄罗斯、德国、丹麦、澳大利亚、波兰等国家的知名大学和研究所建立了紧密的合作关系,在国内与中国科学院、北京师范大学、武汉大学、南京大学等国内高水平研究机构及大学建立了固定的学术交流机制,有关学术骨干定期或不定期进行学术互访,互派学生联合培养,开展项目合作研究。2012年以来,近20位教师先后出国访学或开展合作研究,主办国际性学术会议4次,主办包括中国区域科学协会学术年会、中国地理学会人文地理学术年会等在内的全国性学术会议8次。

10. 华南师范大学

华南师范大学地理科学学院网页介绍了基本情况。学院前身是1933年8月成立的勷勤大学师范学院的博物地理系,1941年8月成立广东省立文理学院史地系,1947年2月成立广东省立文理学院地理系,1951年10月成立华南师范学院地理系,1952年11月南昌大学师范部地理专修科和湖南大学史地系地理专修科相继并入,1982年10月改称华南师范大学地理系,2004年12月成立华南师范大学地理科学学院。学院现有教师79名,其中94%的专任教师拥有博士学位,63%以上的专任教师有海外学习和进修经历。教师中有教授19人、副教授17人,博士生导师9人,硕士生导师37人,其中广东省高等学校"千百十工程"国家级和省级培养对象4人,教育部"新世纪优秀人才支持计划"入选者1人,广东省教学名师1人,广东省"南粤优秀教师"3人,中国地理学会副秘书长1人,广东省地理科学类教学指导委员会副主任兼秘书长1人,广东省地理学会副理事长1人及副秘书长2人,广东省测绘学会副理事长1人,"广东特支计划"百千万工程入选者1人,国家优青1人,教育部教学指导委员会委员1人,广东省高校地理教学指导委员会副主任1人。在读本科生、硕博士研究生和在站博士后总人数近1300人。

学院现拥有地理学博士后科研流动站,地理学一级学科博士点、一级学科硕士点(含自然地理学、人文地理学、地图学与地理信息系统、景观生态规划与管理、城市与区域规划等二级学科)和学科教学(地理)专业学位硕士点;设有地理科学、地理信息科学、自然地理与资源环境、人文地理与城乡规划4个本科专业。学院现有国家级精品课程1门、国家级"十一五"精品教材1部、普通高等教育"十一五"国家级规划教材2部。学院高度重视学生课外创新实践能力的培养，现有广东省实验教学示范中心2个，国家级大学生实践基地1个，广东省大学生实践基地（研究生和本科生）4个。学院拥有泛珠江流域资源与环境中越国际联合实验室国际联合科研平台、广东省智慧国土工程技术研究中心、广东省自然资源科技协同创新中心等省级科研平台，以及广东省三维地理环境虚拟仿真青少年科普教育基地等。学院主编、出版的学术期刊《热带地貌》面向全国发行。近年来，学院教师致力于热带与亚热带地貌与环境演化、全球变化及其区域响应、海岸地貌、区域经济与城乡规划、植被生态、社会文化地理、土地利用与覆被变化、《更路簿》与南海诸岛地名、海绵城市、国土空间规划、遥感与地理信息技术等方面的研究，已取得了丰硕的研究成果。

11. 西北大学

西北大学城市与环境学院网页介绍了基本情况。1902年，陕西大学堂创办时就设立了史地科。1937年，西安临时大学组建时设置了地理系。1992年，顺应学科发展与经济建设的需求，更名为城市与资源学系。1996年，在原有环境地理和环境生态方向的基础上，吸收化学、化工等学科的教学与科研人员，建立了环境科学系。经过不断发展建设，2009年10月成立城市与环境学院，现下设自然地理与资源系、经济地理与规划系、遥感与地理信息科学系、环境科学与工程系、城市规划系等5个系。

学院现有教职工119人，其中专职教师97人，正高级职称27人，副高级职称41人，博士生导师24人。其中，国家杰青、"百千万人才工程"国家级人才入选者等国家级人才3人，教育部"新世纪优秀人才支持计划"、省级教学名师等省部级人才23人。

学院现有地理学博士学位授权一级学科，自然地理学、人文地理学、地图学与地理信息系统3个博士学位授权二级学科，设有地理学博士后科研流动站，具有地理学、环境科学与工程、城乡规划学3个硕士学位授权一级学科，区域经济学硕士学位授权二级学科和环境工程、城市规划2个专业学位授权点，设有自然地理与资源环境（陕西省一流本科专业建设点）、人文地理与城乡规划（国家一流本科专业建设点）、地理信息科学、环境科学、环境工程、城乡规划6个本科专业，地理学为陕西省一流学科建设点。各类在校学生人数近1200人。

学院拥有陕西省地表系统与环境承载力重点实验室、陕西省遥感与地理信息工程研究中心、国家林业和草原局陕西西安城市生态系统定位观测站、西北大学地表系统与灾害研究院、西北大学陕西省情研究院等科研平台。拥有2个省级实验教学示范中心（资源环境与区域规划、地理信息系统），1个省级虚拟仿真实验教学示范中心（城市资源虚拟仿真实验中心）和陕西省大学生校外实践教育基地等教学实践平台。并设有2个院士工作室，10余个无行政级别研究机构。拥有土地规划编制甲级资质、城乡规划编制乙级资质、环境影响评价乙级资质等。

12. 陕西师范大学

陕西师范大学地理科学与旅游学院网页介绍了基本情况。学院起源于1944年陕西省立师范专科学校史地科，历经西大师范学院史地系、西安师范学院史地系、西安师范学院地理系、陕西师范大学地理系（旅游系）、陕西师范大学旅游与环境学院等历史变迁，于2017年6月更名为陕西师范大学地理科学与旅游学院。学院现有在编教职工124人，其中专任教师103人，教授30人，博士生导师27人，副教授39人，专任教师博士率达到93%，形成了一支高学历、高素质、高水平的师资队伍。中国工程院孙九林院士、中国科学院傅伯杰院士为双聘院士；国家杰青、风沙物理学专家董治宝研究员为学院首位教育部特聘教授；国家杰青、水资源专家冯起研究员、交通地理专家曹小曙教授，大气环境研究专家段克勤教授，风沙地貌研究专家吕萍教授，全球变化研究专家刘晓宏教授为学院特聘教授；旅游经济学专家张辉教授为学院陕西省"三秦学者"特聘教授。

经过70多年的发展，学院已经形成了完整的学科体系。现有地理学一级学科博士学位授权点（含自然地理学、人文地理学、地图学与地理信息系统，以及区域环境学、自然灾害学和国土资源学）、生态学一级学科博士学位授权点和旅游管理学博士学位授权点，地理学、生态学博士后科研流动站和工商管理博士后科研流动站，以及环境科学、水土保持与荒漠化防治、第四纪地质学、学科教学论等相关专业学科13个硕士学位授权点和环境工程硕士、旅游管理硕士、教育硕士等3个专业学位授权点。拥有中国旅游研究院西部旅游发展研究基地、西部资源环境研究所、旅游规划设计研究院、污染暴露与生态环境健康国际联合研究中心、城市规划与研究中心、遥感与地理信息系统实验室、环境科学实验室、黄土高原环境动力学实验室等平台成为创新人才培养和科学研究基地。设立了陕西省旅游信息科学重点实验室、陕西省旅游信息化工程实验室。

13. 辽宁师范大学

辽宁师范大学城市与环境学院网页介绍了基本情况。学院始建于1951年,是辽宁省地理学会的挂靠单位。现有地理学一级学科博士学位授权点和一级学科硕士学位授权点(含3个二级学科点:人文地理学、自然地理学、地图学与地理信息系统),以及水文学及水资源、课程与教学论(地理)、教育硕士(地理)等硕士学位授权点,在校硕士生330余人、博士生30余人;现有地理科学(师范)、地理信息科学、水文与水资源工程3个本科专业,在校本科生600余人。其中,地理科学(师范)专业是辽宁省特色专业与国际化试点专业。地理学是辽宁省一级学科重点学科(2008)、辽宁省一流重点学科(2010)、辽宁省一流特色学科(2014)、辽宁省一流学科(2018)。学院与美国印第安纳州立大学、澳大利亚科廷大学等签订了本科生和研究生联合培养协议。

学院现有教职员工75人,其中专业教师65人。专业教师中,教授19人、副教授22人、高级实验师3人,81%拥有博士学位;45岁以下中青年教师占56%;博士生导师14人,硕士生导师32人。拥有海洋经济地理与水资源经济2个辽宁省高校创新团队,国务院政府特殊津贴专家2人,辽宁特聘教授3人,教育部"新世纪优秀人才支持计划"1人,辽宁省"百千万人才工程"百人层次5人、千人层次3人,辽宁省高校杰出青年学者5人。

2000年以来,学院承担国家科技支撑计划项目1项、国家社科基金重大项目1项、国家"973计划"项目子课题2项、国家"863"项目子课题3项、国家自然科学基金项目和社会科学基金项目52项、省部级科研项目200余项、横向项目200余项,获得科研经费近1亿元。学院科研历经长期的发展积淀,形成了海洋经济地理、城市地表过程与人居环境、水资源评价与模拟、环境演变与灾害地貌、地理信息系统建模与集成等5个特色研究方向及科研团队。

14. 哈尔滨师范大学

哈尔滨师范大学地理科学学院网页介绍了基本情况。学院由地理学系、资源与环境科学系、地理信息科学系、环境科学研究所和城市规划设计中心组成，现开设地理科学、自然地理与资源环境、人文地理与城乡规划、地理信息科学和资源勘查工程5个本科专业。其中，地理科学专业是国家特色专业和黑龙江省重点专业。

自然地理学学科具有博士学位授予权，拥有地理学博士后科研流动站，地理学为一级学科硕士点，地理学是黑龙江省重点学科。学院有龙江学者3人，省教学名师1人，博士生导师5人，硕士生导师25人。

学院拥有黑龙江省普通高校地理环境遥感监测重点实验室，建有省级环境科学实验教学示范中心。实验室面积为3000余平方米。装备有先进的教学仪器和科研设备，具有进行土壤、植物、沉积物、岩石、水理化性质分析、地理信息系统、遥感、数字摄影测量等先进仪器设备，设备总值1000余万元。

15. 山东师范大学

山东师范大学地理与环境学院网页介绍了基本情况。学院前身为地理系，是1950年山东师范学院建校伊始即设立的六个系科之一。学院学科体系齐全，下设地理科学（师范）、自然地理与资源环境、人文地理与城乡规划、地理信息科学、环境科学、遥感科学与技术等6个本科专业。拥有地理学一级学科博士学位授权点和地理学博士后科研流动站，设有自然地理学、人文地理学、地图学与地理信息系统3个博士、硕士学位授权点，拥有环境科学与工程一级学科硕士学位授权点，以及教育硕士（学科教学·地理）、教育硕士（职业技术教育·资源环境方向）2个专业学位招生方向。地理科学为国家一流本科建设专业和山东省品牌专业，环境科学专业为山东省高水平应用型立项建设专业群核心专业，自然地理学为山东省重点学科，人口、资源与环境经济学为山东省人文社科强化建设基地和山东省特色重点学科。学院目前有在校本科生1637人，硕士研究生247人，博士研究生20人，博士后54人，留学生10人。

学院现有教职工98名,专任教师80名,其中71人具有博士学位,教授19人,副教授25人,博士生导师13人,硕士生导师44人。拥有全国模范教师、省属高校优青、省突出贡献专家、社会科学学科新秀、泰山学者青年专家、山东省智库高端人才等10余人。

2018年以来,主持和完成国家级课题40余项,省部级课题70余项。在核心以上期刊发表论文700余篇。获得省自然科学二等奖、省社会科学优秀成果一等奖、"省精品工程"奖等20余项。学院承担国家和省市在资源开发及持续利用、应急管理、生态保护与修复、循环经济等领域的大量横向课题,年均课题总经费超过1000万元。作为山东地理学会理事长单位、全国高师地理与旅游教学联席会副理事长单位、中国地理学会和中国自然资源学会理事单位,不定期举办全国性或省内学术会议,拓展和提升了学术交流的渠道和平台。

16. 西南大学

西南大学地理科学学院网页介绍了基本情况。学院前身可追溯至四川省立教育学院(1936年)和国立女子师范学院(1940年)的史地系。截至2020年9月,共有教职员工113人,其中,专任教师86人(正高级18人、副高级32人、中级36人),实验人员11人(高级实验师4人、实验师5人、助理实验师2人)。88%以上的专任教师具有博士学位,59%以上具有海外留学或工作经历。团队现有中国科学院院士1人,博士生导师15人,硕士生导师29人,国家重点研发计划项目和国家社会科学基金重大项目首席科学家各1人,享受国务院政府特殊津贴专家1人,教育部骨干教师1人,重庆市学术技术带头人4人、后备人选3人,重庆英才计划第一批人选2人。学院有3个教学系:自然地理与教师教育系、人文地理与城乡规划系、地理信息科学系,1个实验教学中心。学院是我国最早的地理学硕士生培养单位之一,在读全日制硕博研究生230余人,在站博士后7人。

"十三五"期间,学院共承担省部级及以上纵向科研项目122项,其中,国家重点研发项目1项,国家自然科学基金项目34项(含重点项目1项),国家社会科学基金项目4项(含重大项目1项);国家科技计划课题研究任务8项、教育部人文社会科学项目6项、重庆市科技项目15项、重庆市社会科学项目16项、其他省部级项目38项。在研各类科研经费1.30亿元（其中，纵向合同经费6087万元、横向到校经费5620万元，校级项目1266万元），年均2595万元。发表论文1087篇，其中SCI/SSCI收录论文324篇、中文核心期刊论文573篇(EI收录81篇，其他CSCD/CSSCI收录期刊论文422篇)。在《中国科学》《地理学报》《测绘学报》等国内顶级期刊发表论文31篇，在 Science, Nature ecology & evolution, applied energy, Remote sensing of environment, Journal of hydrology, Journal of rural studies, Land use policy 等国际顶级期刊发表论文20篇。出版专著8部、教材6本。获得省部级科技奖项9项，其中"测绘科技进步奖"一等奖1项，其他省部级二等奖5项，三等奖3项。

17. 贵州师范大学

贵州师范大学地理与环境科学学院网页介绍了基本情况。学院拥有79年的悠久办学历史，下设地理科学系、人文地理与城乡规划系、地理信息科学系、环境科学系、园林系。

截至2020年10月，全院教职工共98人，其中专任教师73人，行政、教辅人员25人；地理科学系19人，人文地理与城乡规划系18人，地理信息科学系12人，环境科学系13人，园林系11人。从职称结构看，专任教师队伍中现有教授24人，副教授33人，博士42人，在读博士7人。学科聘有特聘教授卢耀如院士、候鸟型专家周成虎院士及国内外知名专家多人，现有博士生导师10人，硕士生导师50人。学院获批建设贵州山区地理环境与遥感技术应用省级科技创新人才团队1个，联合建设喀斯特山地遥感与空间信息系统创新团队、贵州省首批科技创新人才团队——中国南方喀斯特科技创新团队、贵州省第二批人才基地——喀斯特生态环境保护与治理人才基地等。目前，学院共有10余人次获国务院政府特殊津贴、贵州省政府特殊津贴、省核心专家、省管专家、贵州省高层次创新型百层次人才、贵州省优秀青年科技人才、教育部"新世纪优秀人才支持计划"、贵州省千层次人才计划等待遇或荣誉称号。

学院设有地理科学、人文地理与城乡规划、地理信息科学、自然地理与资源环境、土地资源管理、环境科学、园林7个本科专业；拥有"地理学"一级学科博士学位授权点(2014年招收首批博士研究生)；地理学、环境科学与工程、风景园林等一级学科硕士学位授权点；自然地理学、人文地理学、地图学与地理信息系统、土地资源利用与管理、生态学等二级学科硕士学位授权点；学科教学地理、风景园林等专业硕士学位授权点。

18. 西北师范大学

西北师范大学地理与环境科学学院网页介绍了基本情况。学院发端于1902年创办的京师大学堂师范馆史地科，其后发展成为北平师范大学史地系。抗日战争时期随学校西迁至陕西城固，后再次西迁至兰州，成为西北师范学院地理系。2000年10月，依托原地理系和西北资源环境研究所成立西北师范大学地理与环境科学学院。

学院现设有地理科学、城市与资源学、地理信息学、环境科学与工程4个系和1个实验中心；拥有甘肃省湿地资源保护与产业发展工程研究中心、甘肃省土地利用与综合整治工程技术研究中心两个省级工程中心，有甘肃省地名研究中心、西北师范大学国土资源与城乡规划研究院、数字国土与GIS开发应用研究院、西北师范大学城市规划与旅游景观设计研究院、建设项目环境影响评价中心、生态经济研究中心、西北资源环境与区域发展研究所等7个研究机构，具有旅游规划设计乙级资质、土地利用规划资质和第二次土地调查资质。

目前学院有全日制普通本科生869人，硕士研究生406人，博士研究生46人，博士后2人。现有地理学博士后科研流动站、地理学一级学科博士学位点（含自然地理学、人文地理学、地图学与地理信息系统3个二级学科博士学位点），地理学和环境科学与工程2个一级学科硕士学位点，自然地理学、人文地理学、地图学与地理信息系统、环境科学与工程、矿产勘查与地质环境、土地资源管理等6个学术型硕士学位点和环境工程专业硕士学位点。

学院现有教职工81人，其中以程国栋院士领衔的专任教师67人，教授21人，副教授36人，博士生导师13人，硕士生导师53人，专任教师中获得博士学位的占比71.64%。教师队伍中有两院院士（双聘）1人，教育部"新世纪优秀人才支持计划"2人，甘肃省"333""555"科技人才1人，甘肃省领军人才5人，甘肃省"飞天学者"特聘教授2人，甘肃省教学名师1人。

第二节 国外地理学科设置情况

受不同地区和教育体制下的学科、专业设置和归属差异影响,国外地理学科的设置主要通过与"地理学"相关、相近的学科和专业两方面内容来反映。ESI(Essential Science Indicators)数据库根据学科发展特点等因素设置了22个学科和108个专业,其中地学类相关学科2个,相关专业10个。根据《2019—2020世界一流大学和一流学科评价研究报告》的相关研究成果,国外地理学科设置情况介绍如下。

一、地理学相关学科的院校和机构分布

1. 环境科学与生态学

表 3-5 环境科学与生态学学科的院校综合排名

排名	英文名称	中文名称	国家
1	WAGENINGEN UNIVERSITY & RESEARCH	瓦格宁根大学	荷兰
2	UNIVERSITY OF CALIFORNIA BERKELEY	加州大学伯克利分校	美国
3	UNIVERSITY OF QUEENSLAND	昆士兰大学	澳大利亚
4	EIDGENÖSSISOHE TECHNISCHE HOCHSCHULE ZURICH	苏黎世联邦理工学院	瑞士
5	UNIVERSITY OF CALIFORNIA DAVIS	加州大学戴维斯分校	美国
6	UNIVERSITY OF BRITISH COLUMBIA	英属哥伦比亚大学	加拿大
7	STANFORD UNIVERSITY	斯坦福大学	美国
8	UNIVERSITY OF OXFORD	牛津大学	英国
9	UNIVERSITY OF FLORIDA	佛罗里达大学	美国
10	DUKE UNIVERSITY	杜克大学	美国
11	JAMES COOK UNIVERSITY	詹姆斯库克大学	澳大利亚
12	SWEDISH UNIVERSITY OF AGRICULTURAL SCIENCES	瑞典农业科学大学	瑞典

(续表)

排名	英文名称	中文名称	国家
13	UNIVERSITY OF MINNESOTA TWIN CITIES	明尼苏达大学双城分校	美国
14	YALE UNIVERSITY	耶鲁大学	美国
15	UNIVERSITY OF CHINESE ACADEMY OF SCIENCES,CAS	中国科学院大学	中国
16	UNIVERSITY OF EXETER	埃克塞特大学	英国
17	UNIVERSITY OF WASHINGTON	华盛顿大学	美国
18	LANGUEDOC-ROUSSILLON UNIVERSITES (COMUE)	朗格乌克—鲁西永大学	法国
19	COLORADO STATE UNIVERSITY	科罗拉多州立大学	美国
20	HARVARD UNIVERSITY	哈佛大学	美国
21	UNIVERSITY OF CAMBRIDGE	剑桥大学	英国
22	UTRECHT UNIVERSITY	乌得勒支大学	荷兰
23	UNIVERSITY OF NEW SOUTH WALES SYDNEY	新南威尔斯大学悉尼分校	澳大利亚
24	UNIVERSITE DE MONTPELLIER	蒙彼利埃大学	法国
25	OREGON STATE UNIVERSITY	俄勒冈州立大学	美国
26	UNIVERSITY OF ARIZONA	亚利桑那大学	美国
27	STOCKHOLM UNIVERSITY	斯德哥尔摩大学	瑞典
28	CORNELL UNIVERSITY	康奈尔大学	美国
29	AARHUS UNIVERSITY	奥尔胡斯大学	丹麦
30	MICHIGAN STATE UNIVERSITY	密歇根州立大学	美国

2. 地球科学

表 3-6　地球科学学科的院校综合排名

排名	英文名称	中文名称	国家/地区
1	CALIFORNIA INSTITUTE OF TECHNOLOGY	加州理工学院	美国
2	UNIVERSITY OF COLORADO BOULDER	科罗拉多大学博尔德分校	美国
3	EIDGENÖSSISOHE TECHNISCHE HOCHSCHULE ZURICH	苏黎世联邦理工学院	瑞士
4	COLUMBIA UNIVERSITY	哥伦比亚大学	美国

(续表)

排名	英文名称	中文名称	国家/地区
5	UNIVERSITY OF WASHINGTON	华盛顿大学	美国
6	CHINA UNIVERSITY OF GEOSCIENCES	中国地质大学	中国
7	SORBONNE UNIVERSITE	索邦大学	法国
8	UNIVERSITE DE VERSAILLES SAINT-QUENTIN-EN-YVELINES	凡尔赛大学	法国
12	UNIVERSITY OF CALIFORNIA SAN DIEGO	加州大学圣迭戈分校	美国
13	PEKING UNIVERSITY	北京大学	中国
14	UNIVERSITY OF LEEDS	利兹大学	英国
15	UNIVERSITY OF BRISTOL	布里斯托尔大学	英国
16	HARVARD UNIVERSITY	哈佛大学	美国
17	UNIVERSITY OF CALIFORNIA IRVINE	加州大学尔湾分校	美国
18	UNIVERSITY OF OXFORD	牛津大学	英国
19	UNIVERSITY OF CHINESE ACADEMY OF SCIENCES, CAS	中国科学院大学	中国
20	UNIVERSITY OF TOKYO	东京大学	日本
21	UNIVERSITY OF TEXAS AUSTIN	得克萨斯大学奥斯汀分校	美国
22	MASSACHUSETTS INSTITUTE OF TECHNOLOGY (MIT)	麻省理工学院	美国
23	PRINCETON UNIVERSITY	普林斯顿大学	美国
24	UNIVERSITY OF READING	雷丁大学	英国
25	UNIVERSITY OF CALIFORNIA LOS ANGELES	加州大学洛杉矶分校	美国
26	UNIVERSITY OF ARIZONA	亚利桑那大学	美国
27	UNIVERSITY OF CAMBRIDGE	剑桥大学	英国
28	UNIVERSITY OF BERN	伯尔尼大学	瑞士
29	UNIVERSITE GRENOBLE ALPES (UGA)	格伦布尔大学	法国
30	UNIVERSITY OF HELSINKI	赫尔辛基大学	芬兰

二、地理学相近专业的院校和机构分布

1. 测绘科学与技术学科

表 3-7 测绘科学与技术学科的院校(机构)综合排名

排名	英文名称	中文名称	国家/地区
1	CHINESE ACAD EMY OF SCIENCE	中国科学院	中国
2	NASA	美国国家航空航天局	美国
3	WUHAN UNIVERSITY	武汉大学	中国
4	UNIVERSITY OF MARYLAND	马里兰大学	美国
5	BEIJING NORMAL UNIVERSITY	北京师范大学	中国
6	CALIFORNIA INSTITUTE OF TECHNOLOGY	加州理工学院	美国
7	UNIVERSITY OF CHINESE ACADEMY OF SCIENCES,CAS	中国科学院大学	中国
8	US-GEOL-SURVEY	美国地质勘探局	美国
9	NOAA	美国国家海洋和大气管理局	美国
10	GERNIAN-AEROSP-CTR-DLR	德国航天航空研究中心	德国

2. 城乡规划学学科

表 3-8 城乡规划学学科的院校(机构)综合排名

排名	英文名称	中文名称	国家/地区
1	WORLD BANK	世界银行	美国
2	THE UNIVERSITY OF MANCHESTER	曼彻斯特大学	英国
3	UNIV-SUSSEX	萨塞克斯大学	英国
4	UTRECHT UNIVERSITY	乌得勒支大学	荷兰
5	UNIVERSITY OF OXFORD	牛津大学	英国
6	UNIVERSITY OF CALIFORNIA BERKELEY	加州大学伯克利分校	美国
7	CORNELL UNIVERSITY	康奈尔大学	美国
8	UNIVERSITY OF TORONTO	多伦多大学	加拿大
9	WAGENINGEN UNIVERSITY & RESEARCH	瓦格宁根大学	荷兰
10	UNIVERSITY OF NORTH CAROLINA	北卡罗来纳大学	美国

3. 大气科学学科

表 3-9　大气科学学科的院校(机构)综合排名

排名	英文名称	中文名称	国家/地区
1	CHINESE-ACAD-SCI	中国科学院	中国
2	NOAA	美国国家海洋和大气管理局	美国
3	NASA	美国国家航空航天局	美国
4	NATL-CTR-ATMOSPHER-RES	美国国家大气研究中心	美国
5	COLORADO STATE UNIVERSITY	科罗拉多州立大学	美国
6	CALIFORNIA INSTITUTE OF TECHNOLOGY	加州理工学院	美国
7	UNIVERSITY OF MARYLAND	马里兰大学	美国
8	UNIVERSITY OF WASHINGTON	华盛顿大学	美国
9	COLUMBIA UNIVERSITY	哥伦比亚大学	美国
10	UNIVERSITY OF CALIFORNIA BERKELEY	加州大学伯克利分校	美国

4. 地理学学科

表 3-10　地理学学科的院校(机构)综合排名

排名	英文名称	中文名称	国家/地区
1	CHINESE-ACAD-SCI	中国科学院	中国
2	UNIVERSITY OF OXFORD	牛津大学	英国
3	UTRECHT UNIVERSITY	乌得勒支大学	荷兰
4	DURHAM UNIVERSITY	杜伦大学	英国
5	US-GEOL-SURVEY	美国地质勘探局	美国
6	COLORADO STATE UNIVERSITY	科罗拉多州立大学	美国
7	UNIVERSITY OF COPENHAGEN	哥本哈根大学	丹麦
8	UNIVERSITY COLLEGE LONDON	伦敦大学学院	英国
9	UNIVERSITY OF BERN	伯尔尼大学	瑞士
10	UNIVERSITY OF CAMBRIDGE	剑桥大学	英国

5. 地球物理学学科

表 3-11 地球物理学学科的院校(机构)综合排名

排名	英文名称	中文名称	国家/地区
1	CHINESE-ACAD-SCI	中国科学院	中国
2	RUSSIAN-ACAD-SC1	俄罗斯科学院	俄罗斯
3	NASA	美国国家航空航天局	美国
4	CHINA UNIVERSITY OF GEOSCIENCES, WUHAN	中国地质大学(武汉)	中国
5	US-GEOL-SURXEY	美国地质勘探局	美国
6	COLORADO STATE UNIVERSITY	科罗拉多州立大学	美国
7	CALIFORNLA INSTITUTE OF TECHNOLOGY	加州理工学院	美国
8	CNRS	法国国家科学研究中心	法国
9	UNIVERSITY OF CALIFORNIA BERKELEY	加州大学伯克利分校	美国
10	NOAA	美国国家海洋和大气管理局	美国

6. 地质学学科

表 3-12 地质学学科的院校(机构)综合排名

排名	英文名称	中文名称	国家/地区
1	CHINESE-ACAD-SCI	中国科学院	中国
2	CHINA UNIVERSITY OF GEOSCIENCES	中国地质大学	中国
3	RUSSIAN-ACAD-SCI	俄罗斯科学院	俄罗斯
4	CHINESE-ACAD-GEOL-SCI	中国地质科学院	中国
5	US-GEOL-SURVEY	美国地质勘探局	美国
6	PEKING UNIVERSITY	北京大学	中国
7	NAT-HIST-MUSEUM	国家历史博物馆	英国
8	UNIVERSITY OF BERN	伯尔尼大学	瑞士
9	DURHAM UNIVERSITY	杜伦大学	英国
10	UNIVERSITY OF CHINESE ACADEMY OF SCIENCES, CAS	中国科学院大学	中国

7. 地质资源与地质工程学科

表 3-13 地质资源与地质工程学科的院校(机构)综合排名

排名	英文名称	中文名称	国家/地区
1	CHINESE-ACAD-SCI	中国科学院	中国
2	TONGJI UNIVERSITY	同济大学	中国
3	CHINA UNIVERSITY OF MINING & TECHNOLOGY	中国矿业大学	中国
4	UNIVERSITY OF WESTERN AUSTRALIA	西澳大学	澳大利亚
5	HONG KONG UNIVERSITY OF SCIENCE & TECHNOLOGY	香港科技大学	中国
6	UNIVERSITY OF CALIFORNIA BERKELEY	加州大学伯克利分校	美国
7	NANYANG TECHNOLOGICAL UNIVERSITY	南洋理工大学	新加坡
8	THE UNIVERSITY NEWCASTLE AUSTRAUA	纽卡斯尔大学	澳大利亚
9	INDIAN INSTITUTE OF TECHNOLOGY OF BOMBAY	印度理工学院孟买校区	印度
10	HOHAI UNIVERSITY	河海大学	中国

8. 海洋科学学科

表 3-14 海洋科学学科的院校(机构)综合排名

排名	英文名称	中文名称	国家/地区
1	NOAA	美国国家海洋和大气管理局	美国
2	CHINESE-ACAD-SCI	中国科学院	中国
3	NASA	美国国家航空航天局	美国
4	UNIVERSITY OF WASHINGTON	华盛顿大学	美国
5	COLORADO STATE UNIVERSITY	科罗拉多州立大学	美国
6	WOODS-HOLE-OCEANOG-INST	伍兹霍尔海洋研究所	美国
7	CALIFORNIA INSTIMTE OF TECHNOLOGY	加州理工学院	美国
8	UNIVERSITY OF CALIFORNIA SAN DIEGO	加州大学圣迭戈分校	美国
9	UNIVERSITY OF CALIFORNIA LOS ANGELES	加州大学洛杉矶分校	美国
10	NATL-CTR-ATMOSPHER-RES	美国国家大气研究中心	美国

9. 环境科学与工程学科

表 3-15　环境科学与工程学科的院校(机构)综合排名

排名	英文名称	中文名称	国家/地区
1	CHINESE-ACAD-SCI	中国科学院	中国
2	TSINGHUA UNIVERSITY	清华大学	中国
3	US-EPA	美国环境保护署	美国
4	UNIVERSITY OF CALIFORNIA BERKELEY	加州大学伯克利分校	美国
5	US-GEOL-SURVEY	美国地质勘探局	美国
6	UNIVERSITY OF CHINESE ACADEMY OF SCIENCES,CAS	中国科学院大学	中国
7	UNIVERSITY OF QUEENSLAND	昆士兰大学	澳大利亚
8	CSIC	国家科研委员会	西班牙
9	ZHEJIANG UNIVERSITY	浙江大学	中国
10	PEKING UNIVERSITY	北京大学	中国

10. 生态学学科

表 3-16　生态学学科的院校(机构)综合排名

排名	英文名称	中文名称	国家/地区
1	CHINESE-ACAD-SCI	中国科学院	中国
2	CSIC	国家科研委员会	西班牙
3	UNIVERSITY OF CALIFORNIA DAVIS	加州大学戴维斯分校	美国
4	US-GEOL-SLRVEY	美国地质勘探局	美国
5	UNIVERSITY OF CALIFORNIA BERKELEY	加州大学伯克利分校	美国
6	CNRS	法国国家科学研究中心	法国
7	UNIVERSITY OF OXFORD	牛津大学	英国
8	UNIVERSITY OF QUEENSLAND	昆士兰大学	澳大利亚
9	UNIVERSITY OF BRITISH COLUMBIA	英属哥伦比亚大学	加拿大
10	UNIVERSITY OF FLORIDA	佛罗里达大学	美国

问题与讨论

一、常规性问题与讨论

1. 请在深入阅读基础上,简述中国的地理科学类各个专业中的 A 级单位。

2. 请在深入阅读基础上,就某一个 A 级单位的情况进行分析,分析其优势领域、方向、代表性成果。

3. 长期作业:

(1) 每天最少完成一张学术文献卡片;

(2) 每天研读所确定的学术名著。

二、研究性问题与讨论

本科毕业后,你准备报考哪所大学哪个专业的硕士研究生?

第四章　专业的主要学科基础

专业的重要基础之一是学科及其支持。地理科学类的4个专业——地理科学专业、自然地理与资源环境专业、人文地理与城乡规划专业、地理信息科学专业——的学科基础，主要包括地理科学、资源科学、环境科学、人居环境科学、地理信息科学、地球系统科学等直接的学科或领域，地质学、大气科学、地球物理学、海洋科学等间接的学科或领域，还包括哲学特别是马克思主义哲学、科学哲学、科学方法论等学科或领域。

第一节　地 理 科 学

地理科学是古老而年轻的科学，是地球科学的重要组成部分。它与人类（群）的生活与发展有密切关系。

地理科学以地球陆地表层空间系统为研究对象。以地理学家为负责人或以地理科学为主要学科的若干重大的科学研究项目，其研究内容可以比地球陆地表层空间系统宽大，可以拓展到地球表层空间系统、地球陆地表层系统乃至地球表层系统。其中，地球表层这个科学概念是近代地理学时期产生的，明确提出、给出定义和把它规定为地理科学的研究对象的地理学家是德国的李希霍芬。中国的钱学森、黄秉维、吴传钧、陈述彭、郑度、陆大道、傅伯杰、陈发虎等均曾阐述了地理科学的研究对象。

地理科学以人地关系地域系统为研究核心。地球陆地表层空间系统有很多子系统，其中之一是人地关系地域系统。人地关系地域系统这个科学概念由中国的吴传钧率先明确提出、给出定义，并把它规定为地理科学的研究核心。他提出和建立了人地关系地域系统的研究范式。

地理科学具有重要的学科地位。中国的钱学森提出和构建的科学技术体系中,地理科学与自然科学、社会科学、系统科学、思维科学、人体科学、军事科学、行为科学、建筑科学、美学等并列为10个科学部门。地理科学中关于地理环境整体性概念及其理论和原理、地理环境分异性概念及其理论和原理、地理环境人地性概念及其理论和原理、地理环境尺度性概念及其理论和原理、地理环境过程性概念及其理论和原理,是地理科学具有重要学科地位的基础和根据。

地理科学的学科体系认识多元。迄今尚无对地理科学学科体系的统一认识,中国的陈传康提出和阐述了地理科学的学科体系即"金字塔"体系,中国的蔡运龙提出和阐述了"三板块—三层次—三重性—三时期"体系。"三板块"是指地理科学包括自然地理学、人文地理学、地理信息科学;"三层次"是指部门地理学、综合自然地理学和综合人文地理学、综合地理学;"三重性"是指理论地理学、应用地理学、建设地理学,即地理科学应用;"三时期"是指古地理学、历史地理学、时间地理学。另外,地理科学哲学或地理学思想方法也是地理科学体系中的重要组成部分。

地理科学具有重要价值。地理科学的基本价值包括哲学价值、科学价值、应用价值和教育价值。哲学价值即对哲学特别是马克思主义哲学的发展具有重要价值,科学价值即对其他科学门类和整个科学的发展具有重要价值,应用价值即对人文社会经济发展具有重要价值,教育价值即对人的全面发展具有重要价值。

地理科学形成了基本的研究范式。地理科学研究基本范式理论主要包括两个部分:第一,地理科学问题是地理科学研究的起点;第二,地理科学研究基本维度包括科学研究维度、价值研究维度、伦理研究维度。其中,科学研究维度包括空间秩序、时间序列、动因机制3个研究维度。

地理科学具有悠久发展历史。地理科学历史的认识主要有3个角度,即内史论、外史论、内-外史论。《中国大百科全书(第一版)》"地理学"卷,将地理科学历史划分为古代地理学、近代地理学、现代地理学时期。每一个时期都有其特征。

地理科学具有系统的科学原理。地理科学及地理科学家们对地理环境的探索、研究,逐渐形成了地理环境整体性、地理环境分异性、地理环境人地性、地理环境尺度性、地理环境过程性等地理环境基本性质的科学认识,形成了地理环境整体性概念及其理论和原理、地理环境分异性概念及其理论和原理、地理环境人地性概念及其理论和原理、地理环境尺度性概念及其理论和原理、地理环境过程性概念及其理论和原理。

第二节 资源科学

这里的资源包括自然资源和人文社会经济资源。自然资源指人类可以利用的、自然形成的物质和能量,包括矿产资源、土地资源、水资源、气候资源、生物资源、海洋资源、能源资源等;人文社会经济资源指人类在开发利用自然资源过程中所积累的物质和精神财富的总和,包括自然资源外的所有其他资源。这里的资源主要指自然资源,资源科学主要指自然资源科学。

自然资源科学的发展主要经历了自然资源知识积累时期、自然资源科学孕育时期、自然资源科学建立时期。自然资源科学主要研究:① 阐明自然资源系统的发生、演化及其时空演变规律,这是基础性工作,强调自然资源的整体性;② 探索自然资源系统各要素之间、各区域之间的相互作用及其机制与协调平衡原理;③ 揭示自然资源特征及其与人类社会、区域发展之间的关系,其理论基础是人地关系地域系统协调共生理论;④ 探索和阐述人类活动对自然资源系统的影响及其机制;⑤ 研究区域自然资源开发与社会经济发展之间的相互关系,这一研究要高度重视时空尺度;⑥ 探讨新技术、新方法在自然资源科学研究中的运用。资源科学已形成完整知识体系和学科体系,主要包括:资源地理学、资源生态学、资源经济学、资源信息学、气候资源学、水资源学、土地资源学、生物资源学、矿产资源学、能源资源学、旅游资源学、海洋资源学、人文社会经济资源学等。

自然资源科学主要分支学科包括资源地理学、水资源学、土地资源学等。① 资源地理学是主要研究自然资源和社会经济资源的地域组合特征、分布规律及其评价、利用和保护的学科。它是涉及自然基础、社会需求、技术可行性和经济合理性的综合性学科,而且不断拓展研究的范畴,如把人力资源、信息资源等纳进来。气候资源学主要研究气候资源的特征、形成、分布和变化规律及其与人类活动的相互关系。它以气候资源要素及其组合为研究对象,研究其形成、数量、质量、时空分布和演变规律;从气候资源的物质基础、能量和存在状态出发,研究气候资源转化为物质产品的理论、方法和途径;进行气候资源评价,探讨气候灾害的发生机理及防御对策等。② 水资源学主要研究水资源的形成条件、分布、循环和运动规律及其开发、利用、保护和管理,主要包括水资源调查与评价、水分循环与水量平衡、水资源供需平衡分析、水环境容量与水资源承载能力、水资源保护与水资源管理等。③ 土地资源学是研究土地资源各组成要素的组合特征及其与人类开发利用之间关系的分支学科。主要研究包括土地资源组成要素及其不同组合对土地利用的作用、土地资源类型的划分及其分类系统、土地资源调查与土地资源评价、土地资源生产力及人地关系分析、区域土地资源保护和开发利用。

自然资源具有鲜明的地域性、整体性、全球性、复杂性等特征,决定了自然资源科学研究具有鲜明的特点,包括:自然资源的地域性决定了自然资源科学研究的区域性,自然资源系统的整体性决定了自然资源科学研究的综合性,自然资源系统的全球性决定了自然资源科学研究的国际性,自然资源系统的复杂性决定了自然资源研究方法的多样性。

现代自然资源科学研究具有鲜明的态势和趋势。主要包括:① 全球化——从个体、局部走向一般、整体,日益注重国际合作和全球性问题研究;② 战略化——从静态走向动态,区域发展模式与可持续发展战略性研究日益活跃;③ 管理化——从自然评价转向注重社会经济分析,资源管理研究逐步成为热点;④ 定量化——从定性分析转向定量、半定量研究,日益模式化和数量化;⑤ 现代化——从常规手段转向高新技术应用,研究方法和手段日益现代化。

第三节 环境科学

环境科学是研究人类社会发展活动与环境,特别是地理环境之间相互作用关系及其演化规律,寻求人类社会与环境协同演化、可持续发展途径与方法的科学。《中国大百科全书(第二版)》系统阐述了环境科学。

环境科学作为独立的学科是在20世纪50年代环境问题成为全球性重大问题后形成的。许多科学家,包括化学家、地理学家、生物学家和社会学家等对环境问题进行调查和研究。他们在各自学科的基础上,运用原有的理论和方法研究环境问题,通过这种研究逐渐形成了一些新的边缘学科,如环境地学、环境生物学、环境化学、环境物理学、环境医学、环境工程学、环境经济学和环境管理学等。在这些分支学科的基础上孕育产生了环境科学。最早提出"环境科学"这一名词的是美国学者,当时指的是研究宇宙飞船中的人工环境问题。1964年国际科学联合会理事会设立国际生物学计划,研究全球各类生态系统生产力和人类福利的生物基础,对唤醒科学家注意生物圈所面临的威胁和危险产生了重大影响。1968年国际科学联合会理事会设立环境科学委员会。20世纪60年代末,西方10国的30多位自然科学家、经济学家和工业家在意大利开会讨论人类当前和未来的环境问题,成立罗马俱乐部,先后发表D. L. 梅多斯等人撰写的《增长的极限》和E. 戈德史密斯的《生存的战略》。20世纪70年代英国经济学家B. 沃德和美国微生物学家R. 杜博斯受联合国人类环境会议秘书长的委托,主编出版《只有一个地球》一书,试图从整个地球以及社会、经济和政治的角度来探讨环境问题,要求人类明智地管理地球,这被认为是环境科学的一部绪论性质的著作,从而形成了环境科学相对独立的研究体系。环境科学的形成也推动了科学整体化的研究。环境科学在科学整体化的过程中,充分运用自然科学和工程技术等各种学科的知识,就人类活动引起的环境变化对人类自身的影响和有效控制途径进行了系统的、综合的研究。在环境污染治理和研究过程中,人们逐渐认识到单靠科学技术手段是不可能从根本上解决环境问题的,要有效地保护环境,就必须对人类社会自身的经济发展行为加强管理。由此产生了环境评价学、环境经济学、环境法学等一系列新的交叉边缘学科。环境科学发展到了一个新的阶段。随着研究的深入，人们又逐渐认识到人类活动是与环境系统整体关联的，不能把环境问题简单地分解成某些学科问题的集合进行解决。

环境科学主要研究三个问题：① 人类赖以生存与发展的环境是如何演变的。② 人类活动，如资源的开发、污染物的排放以及人们的生活、生产方式是如何影响环境的。③ 人类应如何与自然协同进化，人类在自身的不断发展中如何建立新的价值观、发展模式，发展新的、与自然和谐的技术，以保证人类文明不断持续发展及生物圈、大气圈等圈层的可持续性。环境科学的主要任务包括：① 探索全球范围内环境演化的规律。环境总是不断演化的，认识自然环境的结构、功能、演变过程与演变规律是人类利用自然、与自然和谐共处的基础。② 揭示人类活动同自然生态系统的相互作用关系。自然生态系统维持地球生命支持系统，为人类提供生存与生活资源。人类在生产和消费活动中，一是从环境中获取资源，过度开发资源会导致资源枯竭；二是向环境排放废弃物，当废弃物超过环境自净能力时，就会造成环境污染，损害环境质量；三是改变自然过程，导致自然生态系统退化与功能丧失。因此，认识与掌握人类活动与自然生态系统相互作用的规律是规范人类活动、保护环境的科学基础。③ 探索环境变化对地球生命支持系统的影响。人类活动引起的环境变化，如大气二氧化碳浓度的升高、平流层臭氧的损耗、生物多样性的丧失等环境的变化，对地球生命支持系统与生物圈影响的研究已成为环境科学的重要任务，同时环境变化机制及其变化后果也是环境科学所必须研究和解决的科学问题。④ 揭示环境污染物在环境中的变迁及其对人体健康与生物的影响。研究人类生产、生活活动向环境排放的污染物，尤其是有毒难降解污染物在环境中的形态变迁与转化及其对生物的毒理作用，是保护人类生存环境、制定各项环境标准、控制污染物排放量的依据。⑤ 研究环境污染治理技术与资源循环利用技术。现代工农业生产、人类生活消费都在大量产生废弃物，并已对环境产生严重的污染，危害社会发展和人体健康。因此，研究和发展新的环境污染治理技术与受损害环境的恢复技术，显然是环境科学的重要内容。同时,研究生态产业,实现生产和消费过程资源循环利用和污染物排放最小化是当今环境科学技术的最新课题。⑥ 探索人类与环境和谐共处的途径。可持续发展已被公认为人类实现与自然和谐共处的重要途径。发展环境伦理,普及环境知识,提高全民的环境意识,引导全社会形成有利于环境保护、符合可持续发展要求的生产关系、生活方式、消费行为等生态文明观,研究环境经济、环境与资源管理的政策法规、城乡可持续发展模式等是21世纪环境科学的重要任务。

环境科学已发展成为横跨自然科学、技术与工程科学、社会科学的综合性学科,具有明显的层次性、实用性。在解决全球环境问题上,又具有明显的国际性。在现阶段,环境科学主要运用自然科学和社会科学有关学科理论、技术和方法来研究环境问题,形成与有关学科相互渗透、交叉的庞大的学科体系。属于自然科学领域的有环境地学、环境生物学、环境生态学、环境化学、环境物理学等;属于技术与工程科学的有环境医学、环境工程学等;属于社会科学领域的有环境管理学、环境经济学、环境法学、环境哲学、环境社会学等。环境是一个有机的整体,环境污染控制与自然生态保护又是极其复杂的、涉及面相当广泛的问题,因此,环境科学的各个分支学科虽然各有特点,但又相互渗透,相互依存,成为环境科学不可分割的组成部分。环境科学技术的发展体现了当代科学技术综合、集成的发展趋势。环境科学是当今发展最快的学科之一。

第四节 人居环境科学

人居环境是人类或人群聚居生活生产的地方,是与人类或人群生存活动密切相关的地表空间系统,这个空间系统是地球陆地表层空间系统的重要子系统之一,与人地关系地域系统有密切关系。从系统论看,人居环境也称人居环境系统。系统研究人居环境的主要学科之一是人居环境科学。第一,人居环境系统的子系统包括自然地理系统、人文地理系统、人类系统、社会活动系统、居住系统、支撑系统。这6个子系统之间,构成自然属性降低或人为属性增强的序列,自然地理系统、人类系统是基础子系统。

第二，人居环境系统的物理空间层次关系包括五大层次，即全球尺度、区域尺度、城市尺度、社区（村镇）尺度和建筑尺度。不同空间尺度的人居环境系统及所研究的主要问题既有共性也有个性。其共性在于，人地关系地域系统的共生——原始共生、原始-协调共生、协调-原始共生、协调-控制共生、控制-协调共生、控制共生等——是第一公理和第一法则。

人居环境科学或人居科学是地理科学类各个专业，特别是人文地理与城乡规划专业的学科基础之一。《中国大百科全书（第二版）》阐述了人居环境科学——围绕着地区开发、城乡发展及其诸多问题进行研究的学科群。它是连贯一切与人类居住环境形成与发展有关的，包括自然科学、技术科学与人文科学的新的学科体系。希腊学者C.A.道萨迪亚斯在20世纪50年代创立人类聚居学理论，1965年在希腊雅典发起成立世界人类聚居学会。道萨迪亚斯认为：建筑学、地理学、社会学、人类学等学科，仅仅各自研究涉及人类聚居的某一侧面，而人类聚居学则要吸收上述各学科的成果，在更高的层次上对人类聚居进行全面的综合研究。为此，要建立一套科学的体系和方法，了解和掌握人类聚居的发展规律，以解决人类聚居中存在的具体问题，创造出良好的人类生活环境。道萨迪亚斯将人类聚居学仅仅作为一门学科来建构，这在相当时期内难以做到。1993年，中国学者吴良镛等人在对中国城市发展进行长期研究的基础上，借鉴道萨迪亚斯的理论，提出建立"人居环境科学"的倡议，认为人居环境科学作为涉及人居环境有关各学科的科学群组，应在方法论与哲学基础上进一步发展。人居环境科学形成了五大理性观念：正视生态困境，增强生态意识；人居环境科学促进人居环境建设与经济发展互动；发展科学技术，推动经济发展与社会繁荣；关怀广大人民群众，重视社会发展整体利益；将科学的追求与艺术的创造相结合。

第五节　地理信息科学

地理信息科学是20世纪90年代兴起的科学，是在信息科学和地球科学基础上，由卫星遥感、全球定位系统、地理信息系统、计算机制图与电子地图、数字通信网络、多媒体技术与虚拟技术等高度集成的科学技术体系，是20世纪70年代发展起来的信息科学和20世纪80年代兴起的地球系统科学交叉形成的一门新兴科学，是地理科学的重要分支学科之一，是地理信息科学专业最主要的支撑学科之一。

地理信息科学产生、形成和发展的背景主要有：① 系统科学关于系统的科学认识、理论和方法是地理信息科学产生、形成和发展的重要方法论背景；② 包括遥感（RS）、地理信息系统（GIS）、全球定位系统（GPS）组成的"3S"科学技术完善和提高，数字地图体系完善和提高，计算机网络完善和提高，国家信息基础设施完善和提高等在内的一系列现代信息技术在全世界范围内迅猛发展，是地理信息科学产生、形成和发展的科学技术基础；③ 全球变化、区域可持续发展等人类的人文、社会、经济发展和地理环境保护等是地理信息科学产生、形成和发展的社会需求基础。

地理信息科学思想和理论的发展与演变有一般规律，齐清文等编著的《地理信息科学方法论》阐述如下：① 地图和地图学——地理信息科学的核心基础和前身学科；② 地理信息系统——地理信息科学的核心技术支撑；③ 遥感——地理信息科学的重要信息采集和监测手段；④ 空间决策支持系统——地理信息科学的智能化决策技术和手段；⑤ 地理信息科学——上述分支学科集成和整合基础上的新学科；⑥ 地理信息科学的现代思想和理论体系。

地理信息科学已形成了科学方法系统，《地理信息科学方法论》阐述如下：① 图形—图像思维方法，包括一般图形-图像思维方法、地图思维方法、遥感图像思维方法；② 数学模型方法，包括空间分布与格局的数学模型方法、地理空间过程的数学模型方法、地理时空演化的数学模型方法、空间优化和决策的数学模型方法；③ 地学信息图谱方法；④ 智能分析与计算方法，包括地理信息知识推理方法、地理空间决策方法、地理知识发现方法、神经网络空间分析方法；⑤ 模拟和仿真方法，包括地理信息模拟方法、地理信息仿真方法、地理信息虚拟现实方法；⑥ 综合集成方法，包括还原与整体集成方法、定性与定量集成方法、归纳与演绎集成方法、逻辑思维与非逻辑思维集成方法、复杂性科学集成方法。

第六节 地球系统科学

《中国大百科全书(第二版)》的地球系统科学条目,全面阐述了这一分支学科。它是地球科学的重要分支学科之一,也是与地理科学联系最密切的重要学科之一,是从全球的高度,以系统科学的观点,将地球大气圈、水圈、岩石圈、生物圈和人类圈及其相互作用作为一个整体来研究的科学体系。全球变化的各种事实及其对人类影响的紧迫性使科学界更加清楚地认识到,作为人类家园的地球,其各个部分都在相互作用,但人类却是从各学科的角度来认识地球和人类环境的各个部分,因而不能从整体上和根本上应对全球变化的挑战。对此,美国国家航空航天局在20世纪80年代建立地球系统科学委员会,组织优秀科学家撰写《地球系统科学:一种更为综合的见解》一书,首次提出地球系统科学的概念。目标是通过描述地球系统各部分及其相互作用的演化、运行,以及所有时间尺度范围内将会怎样继续演化等,获得对整个地球系统的科学认识;发展预报未来十年到百年内将发生的自然和人类活动引起的全球变化的能力。它强调一种整体的视角,将大气圈、水圈、岩石圈、生物圈作为一个系统来看待,重视研究发生在该系统中相互作用并主导全球变化的物理、化学、生物过程,特别是人类活动诱发的全球变化,从而最终揭示全球变化的规律,提高人类认识和预测全球变化的能力。在各系统知识积累的基础上,以多学科交叉研究和综合集成研究的方式,着重于全球环境及其变化的整体特征,以及在此背景下的各子系统的表现,包括各部分之间的相互作用和整体与个体之间的相互作用。其基本思路是对全球变化进行描述、理解、模拟和预测,将全球变化用一些基本变量来描述,并通过全球范围的长期、持续、同步(遥感和地面)观测和建立全球变量信息库来实现,并通过过程研究加深对全球变化的理解和认识,在此基础上建立数值模式、进行数值模拟、应用重建的过去环境记录检验模拟结构,对地球系统状态变量的变化趋势和范围做出预报。它提倡用尺度分析的方法建立地球系统运行的概念模型,用5个时间尺度定义全球环境变化:数百万年至数十亿年,数千年至数十万年,数十年至数百年,几天至几个季度,几秒至几个小时。特别强调对数千年至数十万年和数十年至数百年的全球变化研究,前者旨在通过重建古环境记录揭示地球系统的演变轨迹;后者是当前人类面临的最大挑战,对人类社会的利害关系和发展前景尤为重要。它通过两条途径从整体观察全球环境问题:① 历史过程。通过研究全球环境的演变历史过程,认识地球曾经发生过什么行为,特别是整体行为,根据过去演变的规律为预测未来提供线索。② 相互作用。对全球系统的各个部分和各种基本过程进行综合分析和模拟研究,通过构造子系统的模型,再利用观测事实对这些子系统模型进行综合分析,用统一的观点加以解释,就有可能得到一个整体性的图像。它将全球环境分为物理气候系统和生物地球化学循环两大系统,这两大系统都涉及地球系统的所有组成部分。物理气候系统强调地球系统各组成部分之间的物理过程,以及对全球环境变化特别是气候变化的调控作用。由于化学过程和生物过程影响气候变化,所以气候系统里强调的物理过程与化学过程、生物过程存在着紧密的相互作用。物理气候系统的子系统涉及大气物理与大气动力学、海洋动力学、地表水汽和能量循环等方面。生物地球化学循环更侧重化学和生物过程,以及化学和生物过程对物理过程施加的影响。生物地球化学循环的子系统为大气化学、海洋生物地球化学以及陆地生态系统等。物理气候系统和生物地球化学循环不是独立的,而是通过各种过程的耦合或相互作用紧密地连接在一起的。

第七节 系统科学

系统科学是地理科学和地理科学类4个专业的重要的学科基础之一。《中国大百科全书(第二版)》简要介绍了系统科学——以系统为研究和应用对象的一门科学。系统科学是从事物的部分与整体、局部与全部以及层次关系的角度来研究客观世界,着重考察各类系统的关系和属性,揭示其活动规律,探讨有关系统的各种理论和方法。系统科学的理论、方法和技术具有广泛的适应性,并从自然科学和工程技术向社会科学转移。人们还将系统科学与哲学相互作用,探讨系统科学的哲学问题,从而形成了系统哲学。

现代科学技术的发展呈现出高度分化又高度综合的两种趋势。一方面是学科不断分化,越分越细,新学科、新领域不断产生;另一方面是不同学科、不同领域之间相互交叉与融合,向综合化和整体化的方向发展。系统科学就是后一发展趋势中涌现出来的一个新兴科学技术部门。系统科学不同于已有的自然科学、社会科学、数学科学、思维科学等,但和这些科学技术部门又有着极为密切的联系。这就使它能够研究解决跨学科、跨部门、跨地区、跨国家的系统问题,已广泛应用于经济、政治、军事、外交、文化教育、生态环境、医疗保健、行政管理等部门,并取得了好的效果。中国科学家钱学森在总结、吸收和概括已有系统研究和应用成果的基础上,于20世纪70年代末提出了系统科学和系统科学体系结构。它由3个层次、多门学科和技术构成:① 处在应用技术层次上的是系统工程,这是直接改造客观世界的工程技术。系统工程是组织管理系统的技术,可以应用到各类系统中去。由于系统类型不同而有各类系统工程,如信息系统工程、经济系统工程、社会系统工程等。② 处在技术科学层次上,直接为系统工程提供理论和方法的有运筹学、控制论、信息论、系统方法等技术科学。还有其他科学技术,如数学科学、计算机科学技术以及现代信息技术等提供的方法和手段。③ 处在基础理论层次上的是系统学。系统学是研究系统一般规律和普遍性质的基础科学。系统科学与辩证唯物主义联系的桥梁是系统论,又称系统观,属于哲学范畴。

第八节 哲 学

哲学是人类在长期的社会实践和思想者在不断地理论思考中逐渐形成的理论化、系统化的世界观,也是人类特别是一部分人认识世界和改造世界的最高级的方法论。哲学的基本问题是什么呢?恩格斯给出了科学答案。恩格斯指出"全部哲学,特别是近代哲学的重大的基本问题,是思维和存在的关系问题"。因此,哲学的基本问题是"思维和存在的关系"问题。关于二者之间的关系,恩格斯说:"思维和存在的关系问题还有另一个方面:我们关于我们周围世界的思想对这个世界本身的关系是怎样的?我们的思维能不能认识现实世界?我们能不能在关于现实世界的表象和概念中正确地反映现实?用哲学的语言来说,这个问题叫做思维和存在的同一性问题。"对思维、存在及其关系的理解和把握的不同,包括层次的不同、角度的不同、倾向的不同,形成了"不同的"哲学。其中,指导中国革命和建设取得成功的马克思主义哲学,不仅重视"解释"世界,而且重视"改造"世界。马克思主义哲学系统阐述了对立统一规律、质量互变规律、否定之否定规律。这三个基本规律及其运用,是进行地理科学规律的探讨、发现和运用的指导和基础。

此外,作为哲学重要分支学科之一的科学哲学(或称自然辩证法),对于地理科学类各个专业的学生的成才具有重要作用。

问题与讨论

一、常规性问题与讨论

1. 简述地理科学类的主要学科基础。
2. 请你谈谈地球系统科学。
3. 请你谈谈地理科学。
4. 请你谈谈地理信息科学。
5. 请你谈谈资源科学。
6. 请你谈谈系统科学。
7. 请你谈谈人居环境科学。
8. 请你谈谈环境科学。
9. 长期作业:
(1) 每天最少完成一张学术文献卡片;
(2) 每天研读所确定的学术名著。

二、研究性问题与讨论

请在深度阅读马克思主义哲学基础上,阐述对立统一规律、质量互变规律、否定之否定规律。

第五章　主要课程

课程体系是实现人才培养目标的最重要的组成部分之一。科学的课程体系是由若干门高度支持人才培养目标的课程所组成的系统。每一个专业的课程体系均由若干门主要课程组成。

第一节　课程类型

课程是专业的核心要素之一。地理科学类各个专业的课程主要包括通识课程、专业平台课程、专业核心课程、专业方向课程、专业特色课程等。其中,平台课程是指地理科学类——地理科学专业、自然地理与资源环境专业、人文地理与城乡规划专业和地理信息科学专业——都需要开设的课程,也称专业类基础课程、专业平台课程。《普通高等学校本科专业类教学质量国家标准》阐述和介绍了有关平台课程,对于科学设置平台课程具有指导意义。专业课程是针对地理科学类每一个专业的人才培养方案要求设置的具有较强专业性质的课程。同时,各门课程或各类课程之间有复杂的知识逻辑关系,科学理解和把握这一知识逻辑关系是高水平课程的关键。

第二节　课程体系

课程体系是实现人才培养目标的最重要、最核心的组成部分之一。科学的课程体系是由若干门高度支持人才培养目标的课程所组成的系统。

地理科学类课程体系的科学构建,主要遵循的基本原则有课时原则和实践原则。① 课时原则也称学分原则:公共基础课程约占25%,学科基础课程和专业课程约占50%(包括学科选修课程、创新型课程、师范类专业教育类课程),专业实践教学课程(含教育教学实践)不低于15%;② 实践原则:构建基础型、综合型、研究型多层次实践教学体系,构建完整的实践、实习、科研训练体系,毕业论文及答辩安排在第四学年。

一、地理科学专业的课程体系

在地理科学专业的师范方向和非师范方向的课程体系中,共同的专业核心课程主要有地理科学导论、地球科学概论、地球系统科学概论、部门自然地理学、综合自然地理学、人文地理学、经济地理学、地图学、地理信息科学概论、中国地理、世界地理、区域地理原理与分析、地理综合野外实习等。对地理科学专业师范方向而言,其专业核心课程还包括地理教育学、地理教材教法、地理课程标准等师范方向的若干课程。其中,部分课程可以按地理科学类统一设置,即平台课程,如地理科学类专业导论、地球科学概论、地球系统科学概论、自然地理学、人文地理学等。

建议今后要增加系统科学导论、系统科学概论或系统科学方法以及科学哲学或自然辩证法等课程。

二、自然地理与资源环境专业的课程体系

自然地理与资源环境专业突出强调的是具有宽厚的自然地理基础,其专业核心课程主要有地球科学概论、地球系统科学概论、部门自然地理(包括地质学与地貌学、气象学与气候学、水文地理学、土壤地理学、生物地理学)、综合自然地理学、人文地理学、地理信息科学概论、地理科学导论、资源科学概论、环境科学概论、测绘与地图编制、工程科学概论、自然地理综合野外实习、资源环境综合实习等。其中,部分课程可以按地理科学类统一设置,即平台课程,如地理科学类专业导论、自然地理学、地球科学概论、地球系统科学等。这个专业所开设的自然地理学类课程,其深度、学时、方法等,要比其他专业所开设的同类课程有所增加,以便学生毕业后会运用

自然地理学思维、理论、方法研究资源环境方面的问题。

建议今后要增加系统科学导论、系统科学概论或系统科学方法以及科学哲学或自然辩证法等课程。

三、人文地理与城乡规划专业的课程体系

人文地理与城乡规划专业突出强调的是具有宽厚的人文地理基础，这是人类科学认识区域规划科学、进行区域规划实践和区域规划人才培养的综合结果。城乡规划人才需要宽厚的人文地理基础。人文地理与城乡规划专业的专业核心课程主要有人文地理学、城市地理学、乡村地理学、农村地理学、聚落地理学、民族地理学、人居科学概论、人文学科概论、区域规划原理、资源科学概论、人文地理综合野外实习、城乡规划综合实习等。其中，部分课程可以按地理科学类统一设置，即平台课程。这个专业所开设的人文地理学课程的学时、深度、方法等要比其他专业所开设的这门课程有所增加，以便学生毕业后会运用人文地理学的思维、理论、方法研究城乡规划问题。

建议今后要增加系统科学导论、系统科学概论或系统科学方法以及科学哲学或自然辩证法等课程。

四、地理信息科学专业的课程体系

地理信息科学专业突出强调的是具有宽厚的地理科学基础，这是地理科学家们认识地理信息科学、进行地理信息科学实践和地理信息科学人才培养的综合结果。地理信息科学人才需要宽厚的地理学基础。地理信息科学专业的核心课程主要有地球系统科学概论、地理科学导论、人文地理学、部门自然地理学、综合自然地理学、地理信息科学导论、地理信息系统原理、地理空间分析、地理信息系统开发原理与实务、遥感数字图像处理、地理信息科学综合实践等课程。

建议今后要增加系统科学导论、系统科学概论或系统科学方法以及科学哲学或自然辩证法等课程。

第三节 主 要 课 程

地理科学类专业的主要课程,包括按学科基础设置的主要课程和按专业设置的主要课程。其中,前者可以按平台课程设置。对部分专业而言,有些课程既是学科基础课程又是专业课程。各个学校的有关专业均有自己的课程设置方案。

一、地理科学类专业导论

"地理科学类专业导论"是地理科学类的学科基础课程或平台课程之一,也是最近几年才由"讲座"发展成"选修课程""必修课程""核心课程"。关于这门课程应该选择讲授哪些知识和怎么讲授,也是高等学校地理科学类教学改革中的重要课题之一。根据多年的教学实践,我们认为这门课程应该讲授学习转型与成才方向、地理科学类的专业构成、地理科学类专业发展、地理科学类专业的学科基础、地理科学类专业的主要课程、地理科学研究基本过程、地理科学文献平台与主要学术期刊、地理科学数据平台与数据来源、地理科学实验室和研究基地、地理科学类的有关学会与学术会议、地理科学类的赛事活动等。

二、地理科学导论

"地理科学导论"是地理科学专业的核心主干课程之一,是自然地理与资源环境专业、人文地理与城乡规划专业、地理信息科学专业的重要课程之一。该课程的主要教材是国家级规划教材《地理科学导论》(潘玉君、武友德编著)。该课程系统讲授地理科学的基本问题即元地理科学问题,包括地理科学的研究对象、地理科学的研究核心、地理科学的学科体系、地理科学的基本价值、地理科学的研究范式、地理科学的基本原理、地理科学的基本方法、地理科学的发展态势。

三、自然地理学类课程

自然地理学类课程也是自然地理学课程群,主要包括部门自然地理学类课程和"综合自然地理学"。前者是分别讲授各个自然地理环境要素——气候要素、地貌要素、水文要素、土壤要素、生物要素——的课程,后者是讲授自然地理环境整体的课程。这两类课程之间具有重要的知识逻辑关系:第一,部门自然地理学是综合自然地理学的基础,在课程设置顺序上,先开设部门自然地理学类课程,后开设"综合自然地理学";第二,"教""学"部门自然地理学时,要有综合自然地理学的思想指导,特别是要注意每一个自然地理要素与自然地理环境整体之间的因果反馈关系、各个自然地理要素之间的因果反馈关系。同时,还要注意这两类课程与人文地理学类课程、区域地理学类课程之间的关系:第一,这两类课程是人文地理学类课程和区域地理学类课程的基础,理想的课程设置顺序是先开设这两类课程,后开设人文地理学类课程和区域地理学类课程;第二,"教""学"这两类课程过程中,要注意形成自然地理环境对人文地理环境的影响(直接或间接,决定性或可能性),这是这两类课程达到高水平的标志。

(一)部门自然地理学类课程

部门自然地理学类课程在地理科学类平台课程中,主要以"自然地理学"的名称出现,也称"普通自然地理学",包括地球宇宙环境的简要讲授、部门自然地理学基础的较系统讲授、综合自然地理学基础的简要讲授等三个部分。

部门自然地理学类课程在地理科学专业中是重要的课程群。包括单独开设的"气候学""地貌学""水文地理学""土壤地理学""生物地理学"等5门课程。在不同学校、不同时期,这5门课程的名称有所变化,课程的核心内容基本不变,如"气候学"变化为"气象学与气候学"或"气候地理学","水文地理学"变化为"水文学"或"水文学与水资源学","土壤地理学"变化为"土壤学与土壤地理学","地貌学"变化为"地质地貌学"等。另外,有的学校单独开设介绍地貌学基础知识的"地质学"课程。

（二）综合自然地理学

"综合自然地理学"是地理科学专业的必修核心课程，从理论上讲，是"气候学""地貌学""水文地理学""土壤地理学""生物地理学"5门部门自然地理学类课程的后续课程。但很多学校因课程安排等原因，出现某些部门自然地理学类课程与"综合自然地理学"同时开授的情况。这门课程主要讲授自然地理环境整体性原理、自然地理环境分异性原理、自然地理环境过程性原理、自然地理环境尺度性原理、自然地理环境人地性原理等知识单元。有些高校地理科学专业的"综合自然地理学"课程没有全部讲授这5个自然地理环境基本原理，讲授了自然地理环境整体性、自然地域分异规律、土地类型与土地覆被、综合自然地理区划等知识单元。这门课程理论授课学时为54~72学时，实践教学部分一般纳入自然地理学综合野外实习。

"综合自然地理学"也是自然地理学与资源环境专业、人文地理学与城乡规划专业、地理信息科学专业的重要课程。所讲授的学时和内容与地理科学专业的学时和内容有一定差别，学时约为27学时。

四、人文地理学类课程

人文地理学类课程也称人文地理学课程群，主要包括"人文地理学""经济地理学"和"区域分析与规划"以及"文化地理学"等。其中，"人文地理学"是地理科学类四个专业的必修课程。现在很多按地理科学大类招生的学校，把"人文地理学"安排在大学一年级第一学期，按平台课程设置。在不同专业，该课程各有侧重和特色。对地理科学专业而言，"人文地理学"属于必修的专业核心课程。因这门课程要讲授很多人文地理环境要素和人文地理环境整体，应该开设108学时。对人文地理学与城乡规划专业而言，"人文地理学"属于必需的专业核心课程，应该开设108学时，并与地理科学专业的"人文地理学"课程在核心内容方面有所不同。对自然地理学与资源环境专业而言，"人文地理学"课程应该开设54学时，主要讲授人类利用自然资源及其对资源环境的作用。对地理信息科学专业而言，"人文地理学"课程的重点是形成对人文地理学框架的认识，以便开发设计人文地理方面的地理信息系统。此外，"经济地理学"课程和"区域分析与规划"课程对不同专业各有侧重。

五、区域地理学类课程

区域地理学类课程是指关于某一地理区域的课程。历史上主要的区域地理学类课程有"中国自然地理""中国经济地理""世界自然地理""世界经济地理"等。关于这4门课程，中国都有水平很高的教材。目前主要的区域地理学类课程有"中国地理""世界地理"。此外还有根据各大学所在区域、传统和研究等开设的有关区域的区域地理学类课程。区域地理学类课程是地理科学专业的重要课程。其中，"中国地理""世界地理"两门课程是地理科学专业（包括师范类和非师范类），特别是地理科学专业师范类的核心课程。目前很多学校这两门课程的学时过少，应该增加学时。其中，总学时应调整为144学时；同时，要恢复课堂和课后"填图"教学环节。

六、地图与地理信息科学类课程

地图学课程主要包括理论部分和实验实践部分。其中，理论部分主要讲授地图模型理论、地图信息理论、地图传输理论、数学地图学、地图符号学、地图感受理论、综合制图理论、专题地图编绘方法等。具体的讲授内容在不同学校的不同专业有一定差别，一般为72学时。实验实践部分应侧重专题地图的编绘，36学时。地理信息科学课程可以是一门课程，也可以是多门课程组成的课程群。

问题与讨论

一、常规性问题与讨论

1. 请你谈谈高等学校的课程主要包括哪几个类型。
2. 请你谈谈"地理科学导论"课程。

3. 请你谈谈自然地理学类课程。

4. 请你谈谈人文地理学类课程。

5. 请你谈谈地图与地理信息科学类课程。

6. 长期作业：

(1) 每天最少完成一张学术文献卡片；

(2) 每天研读所确定的学术名著。

二、研究性问题与讨论

哲学是地理科学类各个专业的学科基础之一。请你阐述哲学特别是马克思主义哲学和科学哲学方面的课程，应该怎样设置。

第六章 科学研究基本过程

科学研究是创造和产生知识的过程。马克思、恩格斯在《神圣家族》一书中指出,科学是实验的科学,科学就在于用理性方法去整理感性材料。归纳、分析、比较、观察和实验是理性方法的主要方式。科学研究包含3个方面内容:一是创造新知识;二是加工已有的知识,包括储存、分析、鉴别、整理,使零散的知识系统化和体系化;三是应用知识,包括把某个学科的知识成功应用于其他学科、把科学知识转化为技术知识等。科学研究是一项具有探索性、创造性、继承性和风险性的工作和事业。

为什么从事科学研究?通过科学研究,你能为世界增添知识。你可以发现你的研究课题将对世界有一定的帮助而不仅仅是帮助你通过学位课程。更重要的是在开展科学研究过程中积累的研究方法和研究经验,将有助于你在未来工作过程中自如核对、分析和解释有关的数据。而对于专业的研究者而言,进行研究工作的目的主要有5个方面:一是探索,包括调查研究较难理解的现象、发现和分析重要的变量、提出进一步研究的问题;二是阐述,包括解释和分析产生这种现象的原因;三是描述,即将所感兴趣的现象形成文本并进行特征化分类(分区);四是理解,即将现象与人类发展的过程及相互作用进行理解和综合;五是预测,包括预测现象将导致的其他后果以及将引发的其他事件和行为。

沃拉斯(Wallas,1926)在《思考的艺术》一书中提出创造性思维的4个阶段:准备期,即产生打算创造某种东西的愿望、收集必要的情报资料以及掌握必要的技术的时期;孕育期,即孵化过程中等待变化的时期;灵感期,即对以前模糊的东西突然间感到豁然明朗的时期;验证期,即对提出的设想通过实验进行评价、验证、修正的时期。本章将从科学研究的起点——科学问题、科学研究的基础——文献阅读与积累、科学研究的规划、科学研究的方法和科学研究的成果 5 个部分阐述科学研究的过程。

第一节 科学研究的起点——科学问题

马克思主义哲学家孙正聿教授在其《哲学通论》一书中阐述了人类认识和把握世界的方式问题,认为最基本的方式包括得到世界的哲学知识的哲学方式、得到世界的科学知识的科学方式、得到世界的常识知识的常识方式。据此认识,问题可以分成哲学问题、科学问题和常识问题。其中,科学问题是研究者应该关注的重要领域,是科学知识形态——科学问题、科学事实、科学概念、科学规律、科学学说、科学假说和学科体系等——中最基础的知识范畴。科学研究开始于科学问题,学者的成长开始于科学问题的提出。成为科学家的基本条件之一,是要学习和掌握科学问题及其构成的一般方法。

一、科学问题的重要性

科学问题的重要性是与科学研究从哪里开始密切关联的问题。科学研究是从哪里(科学观察、科学事实和科学问题)开始的?应该怎样思考与回答这个问题呢?科学哲学家林定夷教授在其《问题与科学研究:问题学之探究》一书中全面阐述了科学问题在科学研究中的重要性——科学研究始于科学问题。科学发展的历史、科学家的成长历史和科学哲学理论均表明,科学研究始于科学问题,而不是始于科学观察。

(一)科学研究始于科学问题:科研历史的维度

很多杰出的科学家均高度重视科学问题在科学研究中的重要作用。爱因斯坦是 20 世纪杰出的物理学家,他在《物理学的进化》一书中,将科学问题看作科学发展的契机,将物理学进化的历史看作科学问题不断展开和深化的历史,并阐述"提出一个(科学)问题往往比解决一个问题更重要。因为解决一个问题也许仅是一个数学上的或实验上的技能而已。而提出新的问题、新的可能性,从新的角度去看旧的问题,却需要创造性的想象力,而且标志着科学的真正进步"。希尔伯特是横跨19世纪和20世纪的杰出的数学家,他在《数学问题》一书中,将科学问题看作科学和数学发展的灵魂,指出"只要一门科学分支能提出大量的问题,它就充满着生命力。而问题(科学问题和学科问题)的缺乏则预示着独立发展的衰亡和终止"。正是《数学问题》中所提出的23个数学问题,即"希尔伯特问题",成为数学科学领域20世纪以来发展的最重要的起点。著名物理学家海森堡认为"提出(科学)问题往往等于解决了问题的大半",著名动物学家贝弗里齐认为"确切地陈述(科学)问题有时是向解决问题迈出了一大步"。

(二) 科学研究始于科学问题:科学哲学的维度

科学哲学特别是波普尔的科学哲学认为,科学研究不是始于科学观察而是始于科学问题,以科学观察为基础的科学问题的明确提出是科学认识活动的起点。任何一个学科的创立都起源于对问题的研究和解决。研究主体首先提出问题,然后运用各种手段去研究这些问题,提出解决问题的方法或理论。在培根之前,人们把科学的研究对象看作概念,科学研究遵循着演绎的逻辑,凡是符合亚里士多德的"三段论"的就是科学的,"但'三段论'不是应用于科学的第一性原理,应用中间性原理又属徒劳;这都是由于它本身不足以匹对自然的精微之故。所以,它就是命题迫人同意,而不是抓住事物的本身。"培根在研究逻辑批判的基础上提出了归纳逻辑的观点,即科学开始于对事物的观察的观点——通过对观察所积累的经验的归纳,揭示出事物的普遍原理。他的这一科学观一直影响着近代科学的发展,但也受到当代一些科学哲学家的批判。波普尔认为,科学起始于猜想,而不是观察,通过猜想的反驳和证伪,而不是经验的归纳和证实,达到科学的进步。他阐述:"科学只能从问题开始。问题会突然发生,当我们的预期落空或我们的理论陷入困难、矛盾之中时,尤其是这样。""科学和知识的增长永远始于问题,终于问题——愈来愈深化的问题,愈来愈能启发大量新的问题。"尽管波普尔过分强调猜测和证伪的思想受到库恩等学者的批判，但他把问题当作科学的起始和研究对象的思想为后来许多学者所认可。只不过在波普尔的理论中，问题可能是单个的或随机的问题，而在库恩的理论中，问题是集束的和系统化的，只有系统的或集束的问题才会引起科学共同体的广泛关注和研究，才可能引起科学的革命。

二、科学问题的基本属性与构成原则

（一）科学问题的基本属性

科学问题是以人们对既有科学知识及其最新发展动态的把握为基础而形成的，它的形成要求人们首先回答在某一学科领域中何为已知、何为未知。如果未能正确划分出已知和未知的界限，也就无法提出作为具体探索目标的科学问题。人类的认识对象是一个系统（图6-1），包括较小的"现实的认识对象"子系统和较大的"可能的认识对象"子系统。其中，在"现实的认识对象"子系统中，有更小的认识子系统"已知领域"。科学问题应该是以现实的认识对象为根据而提出的。根据现实认识对象提出的科学问题并不一定是当时即具备解决条件的问题，但总是和人类既有科学知识与科学实践有密切联系的问题。而只有基于对人类实践需要和科学发展要求的充分理解，才能正确判断何者为"现实的认识对象"并据此正确地提出科学问题。所以，科学问题不仅仅是与"未知"相联系的问题，而且是与"已知"相联系的问题，是介于"已知"和"未知"之间的问题。

图6-1 认识对象系统

（二）科学问题的构成原则

科学问题的基本属性决定了科学问题的构成原则。科学问题是如何构成的或应该遵循什么原则构成这个问题，是科学认识论和科学方法论中的最重要最基本的问题之一。对于这个问题的探索或回答的角度尚存在比较大的分歧。南开大学胡国定阐述了科学问题及其解决方面的问题。任何一个科学问题（SP）不是仅由"已知条件（a）"和"未知项（X）"构成的，而是由"已知条件（a）""未知项（X）"'已知条件（a）'与'未知项（X）'之间的关系（R）"和"已知有关知识库（Q）"四种科学问题构成元素相互作用组成的，即

$$SP = f(a, X, R, Q)$$

当知识库（Q）充分够用时，科学问题（SP）就是普遍性科学问题；当知识库（Q）不够用时，科学问题（SP）就是创新性科学问题。

三、确定选题

不管用何种方式选择研究课题，确定科学问题都是科研活动的重要开端，是进行科研活动迈出的第一步。这第一步的意义就在于它要确定整个研究的对象、内容和目的，以及主要解决什么问题、怎样解决问题等事项。这一步关系到整个研究的过程和结果，甚至关系到科研工作的成败。因此，选题既要符合科学问题的构成原则，也要在自己多年深耕的专业领域中寻找。

（一）明确地理学与地球系统科学其他分支学科的不同

随着研究的深入，地球系统科学的分支学科——地理学、气象学、生态学、地质学和海洋学等学科形成了各自的研究方法、手段和目的。这些学科之间的分化愈发显著，因此了解自己所在的分支学科的知识体系及该分支学科与其他地球系统科学的分支学科的不同非常重要。下面以地理学为例进行阐述。

1. 地理学与气象学选题的区别

在时间尺度上,地理学侧重于研究气候要素的长期变化过程及其影响因素,而气象学关注的时间尺度几乎涵盖从日、季、年、年代乃至上万年的气象要素变化。在空间范围上,地理学侧重于研究低空对流层气象条件的变化,而气象学则研究大气圈的变化及其与其他圈层的相互作用。在研究内容上,地理学侧重于研究气温、降水、蒸发、霾等对农业和地表环境产生重要影响的气象要素,而气象学则涉及研究气压、湿度等所有气象要素及其变化,尤其关心其动力、热力等物理过程。

2. 地理学与地质学选题的区别

在时间尺度上,地理学侧重于研究第四纪近 200 万年来地表环境演变,而地质学主要研究第四纪以前地质时期地表环境演变。在空间范围上,地理学侧重于分析地表形态演变,而地质学主要研究地下的构造和板块运动。在研究内容上,地理学侧重于研究地表要素,而地质学则主要涉及地质构造的研究。

3. 地理学与水利学选题的区别

在时间尺度上,地理学侧重于研究年际尺度以上的长时期水文变化,而水利学主要研究短时期的水文过程,如一次性枯水或洪水过程。在空间范围上,地理学侧重于大、中流域的宏观水文要素变化,而水利学则涉及小范围、小流域的径流、蒸发等问题。在研究内容上,地理学侧重于研究径流、泥沙等对地表生态环境产生重要影响的水文要素,而水利学则研究所有水利要素变化。

4. 地理学与土壤学选题的区别

在时间尺度上,地理学侧重于分析土壤的长期形成过程,而土壤学主要分析短时间的土壤状态变化。在空间范围上,地理学侧重于分析土壤要素和类型的大范围空间变化,而土壤学主要分析小范围土壤的物理性质和微观状态。在研究内容上,地理学侧重于分析土壤氮、磷、钾、腐殖质、有机质等土壤肥力要素类型的变化,而土壤学还涉及对土壤的容重、剪切力、凝聚力、团聚体、抗冲性、渗透系数等物理性质和微观状态的分析。

5. 地理学与生态学选题的区别

在时间尺度上，地理学侧重于分析生态环境的长期变化规律，而生态学则更多是分析研究生态环境现状及其短时段变化情况。在空间范围上，地理学侧重于研究大范围的生态地理环境，而生态学研究则更多涉及小范围、短时段植被生境问题。在研究内容上，地理学侧重于分析生态要素的相互联系及其地理背景，而生态学主要分析生态要素的主要指标状况。

6. 地理学与城市学选题的区别

在时间尺度上，地理学侧重于分析城市的发展过程和未来趋势，而城市学侧重于分析城市现状。在空间范围上，地理学涉及城市群、城市体系和城市整体范围规划的研究，而城市学、规划学则更多地涉及城市行政区、社区的局部地方的设计和研究。

7. 地理学与遥感学的选题区别

在时间尺度上，地理学侧重于分析对比长时段不同年份的遥感数据，而遥感学则多分析某一时段的数据。在空间范围上，地理学侧重于通过大范围遥感数据分析各类地表要素的空间变化，而遥感学常偏重分析一些小区域的精准数据。在研究内容上，地理学侧重于利用遥感和地理信息系统方法具体分析某一研究区域地理要素的区域分异特征、规律和影响要素，而遥感学一般侧重于解决遥感、地理信息系统的技术问题，阐述解译过程和计算方法。

8. 地理学与测绘学选题的区别

在时间尺度上，地理学侧重于不同时期的专业地图对比或与现代遥感地图进行对比，而测绘地图学往往偏重编绘各类现状地图。在空间范围上，地理学侧重于大范围的地图显示，而测绘学、地图学则多研究小范围高精度的制图技术。在研究内容上，地理学侧重于通过完成研究地区的综合或具体专题图，分析和揭示该地区的相关要素分布规律，而测绘地图学主要研究地图编制的技术问题。

9. 地理学与工程地质学选题的区别

在研究范围上，地理学一般研究大范围工程地质的环境分区治理问题，而工程地质学主要是研究小范围的某一具体工程防护问题。

(二) 了解地理学的知识体系——从学科到专业

地理学体系即地理学知识体系,是表达地理学知识形态的重要范畴,是由业已确证的地理学知识构成的,并完整地再现人地关系地域系统的本质和规律性的知识体系。然而,地理学研究的博杂性与人们对其认识的角度和深度的差异性,导致人们划分地理学体系具有多样性且无法统一。

林超和杨吾扬教授在《中国大百科全书(第一版)》"地理学"卷中的"地理学"条目中,在简评中西方地理学体系划分现状后,遵循科学性兼顾稳定性,从现实出发兼顾历史状况的原则,按研究对象给出了地理学的体系(图6-2)。

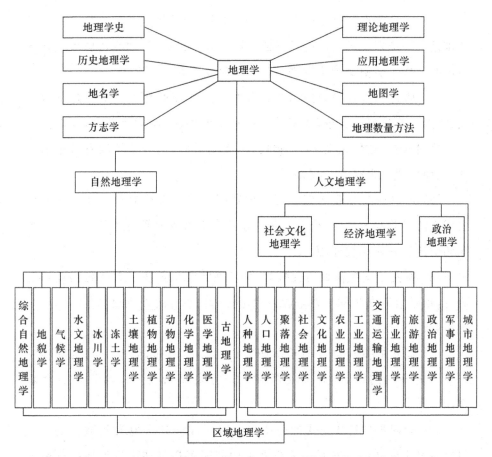

图6-2 《中国大百科全书(第一卷)》"地理学"卷中的地理学体系

(三) 选题来源

(1) 从国际、国内地理学发展的进程中,从国家的各种方针政策、条例、规程、标准、规定或分类法以及其他各种有关政策法令方面的文献中,发现地理学研究课题。

(2) 从地理学教学和研究工作中发现课题。实际上,取得研究课题更有成果的途径可能就是那些来自地理学相关工作中的问题。所以研究者平时应该注意观察地理环境及开展的研究活动,从大量的矛盾中发现、选择自己的研究课题。

(3) 从整理的古籍和历史文献中发现研究课题。古籍中的研究课题应该是有一定专长的人才能承担的。历史是一面镜子,研究历史可以指导当前的工作。历史文献中有许多很好的研究课题。

(4) 从阅读启迪中选择课题。有的研究者在期刊上读了一篇学术论文,特别是有争议的文章,或者读了一种专业书籍,特别是新书,或者读了学术研讨会的纪要、论文集,受到启发,受到鼓励,进行积极的有条理的思考,从而形成了自己的研究课题。

(5) 从以往的专业知识的疑问中选择课题。有些研究人员在他们过去积累的经验和教训中,或在受相关学科专业教育时没有得到解决的疑难问题中选择一些研究课题。

(6) 有些论文或高级研究报告,作者往往提出某些有关问题尚需再度研究,也是研究课题的一种来源。评论性的文章也可能提出当前亟须解决的研究课题。

(7) 偶然的发现也可能是新研究的起点。例如,研究中偶然碰到一个不可理解的问题,有时需要脱离原来方案另行研究。这就是一个新课题。

(8) 与同行进行非正式的交谈或者听了在会议上发表的演说也可能引起对某个问题的好奇心。这样发现的问题不论是初次遇见还是已经遇见过多次,都可能有必要进行深入探讨,成为研究课题。

(9) 其他感兴趣的问题。

第二节　科学研究的基础——文献阅读与积累

查阅文献是科学研究的重要步骤,是选题确定后要集中精力去做的一件事。当然,确切地讲,查阅文献应在最初拟选题目时便开始,经过初步系统的文献查阅才能把研究题目基本确定下来。题目确定以后,要更深入地查阅文献;到搜集资料和分析研究阶段,仍然要反复查阅文献。有些人贪图省事,研究前不先查阅文献,以为可以节省劳动,岂知恰恰会浪费更多的劳动。

一、查阅文献的目的

(1) 通过查阅文献,了解前人对本课题或有关课题的研究状况,避免不必要的重复,避免重蹈覆辙,以便在最先进的科学成就基础上进行自己的研究。通过查阅文献,还可以了解本课题与更大课题的关系,与相关课题的关系,目前可用于指导的理论,从而确定本课题的研究范围,评估本课题完成以后的实用价值和理论意义。

(2) 通过查阅文献,可以了解本课题的研究有哪些可用的或可参考的资料和科学理论根据,特别是马克思主义经典著作的论述等,以便无遗漏地对有关资料全部加以利用。

(3) 通过查阅文献,可以吸取前人类似的或同性质的研究在建立假说、选择研究方法和进行分析概括时的经验教训。也就是说,查阅文献不仅帮助我们了解前人的研究情况以及我们可能获得的资料,同时也对我们建立假说、选择研究方法和分析概括提供有力的启发,预防犯下前人的错误。广泛地参考各近似研究所采用的手段,了解其优缺点及成功和失败之处,才能使自己的研究超越前人。

(4) 查阅文献有助于熟悉相关学科领域已有成果、最新的动向和进展。广博的学术眼界是研究工作取得有价值成绩的必要条件。科学工作者应当熟悉比自己所从事的科学研究范围更广泛的领域的发展情况,这要通过阅读大量文献综述、文摘和研究动态类的文献才能达到。

二、查阅文献的步骤

1. 普查

查阅文献的第一步是对有关资料做初步普查。普查之前应考虑需要查找的主题,然后一一系统地进行查找。普查越全面且无遗漏,对研究工作就越有利,走的弯路就会越少,越能把一切可利用的先进科学成就运用到自己的研究中。

首先,普查要依靠各种书刊目录和资料索引等检索工具。如果利用图书目录,应从分类目录入手为宜,系统地查找有直接关系的类别之后,再查找一切可能有关的类别。一般可以先查找最近的,再查找年代较远的。如果有主题目录和专题目录,更应尽量利用。如果查找期刊论文,可查阅期刊的年度目录,年度目录一般刊登在每年的最后一期上。各种资料索引多数采取分类编排的形式,应以分类索引入手,再及其他索引类别。

其次,各有关方面的专业文摘、文献综述、述评、图书介绍或指南、研究工作动态,以及各种有关的档案目录,对查找文献都是很有参考价值的。

最后,各有关书籍(特别是专著)和论文后面附录的参考文献,对文献查找都可提供重要的线索。有些学术性著作还附有重要参考书籍提要,把有关图书的内容加以简单介绍。总之,查找文献是科研人员的基本功,其方法和途径较多,不难掌握。

为了使查到的文献记载无遗漏,且便于检阅,应当随即编制自己的文献记录卡片和资料索引。其方法是把查到的一切可能有参考价值的资料分别登记在一定规格的索引卡片上。文献记录卡片的形式可参考期刊《中国地理科学文摘》的格式,具体如图 6-3 所示。

编号	类目
文献信息(主题.篇名/书名.作者.期刊名/出版社.日期.卷册页)	
内容摘要	
图 * 表 *	
参 *	

编号：指卡片的编号。可将记录年月放在前几位。
类目：指索引细分的类别及其代码。
主题：用简明的文字说明资料的具体内容。
卷册页：整册书列出全部页数。如果是篇章，列出其所在的页数。
内容摘要：用简洁的文字，尽可能全面而具体地把资料内容介绍出来（主要包括资料的范围和提供的结论）。正面写不完，在背面继续写。
图 * 表 * 参 *：将重要的图、表和参考文献的序号进行标注。

图 6-3 文献卡片示例

2. 选择

查阅文献，首先要查出有哪些可用的文献，这是普查，然后从中选择重要的和确实可用的，分别按照适当的顺序去阅读。"查是为了阅"，"只查不阅"的意义就小了很多。但是查一件，阅一件，也是不妥当的。这就要在阅读之前下一番选择的工夫。选择时，首先可看文献的题名，题名会在一定程度上告诉我们文献的内容。但要注意，有的题名与内容不一定完全相符。其次，有些目录和索引附有内容说明，有些论文有文摘，有些著作有书评和介绍，都可以用来了解文献的内容，选择文献进行阅读。

3. 阅读

在科学研究中，要阅读的文献很多，不能采取通常读书的方法，把每一篇都从头到尾系统地阅读一遍。为了节省时间，提高效率，就要掌握正确的阅读方法。阅读文献的方法可分四步：

（1）初筛文献

初筛是为了寻找所需要的资料，是查阅文献首先采取的阅读手段，必须明确要寻找什么资料。文献到手，翻阅一下文献的目录和导言，如果是期刊论文,要看一下摘要;了解一下全篇的范围、结构和特点,然后迅速地看一看全篇或有关部分的内容,有没有所要寻找的信息,内容上是否大体符合要求。初筛不是逐句阅读,只是走马看花,要在有限的时间内翻阅较多文献,大致了解各文献的基本情况,选择其中有用部分,以便进一步阅读。忽视初筛这一步,会把时间不必要地花费在阅读关系不大的内容上。有效的初筛,关键在于有明确的初筛目的。这就要求,在初筛之前,应明确要完成的任务,解决的问题。只有有了明确的目的,才能把自己的注意力集中到一个具体的对象上,才有可能敏锐地感知它。在这一环节中,要多向老师、专家、高年级同学请教。

(2) 浏览文献

浏览是为了了解文献的全局,为细读做好准备。对经过初筛认为有阅读价值的文献,应对可能有用的部分浏览一番,一方面掌握其全貌,确定它对自己的研究的参考价值;另一方面分辨出重要的部分,以便再细致钻研。浏览是高速度的阅读,只求大略了解其基本内容和特点,不要求掌握、理解或记忆其中的具体内容。总之,浏览不应占用很多时间,速度要快。如果是一本书的话,可以先浏览书的导言、第一章和最后一章,因为这些部分往往将著作的目的、讨论的问题和得出的结论提了出来。经过浏览,可以分辨出哪些部分需要细读,哪些部分可以一掠而过;同时也可以使下一步细读得以从大处着眼,抓住关键的来龙去脉。忽视浏览这一环节,不仅会造成时间和精力上的浪费,也会影响阅读的效果,使阅读只见树木不见森林。有人觉得阅读不容易抓住关键,找不到重点,正是忽视这一步的结果。

(3) 细读文献

细读或精读是为了深入和正确地理解文献有用部分的内容,掌握作者意图的精神实质,并给予恰如其分的评价。为此,在细读过程中,必须积极地运用自己的审视力和判断力,切忌消极地死记内容。"学而不思则罔",应当边阅读边进行推敲,同时应把文献内容与自己的研究任务联系起来。细读的速度要随具体内容而异。对关键性问题或疑难之处可以慢些,必要时可以反复阅读,把内容弄懂弄通;对简明的地方或次要的内容可以快些阅读,尽量节省时间。

（4）笔记文献

开展科学研究工作是不能全靠记忆的,遇到有用的资料应做一定的记录。初筛时没有记笔记的必要,因为其目的只是寻找所需要的资料。如果发现有参考价值的资料而不打算随即进行阅读,可把相关信息记在索引卡片上。浏览时,一般不必记笔记。如果资料是自己的,可以用铅笔在需要细读的地方做一定的记号,以便下次阅读时不致略过;如果资料不是自己的,可夹上纸条,在纸条上写上批语或做记号。记笔记应当在细读之后,认为确有摘取的价值时才开始。一般来说,需要将内容的关键部分和精华所在予以消化,然后再记笔记。笔记可分为摘录、摘要、评论、提纲等几种。

摘录是将以后可能需要直接引用的重要内容按原文一字不漏地(包括标点符号)抄录下来的一种笔记形式。它不应占很大比重。摘要是将有用的内容要点或思想观点用自己的语言复述出来、记录下来的一种最常用的笔记。它可以扼要地记录,也可以较详细地复述,但要忠实于原著。评论是对文献的全部或某一部分、某一人物进行评价,提出看法的一种笔记。提纲是指用纲要的形式,将论点或基本内容提取出来的一种笔记。四种笔记形式是互相联系的,使用时可以结合起来。

记笔记应该注意以下几点：

第一,必须深刻理解原文,特别是与研究课题有关的部分更应领会透彻。任何一种笔记形式都要搞清原文真意。只有对原文内容深刻理解了,才能保证笔记不会歪曲原意,才能使"摘录""摘要"可靠,使"评论""提纲"准确。

第二,掌握各种笔记形式的特点。"摘录"是按原文抄录,不能有任何修改、遗漏或错误。如摘录时省略中间文句必须加省略号。如果原文有错误或遗漏,仍照原样记录,但在误漏处后面用括号注明"原文如此"的字样。摘录内容只应占搜集的资料的一小部分,只有需要直接引用或作精细研究的资料,如关键性语句、证据、数据或非常重要的资料,才做摘录。摘要用得较多,但一定要反映资料的内容要点。提纲一定要概括原文内容。评论一定要切中要害,褒贬分明。

第三，记录形式要整齐划一。做笔记要采用整齐划一的记录形式，例如用固定符号标明笔记内容是摘录、摘要，还是评论、提纲；在固定的位置书写名称、类目、出处等内容；资料出处一律注明著者姓名、出版单位、地点、时间及页码等，如果是译著，还应注明译者姓名。如果是档案材料或未发表的资料，要注明原件的存放地点、原件编号以及原件产生的时间、地点等。如果文献是图书馆收藏的，应记录书刊的索书号或卷期号。也可将资料复印、翻拍、剪贴在笔记上。如资料上图表或图解有助于说明问题，应该附上。

第四，一律用卡片或活页记录。为了便于分类、排列、整理、补充和查找，做笔记应一律用卡片或活页记录，并且每张卡片或活页上不记录两条以上的内容。如果一条内容占用两张以上卡片或活页，应在每张上都书写名称，并注明（用括号）顺序，在最后一张上标明"续完"字样。卡片或活页要采用规格尺寸相同的纸张做成。

第五，文字应当讲究。无论是摘要，还是提纲、评论，文字都应当简洁、通顺、清楚、明确，不应有含混模糊之处。可以用速写符号代替经常出现的词句、术语、名称等。只要不致产生误解，也可以用不完整句或缩略语。为使记录准确，记录后应进行仔细校对。

第六，为便于查找和补充，必须对笔记进行分类排列，使之系统化。

第三节 科学研究的规划

研究计划以专门的方式进行规划和执行，例如，选择题目，产生数据，然后寻求分析数据的方式，通常会由于疏忽出错或碰上没预见到的问题而面临困难。在产生数据以前，规划好所有的步骤可以降低潜在的主要弱点问题所造成的风险，这种风险可能导致研究过程的终止。

一、科学研究的规划原则

（一）符合伦理

伦理限定了科学研究的边界，即主要回答研究"应该怎样/不应该怎样"的问题，如：什么样的研究是社会允许的，在何种程度上研究工作侵犯了人们的生活，在何种程度上我们能确保处理某些课题的数据质量等问题。此外，正确的政治方向也是科学研究规划和开展过程中要考虑的重要政治伦理问题。

（二）具有价值

价值涉及主体和客体及其所构成的价值关系，主要回答"有用/无用""益/害"问题。一项科学研究课题的价值可以从实践价值和理论价值两个方面来考虑。其中，实践价值反映科学研究成果对人类社会的维持和发展起到的作用和效果，理论价值反映科学研究成果对科学进步和科学共同体起到的作用和效果。

（三）切实可行

科学研究的可行性是科学研究规划要考虑的重要内容。研究者必须用更多与研究规模、时间可能性、资源可供性以及研究的物质成本等有关的实用性限制来平衡研究课题。如果研究不给时间、资源、可达性和成本限制，则不可能获得有价值的成果。例如，如果项目太大了，你会发现很难在有限的时间内完成。若研究给了限制，在开始产生和分析数据以前，你必须评价研究的有效性。这意味着你必须构建一个时间表并计算各种可能的成本。如果确认研究没有切实可行的时间、资源、成本或在获得性上有限制，则可能要重新设计已规划的研究的要素。如果研究设计是完善的，则可能既要进一步缩小研究焦点、减小项目规模，还要重新构建数据的产生和分析方式。

（四）有效可靠

所有优秀的研究目标都希望具有有效性和可靠性。有效性涉及完善性、合法性以及研究理论和调查的贴切性。为了一个观念或理论可被验证或成为可接受的命题，必须具有理论和实践方面的基本有效性。在从事科学研究时，有许多不同的有效性问题必须考虑。一般情况下，可将有效性按理论和实践的论点加以分类。与理论有关的有效性要考虑到理论建设以及支持和提供经验性研究的观念的完整性。与实践有关的有效性要考虑到应用于经验性调查研究的研究策略的完善性和从研究中刻画的结论的完整性。与有效性相关的问题是可靠性，可靠性与结论的可重复性和一致性相关，在利用演绎法的研究策略中是特别重要的。有学者描述了三种类型的可靠性：① 狂热而狭义的可靠性，即一个单一观测方法可以连续取得多种不同的测量结果；② 历时的可靠性，即经历一段时间而观察结果仍具有稳定性；③ 共时的可靠性，即在同一时间段内观察结果的相同性。

二、科学研究的规划内容

在找到研究的科学问题，并阅读和积累大量相关文献之后，要进行科学研究的规划。这个规划中要明确研究的对象、目的和意义，支撑理论，数据收集方式和途径，研究方法和技术路线以及预期成果等。

（一）科研的对象、目的和意义

对于已确定的科研课题，如果是不尽了解又从未进行过研究的项目，那么，后续应明确：从中要调查什么（研究对象）？欲查清什么（研究目的）？其结果会有什么新贡献（意义）？如果研究的对象过多，目的不够明确，那么有必要考虑改变科研课题。

（二）支撑理论

理论作为一系列解释的概念体系，将对解释特定的现象、状态或活动十分有用。这些概念提供了研判世界的某种方式和确定研究问题的基础。

不论何时,研究开始时我们既要构建理论(利用归纳法),又要评估理论的有效性(利用演绎法)。通过文献的阅读将获得有关特定课题的一系列观念。这些观念或者形成理论,进而在研究中加以检验;或者提供研究的背景,支持研究理论的构建。一个理论一般是将问题的答案加以扩展并将它们置于更广泛的背景中形成的。

(三) 数据收集方式和途径

与研究的实践性相关的是,必须决定如何获得数据。首先要考虑数据是第一手数据还是第二手数据。其次,要考虑数据的性质,即是定性数据或定量数据。定性数据一般是非结构化数据,由文字、图像和声音组成;定量数据一般是结构化数据,由数字和可以"定量化"的经验事实组成,可以利用数字(或统计)技术进行分析。此外,数据收集的途径由研究对象和研究方法来决定,具体包括观察、观测、访问、调查、收集统计数据和依托数据平台等。

(四) 研究方法和技术路线

数据产生和研究方式不可分离,如定性数据很难用定量方法进行准确分析。主要的研究方法将在下节简述。定性研究和定量研究不应该相互对立和分离。两者的有机结合能够获得更好的科研结果,这也是科学研究的趋势。技术路线能够很好地梳理科学研究开展的总体脉络和方向,可以很好地帮助科学研究有序开展。

第四节 科学研究的方法

科学研究的方法主要有定性研究方法和定量研究方法,此外,地理学注重空间分析的方法,社会科学中质性分析的方法也不断涌现。由于很多研究方法具有定性与定量相结合的特征,本节采用列举方式介绍主要的研究方法。

一、观察法

观察法是研究工作者按照一定的计划,为实现一定的研究目的,对研究对象进行系统全面的观察,从中搜集各种现象资料,并进行分析研究的方法。通常观察法搜集的是视力或视觉资料,但是,也包括其他感官如听觉、触觉、嗅觉的资料。观察法是人类认识事物的最古老的一种方法,是源于人们日常观察实践、又高于日常观察的方法。在科学技术高度发展的今天,观察法仍不失为科学研究中成熟的研究方法之一,只是方法更科学化,手段更现代化了。观察法可以是一种独立的研究方法,也可以是其他研究方法的组成部分。观察法作为一种独立的研究方法,在自然科学和社会科学中都有极为广泛的应用。人们利用观察法观察各种自然现象,发现了众多的自然规律,建立了无数的新定律、新理论,这在天文学的科学研究中表现尤为突出。在社会科学研究中,人们利用观察法观察人类的行为和物质产品、精神产品的生产过程以及人与人之间的相互关系,获得了极为可靠的科研成果。观察法作为其他研究方法的组成部分,也具有显著的地位,特别是在用实验法研究各种问题时,用观察法观察各种实验现象和实验结果是必不可少的和有独到功效的。

二、调查法

调查法是从社会学中借用过来的研究方法。在社会学中,它是用来搜集并分析有关社会现象、事件、趋势等实地调查资料的方法。作为科学研究的一种方法,调查法通常是用来搜集原始资料并进行分析研究的工具。主要用于调查研究对象的态度、感受、动机和行动以及相关活动中发生的事件、现象等事实资料,描述研究对象的现状,揭示其规律性。

调查法可以搜集到第一手资料,具有充分的客观基础,又经过科学加工和分析,在不发生技术差错的情况下,研究结果一般都是可靠的。由于有理有据,所以具有较强的说服力。调查方法又可以重复使用,重复调查后,被证实的调查结论更令人信服。

三、专家咨询法

专家咨询法是征询专家和著名学者意见并进行分析研究的方法。这是一种以专家作为索取信息的对象，依靠专家的知识和经验，请专家对所研究的问题做出判断、评价和预测，由征询人员进行整理并得出结论或由专家集体做出决定的方法。这种方法常被看作调查法的一种，所以也有人称之为专家调查法。由于专家咨询法与一般调查法有许多不同的特点，所以人们把它单独列出来，作为科学研究方法中一种独立的方法来阐述。

如果从科研、教学和管理岗位上选聘一些专家来咨询，可以加强科研课题与实践的联系。他们生根于科研、教学群体中，活跃在实践的第一线，他们代表着本单位或本行业的科研教学水平和管理水平。他们的意见具有很强的实践性，使科研成果具有充分的客观性和可靠性。许多专家的头脑中有许许多多未成文的潜在文献，在手头散存着大量的重要的零次文献以及工作、研究的半成品，通过咨询可以获得正式文献上难以找到的可贵资料和数据。所以，专家咨询法如果利用得当，能得到其他方法得不到的结果。

四、实验法

实验法是科学家最常用的一种获得丰富、具体、精确的感性材料和经验知识的重要手段与途径。一般来说，最常见的实验法有如下几种：① 比较实验。为了寻找或确定两种以上事物或事件的优劣、异同，利用比较方法进行的实验。② 定性实验。为了判定研究对象的性质、属性、结构、功能、要素之间的构成关系等进行的实验。定性实验解决的是"有没有"或"是不是"的问题。③ 定量实验。为了认识研究对象的数量特征和各构成要素之间的数量关系而安排的实验。④ 析因实验。为了寻找引起事物某些变化、某些现象、某些结果的原因而进行的实验。⑤ 模拟实验。在研究工作中，由于研究对象不允许进行实际操作和实验，而采用模拟的方法把研究对象模型化，然后通过在模型上进行实验来间接地认识研究对象。⑥ 判决实验。在科学发现的过程中，为了检验科学理论和科学假说的真伪而设计的一种特殊的判决性实验,即它的实验结果对于确定一个理论的真伪具有决定性作用。对实验的要求是,除了要遵循观察法所要遵循的原则和规则之外,科学实验的结果还要具有可重复性,即在相同的实验条件之下,应该出现相同的实验结果。另外,它要求把深刻的理论思维贯穿于实验设计、实验观察、实验数据的处理和实验结果的理解等各个环节中。

五、综合集成法

杰出科学家钱学森院士明确提出研究地球表层或人地关系地域系统这一复杂系统的重要科学方法——"从定性到定量的综合集成法(M-S)"。其实质是将专家群体(各种有关专家)、数据和各种信息与计算机技术有机地结合起来,把各种学科的科学理论和人的经验知识结合起来,以发挥整体优势和综合优势(图 6-4)。这种方法具有如下基本特点:

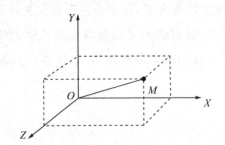

OM 表示系统的综合集成
X=[软科学,经验,宏观分析,定性分析……]
Y=[硬科学,现论,微观分析,定量分析……]
Z=[马克思主义世界观,方法论,经济学,科学哲学……]

图 6-4　M-S 方法实质(潘玉君,2021)

(1) M-S 方法不仅要求定性分析与定量研究相结合,而且强调从多方面的定性认识上升到定量认识。它不同于一般的定性问题的定量化,也不同于一般的定性与定量相结合。

(2) M-S 方法将科学理论与经验知识结合起来,把对客观事物的零散知识综合集中起来解决复杂问题。

(3) M-S 方法根据复杂巨系统的层次结构,把宏观研究与微观研究结合统一起来。

(4) M-S方法将软硬技术结合起来,把现代方法和传统方法结合起来,按系统思想把自然科学、社会科学等多种学科结合起来进行综合研究,并在方法上互补。

六、系统动力学方法

从系统方法论来说,系统动力学的方法是结构方法、功能方法和历史方法的统一。系统动力学研究复杂系统问题的方法是定性与定量结合、系统综合推理的方法。按照系统动力学的理论与方法建立的模型,借助计算机模拟可以用于定性与定量地研究系统问题。系统动力学模型模拟是一种结构功能的模拟。它最适用于研究复杂系统的结构、功能与行为之间的动态的辩证对立与统一的关系。系统动力学认为,系统的行为模式与特性主要取决于其内部的动态结构与反馈机制。

由于非线性因素的作用,高阶次复杂时变系统往往表现出反直观的、千姿百态的动力学特性,已引起人们的重视。系统动力学正是这样一门可用于分析研究社会、经济、生态和生物等一类复杂大系统问题的学科。系统动力学模型可作为实际系统,特别是社会、经济、生态复杂大系统的"实验室"。系统动力学模型的建模过程就是一个学习、调查研究的过程,模型的主要功用在于向人们提供一个进行学习与决策分析的工具,并使决策群体或整个组织逐步成为一种学习型、创造型组织。

七、计算地理方法

地理学中数学方法的内容,已经涉及数学及其相关学科的各个领域。它不但继承了现代地理学发展史上计量运动的成果,而且还吸收了40多年以来数学、系统理论、系统分析方法、计算机科学、现代计算理论及计算方法等领域内的有关成果,其内容是十分丰富而广泛的。现代地理学中的数学方法的内容体系如表6-1所示。

表 6-1　现代地理学中的数学方法的内容体系

数学方法	用途
概率论	用于地理现象、地理要素的随机分布研究
抽样调查	用于地理数据的采集和整理
相关分析	分析地理要素之间的相关关系
回归分析	用于拟合地理要素之间具体的数量关系、预测发展趋势
方差分析	研究地理数据分布的离散程度
时间序列分析	用于地理过程时间序列的预测与控制研究
主成分分析	用于地理数据的降维处理、地理要素的因素分析与综合评价
聚类分析	用于各种地理要素分类、各种地理区域划分
判别分析	用于判别地理要素、地理单元的类型归属
趋势面分析	用于拟合地理要素的空间分布形态
协方差与变异函数	用于研究地理要素的空间相关性及空间分布的数量规律
克立格法	用于地理要素分布的空间局部估计与局部插值
马尔可夫过程	用于研究随机地理过程、预测随机地理事件
线性规划	用于研究有关规划与决策问题
投入产出分析	用于产业部门联系分析、劳动地域构成分析、区域相互作用分析
多目标规划	用于研究有关规划与决策问题
非线性规划	用于研究有关规划与决策问题
动态规划	用于有关多阶段地理决策问题的求解
网络分析	用于交通网络、通信网络、河流水系等地理网络的研究
层次分析法	用于有关多层次、多要素战略决策问题的分析
风险型决策分析法	用于各种风险型地理决策问题的分析
非确定型决策分析法	用于各种非确定型地理决策问题的分析
模糊数学方法	用于各种模糊地理现象、地理过程、地理决策和系统评价研究
控制论	用于地理过程、地理系统的调控研究
信息论	用于各种地理信息的分析、处理
突变论	用于有关突发性地理现象、地理事件的研究
耗散结构理论	用于有关地理系统、地理过程的组织与演化问题研究
协同学	用于有关地理系统、地理过程的自组织问题研究
灰色系统方法	用于灰色地理系统的分析、建模、控制与决策研究
系统动力学方法	用于对地理系统的仿真、模拟和预测
分形理论	用于有关地理实体的形态及要素分布形态的自相似机理研究
小波分析	用于多层次、多尺度、多分辨率的地理时空过程的时频分析
人工神经网络	用于有关地理模式的识别、地理过程机制的自学习及预测等
遗传算法	用于复杂的非线性地理问题的计算
元胞自动机	用于有关地理过程的计算机模拟

八、科学模型法

科学模型是人们按照科学研究的特定目的,用物质形式或思维形式再现原型客体的本质属性、本质关系的系统,是研究客体的一种类似物。通过对模型的研究获得关于研究客体的信息,从而形成对客体的科学认识。这种借助模型来推断客体的某种性质或规律,进而认识客体原型的科学方法即为科学模型法。科学模型是主体与客体之间的一种特殊的中介,既是主体(研究者、个体或群体)创造和运用的一种研究手段,又是作为客体(被研究对象)的一种替代者而成为科学研究的直接对象。就模型与原型之间的关系而言,科学模型并不需要与原型客体在外部形态、特征、质料、结构和功能上完全相似,但必须按照所要研究的问题和目的,与原型客体在某一方面或某些方面有本质上的相似性,即在模型中以某种方式再现原型的本质属性。只有这样的模型才具有方法论意义,才有可能发挥其对原型的解释功能和预见功能。而这样的模型只有在人们具有对客体的一定认识、积累了一定数据和资料的基础上,才能建立起来。同时,科学模型的建立还必须以一定的科学观点或科学理论为指导。这就意味着,对于同一问题,人们可以从不同的角度、不同的方法、不同的思路去认识,依据不同的概念、假说等理论的认识构造出各种不同的模型,对原型做出不同的解释或预见。在科学研究中,对不同的模型要进行分析比较,做出评价、筛选和检验。这些模型之间可能是对立的,也可能是互补的。高性能电子计算机的运用为不同模型的比较提供了有力的手段。模型作为一种对客体的阶段性认识成果,以及通过模型研究所取得的对客体的进一步认识,都是相对的、近似的,只是在一定程度上或从一定侧面上反映客体的属性。通过模型研究得到的认识要通过检验来判定。合理的科学模型是对客体的一种好的抽象,能发挥理论模型对实践的指导作用。然而对原型客体过度抽象简化或过于烦琐复杂的模型,其价值是不大的,因其方法论意义过小而势必被淘汰。

九、综合考察法

综合考察历来是地理科学的重要研究方法之一。中华人民共和国成立以来，中国科学家进行了大量的、大范围的综合考察，促进了区域经济发展、区域农业发展、区域工业发展、生态环境治理、重大开发建设项目的科学决策，带动了地理科学及诸多学科的发展，催生了自然资源科学的形成与发展。吴传钧院士1961年在河南省地理学术年会上的报告《对于综合考察工作的一些初步体会》和孙鸿烈院士《中国自然资源综合科学考察与研究》等论著，系统而深刻地阐述了综合考察法。

一般综合考察的任务是根据国家经济建设任务，有计划地组织科学力量对一定地区进行自然条件、自然资源和社会经济情况的综合调查研究；在此基础上，提出该地区改造自然、开发利用自然资源以及科学合理的地区远景开发方案，为国家经济计划和设计工作提供科学依据。远景开发方案是轮廓性的经济规划，计划和设计部门参考它以便根据人力、物力、财力来制订计划和进行设计。因此，综合考察的工作成果十分重要。竺可桢曾说："远景开发方案是建设计划的计划。"有的综合考察是专题性的，它最后提出的方案不是地区的全面远景开发方案，而只是为解决某一部门、某个问题而提出的意见；但它与一般综合考察的目的是一致的，都是为了更好地利用自然资源为社会主义建设服务。

十、质性研究方法

质性研究是一种在社会科学及教育学领域常使用的研究方法，通常是相对量化研究而言的。研究者在自然情境之中，而非人工控制的实验环境，充分地收集资料，对社会现象进行整体性的探究，采用归纳而非演绎的思路来分析资料和形成理论，通过与研究对象的实际互动来理解他们的行为，包含但不限于民族志研究、人类学研究、论述分析、访谈研究等。质性研究注重人与人之间的意义理解、交互影响、生活经历和现场情景，在自然状态中获得整体理解的研究态度和方式。质性研究以描述的方式实现意义的理解，在近百年的历史发展中形成了与思辨研究、科学研究不同的研究传统,具有独特的研究风格和特色。

第五节 科学研究的成果

科学研究的成果形式有著作、研究报告和论文等。本节主要介绍研究报告和科学论文的基本内容和结构,因为其没有统一的格式,每个人有自己的习惯写法。下面介绍的是比较常见的写作内容。

一、标题

标题是报告和论文内容的简洁代表,它应能准确反映研究的性质和范围。标题要充分表达文章的内容,要用确切、简短的常用词汇,不要用模棱两可、笼统的词汇,以免模糊文章的主题。标题长短要适中,太短,不易使读者了解文章的内容;太长,使人不易抓住中心。标题应该醒目鲜明,使读者一眼就能看出文章的内容是什么。

标题之所以重要,是因为许多读者通过标题来查找自己所需要的内容。文章标题的读者要比文章内容的读者多得多,由于标题不恰当,使文章被搁置,甚至永远不能与读者见面是常有的事。所以,许多作者都十分注意论文标题的写作。有的文章还设立许多小标题,反映文章这一部分内容。这些小标题是读者的路标,而且每个小标题都要有承上启下的作用。

二、作者

作者可以是个人,也可以是机关团体的名称。如果是个人,应在标注作者时写上服务单位。对作者有说明的事项,可用脚注形式呈现于本页下端。如果是几个人合写的,贡献大的在前,贡献小的在后,依次排列。

三、摘要与关键词

处在题目与正文之间的摘要应是以最概括、最简洁的语言写成的正文全部内容的概要,所以,要求作者在写摘要时,只用几个句子清楚表达。摘要应该包括:① 阐明该项研究工作的基本目的和范围;② 描述所使用的方法；③ 总结研究成果；④ 阐明基本结论。

一篇写得好的摘要能使读者迅速而又准确地了解文章的基本内容，决定他们对此文是否感兴趣，是否需要去阅读全文。摘要是为那些工作繁忙而没有时间阅读全部有关文献的人使用的，学者们可以依靠这些摘要很快找到自己所需要的文献。

摘要的重要性还在于方便编辑人员（包括审稿人）审稿。在审稿过程中，摘要是编辑所要看的内容中最重要的部分。最常见的情况是，编辑（或审稿人）往往在仅仅读了文章的摘要之后，就可能对文章做出最后的判断。如果摘要写得清晰简练，又概括了全文，论文便很容易被采纳。因为，一般而言，一篇好的摘要的后面，往往紧接着是一篇好的文章。

摘要一般是在全文写好后写出的。如果论文在供国际交流的高水平刊物上发表，还应该附上一份英文摘要。

关键词对于论文的学科划分、网络查询具有重要作用。关键词主要包括：学科专业、研究方法、研究时段、研究地区等 4 种类型。

四、引言

引言亦称序言、绪论、前言等。这部分内容主要是引出本研究的理论与实践的来龙去脉。意在提供背景资料，以便使读者不必阅读有关此研究过去所发表的文章，就能了解和评价目前的研究成果。引言要求写得有特色，篇幅不能太长。

一篇好的引言，一般应包括下述内容：

（1）尽可能清楚地提出所研究的问题的性质和范围，因为只有把问题阐述清楚，才能引起读者的兴趣。

（2）对有关文献进行评述，以阐明本研究的背景科学环境。

（3）阐述研究工作的理论基础，以便把本研究置于适当的位置。

（4）阐明研究方法。如果有必要，还应阐述选择特定方法的理由。

（5）阐述研究的主要结果或结论以及在科学理论和方法上的实际意义。

（6）为了使那些不熟悉本研究的读者理解本文，对于那些专门术语

(指那些不常用的或不为人所熟悉的以及特殊用法的术语)给出定义。

(7) 如果作者认为适当,还可以列出本研究结果的局限性,以便引起读者应用本结果时注意。

有的作者把"引言"分成两部分来写,即问题的提出(或缘起,写得比较概括)和发展现状(或文献评述,写得比较详细)也是可以的。

五、搜集资料

这一部分和分析资料部分是整篇论文的主体,必须详细完整。在这一部分,作者要把注意力集中在说明自己是怎样做这项研究的,并列出有关的数据、资料,其中包括获得资料的方法。对搜集资料的全部步骤提出准确、详细的描述。例如,在什么时间、什么地点,用什么方法搜集资料,怎样鉴别和验证资料的可靠性,用什么方法记录、整理和加工资料。

这样详细地描述,可以便于较好地理解这项研究是怎样完成的,以使有能力的研究工作者可以重复这种做法。而且编辑(或审稿人)也很注意审查搜集方法的科学性,以及所搜集资料和数据的可靠性。

六、分析资料

这一部分要详细写明对于所搜集的资料是如何分析研究的,对分析的方法要充分描述。如果是数据资料,先要用图表、数字等直观形式表达出来,然后进行统计分析或采用其他数学方法进行分析。如果用描述统计,对于大家都较熟悉的普通统计方法,不需长篇叙述,只对先进的或特殊的方法进行描述或作为附录放在文后。重要的是描述和讨论数据的特点及规律性。如果是事实资料(也可能包括简单的数字),主要应该描述是采用何种逻辑推理分析并做出判断的,并要使分析既要符合辩证法,又要符合形式逻辑。

七、结果和结论

这一部分是整个论文的中心,是整个研究的结晶。一般来说,文章的前几部分告诉人们,是为什么和怎样得到这些结果的。而文章的这部分则告诉人们结果是什么,或者说,这些结果的含义是什么。很显然,整个文章的重点必须落在结果部分。

这部分之所以重要,在于这一部分内容是研究者贡献给世界的新知识,编辑(或审稿人)和读者都希望从这一部分中得知获取的最新成果或发现的新规律。

一般来说,研究结果可能是数据、曲线、图表、公式或者是文字叙述的结论。但是也有的研究结果需要与以往的研究结果结合起来,归纳出几条结论。不论何种研究结果,都要准确可靠,结论都要恰如其分,令人信服,文字叙述应该简短精练。

八、讨论

"讨论"这一部分的写法与其他部分相比,更难于确定它所写的内容。通常它是最难写的。有时,虽然文章的其他部分都写得很好,且引起了人们的兴趣,但是由于"讨论"写得不好,或者没有把所得结果或结论的真正含义阐述清楚,也会使论文被编辑部拒绝采纳,或为读者所贬责。有一些论文的"讨论",写得太长,或者绕弯子,使人读了迷惑不解,这是不好的。

写得好的"讨论",其主要特征应该是:

(1)要设法提出研究结果或结论中证明的原理以及相互关系的归纳性解释,阐述其重要性或意义。好的"讨论"应对结果或结论进行论述,而不是重述。

(2)要指出任何例外的情况或研究结果、结论之间有矛盾的地方,并且应明确提出尚未解决的问题,有可能的话应提出解决这些问题的设想或建议。

(3)要指出研究结果或结论与以前所发表的著作或得出的结论的一致和不一致的地方,并说明其原因是怎样的。

(4)要大胆地讨论研究结果或结论的理论意义以及实际应用的各种可能性。

(5)如果是由数学推导得出的结论,应写出检验的情况,观察与实践情况符合的程度。

九、感谢辞

在研究报告或科学论文的结尾处,以简短的文字对于在该项研究工作中曾经给予帮助、参加讨论、审阅或提出批评建议的单位和个人,以及提供条件设施的单位和个人表示感谢。一方面是一种礼貌,另一方面也是尊重别人的贡献和劳动,即使有的人做了少许工作,也应该表示感谢。感谢辞要在最后定稿时写入论文或者著作中。

十、参考文献

在研究报告或科学论文的正文之后,应该按顺序列出论文中所参考或引证的主要文献资料。列出参考文献一般有两种形式:一种是按顺序列出与正文对应的引证文献;另一种是无须依顺序与正文对应,只是集中罗列出来。前者意在出示引证,便于读者考证,后者是正文的补充读物,便于读者扩展知识。也有的将引文出处放在同页的下端,称为脚注。

参考文献的著录要按国家标准《信息与文献 参考文献著录规则》(GB/T 7714—2015)或特定刊物的要求进行。列出参考文献应注意以下几点:

(1) 一般来说,只有正式发表的文献才能被引用,尚未发表的或正在印刷中的文献,不要列在参考文献中,因为读者无从查考。但是如果某种未正式发表的文献确实重要,在征得作者同意之后,也可以引用并列入参考文献,还可用附带说明的方式或作为脚注放在正文中。不过,这毕竟是少数。

(2) 只有自己参考过的重要文献才能引用,不要列入与本文无关或自己根本没有读过的文献。

(3) 在送交稿件前,对每一篇参考文献的所有著录项目都应与发表的原文进行核对。因为,参考文献部分有时比其他部分出现错误的可能性更大。

(4) 明智的作者最好把所有参考文献都完整地著录在统一规格的卡片上。有了这样的工作基础,以后在编排参考文献时,要删去某一文献或增加某一文献,都会很方便。即使准备投交稿件的期刊对参考文献的要求是简短格式,也应该以完整的格式列出参考文献,这是因为:当稿件被该期刊拒绝后,想要投送其他期刊时可能需要;在以后进行与该研究有关的课题研究时,还可能需要。

十一、附录

为了使研究报告或论文正文的结构严谨,通常把详细的原始数据、实验调查记录和较为烦琐的数学推导过程以及其他不便于放入正文的资料,以附录的形式放入论文的最后,方便读者利用或查证。或者,当论文已经投寄到期刊编辑部,临时又有新的资料必须补充,也可不用改写原文,而以附录的形式刊出。

总之,研究报告或科学论文的主要构成一般不外乎这 11 个部分。实际上,并不是每一篇学术文章都具有这些部分。对于不同的题材内容,上述各部分完全可以而且应该根据需要自行增加或减少、合并或分开。但是,业已证明,文章的这种基本思路和结构安排能够有效地、符合逻辑地表达大多数研究类型的成果。

问题与讨论

一、常规性问题与讨论

1. 你如何理解科学问题?
2. 简述科学研究的规划内容。
3. 简述科学研究方法。
4. 简述专家咨询法。
5. 简述综合集成法。
6. 简述系统动力学方法。
7. 简述科学模型法。
8. 简述综合考察法。
9. 长期作业:

(1) 每天最少完成一张学术文献卡片;

(2) 每天研读所确定的学术名著。

二、研究性问题与讨论

1. 钱学森院士提出和构建了"从定性到定量的综合集成法",在给潘玉君亲笔信等有关文献中,明确指出这个方法是地理科学研究的方法。请在深度学习有关文献基础上,简述这一方法。

2. 在系统阅读《第四范式:数据密集型科学发现》基础上,简述科学研究基本范式及其历史变革。

3. 请登录国家自然科学基金委员会网页、国家哲学社会科学基金委员会网页,阅读有关内容并进行思考。

4. 系统阐释"科学问题"和"地理科学问题"。

第七章 国外文献平台与主要期刊

第一节 国外地学文献平台

一、ACLS 平台

ACLS 人文科学电子图书由美国学术团体协会（American Council of Learned Societies，ACLS）提供。现收录 3700 多种专著，出版年代最早为 1820 年，以英语为主，同时包括少量西班牙语、德语、意大利语和法语著作。这些专著均由专家精心挑选，具有很高的学术价值，许多是"普利策奖"（Pulitzer）与"国家图书奖"（National Book Award）的获奖著作。专著的学科领域包括：① 领域研究，如美洲原住民、妇女研究等；② 历史研究，如非洲史、美国史、亚洲史、东欧/俄罗斯史、欧洲史、中东史等；③ 其他学科，如法学、文学、政治学、艺术、宗教、科学技术，还将收录考古学、医学史、哲学史等。可以按照作者、题名和学科分类进行浏览，也可以进行检索。全文以 page-image，text 和 pdf 三种形式呈现。

二、AGU 平台

美国地球物理联合会（AGU）成立于 1919 年，是一个非营利的国际科学组织，现今在全球拥有 5 万多名会员。AGU 致力于促进地球物理科学的发展，并通过出版科技期刊、召开科学会议和各种教育、科学活动来实现这一目标。目前 AGU 在线出版的期刊有 19 种，包括著名的《地球物理学研究》（JGR）系列，内容涉及大气科学、海洋学、空间科学、地球科学、行星研究等领域。这些出版物声誉卓著，在各自的领域内有很高的影响力，其中在地球科学领域影响因子排名前 10 位的期刊中，AGU 的期刊占两席。

三、ASME 平台

美国机械工程师协会（American Society of Mechanical Engineers, ASME）成立于 1880 年，现今已成为一家拥有全球超过 127 000 名会员的国际性非营利教育和技术组织。ASME 是世界上最大的技术出版机构之一；该数据库主要收录了 ASME 出版的期刊、会议录和电子图书等文献；每年召开约 30 次大型技术研讨会议，并举办 200 个专业发展课程；制定众多的工业和制造业行业标准。现在 ASME 拥有工业和制造行业的 600 项标准和规范，这些标准在全球 90 多个国家被采用。

四、BioOne 平台

BioOne 始于 1999 年，是一个由多家著名大学赞助，由多家学会、协会、高校与出版社联合组成的非营利组织，是唯一一个在生物科学研究领域具有高影响力的期刊整合联盟。由以下 5 个合作组织共同设立：美国生物科学研究所、学术出版与学术资源联盟、美国堪萨斯大学、大西部图书馆联盟、亚伦出版公司。涵盖的学科范围：农业、农业经济学、生物多样性保护、生态学、工程学、环境科学、地理学、地学、湖沼学、海洋与淡水生物学、微生物学、鸟类学、古生物学、寄生虫学、植物学、公共环境与职业卫生学、运动科学、兽医学、动物学等。

五、EBSCO 平台

EBSCO 公司是世界上最大的提供期刊、文献订购及出版服务的专业公司之一，其下属部门电子文献出版（EP-EBSCO Publishing）拥有 60 多个电子文献数据库，这些数据库包括近 3000 种期刊全文，覆盖自然科学、社会科学、人文和艺术科学等各个学科领域。其中，收录的期刊有一半以上是 SCI、SSCI 的来源期刊，是世界上收录学科比较齐全的全文期刊联机数据库。

六、EBL 平台

EBL(E-book Library)是由 EBOOKS Corporation Limited 建立的电子图书数据库。EBL 与全球的 500 多家著名出版机构合作,为其出版物提供在线访问平台。其中包括著名的商业出版社、大学出版社、学（协）会出版社等,如 Taylor & Francis, Springer, ABC-CLIO, SAGE, MacMillan, World Scientific, Oxford University Press 及 Cambridge University Press 等。

七、PQDT 平台

PQDT(ProQuest Dissertations & Theses)是博士、硕士论文数据库,收录北美地区 1000 余所大学文、理、工、农、医等领域的博士、硕士论文。数据库每年新增 47 000 篇博士论文和 12 000 篇硕士论文。分人文社科卷、理工卷及文理合卷 3 种版本。

八、ProQuest 平台

ProQuest 平台数据库涉及商业管理、社会与人文科学、科学与技术、金融与税务、医药学等众多领域。该平台的主要特点是将二次文献与一次文献"捆绑"在一起,为最终用户提供文献获取一体化服务。用户在检索文摘索引时可以实时获取大部分全文信息。

九、SAGE 平台

SAGE 公司于 1965 年成立于美国,最初以社会科学类学术出版物起家,自 1995 年以来,也开始陆续出版科学、技术、医学（STM）三大领域的文献。至今为止已经与 180 多家专业的学术协会和组织建立了紧密的合作伙伴关系（主要为欧美协会和组织）。经过 40 余年的发展,目前 SAGE 连续出版 560 多种商业、人文、社会科学、自然科学、科技和医学类的期刊。SAGE 期刊 100% 为同行评审期刊,据 2005 年有关数据,158 种期刊被 2005 年 SSCI(社会科学索引)收录,62 种期刊被 2005 年 SCI(科学引文索引)收录。

十、Scopus 平台

Scopus 是目前收录最多的文摘数据库,它收录了来自全球 5000 多家出版商的 18 000 多种同行评审期刊、500 多种会议录、600 多种商业期刊以及 125 种丛书。内容涉及人文、科学、技术及医学方面的文献。其中有许多期刊来自多个著名的出版商,如 Elsevier、Kluwer、Institution of Electrical Engineers、John Wiley、Springer、Nature、American Chemical Society 等;Scopus 收录的中文期刊有 100 多种,数据回溯到 1996 年。

十一、ScienceDirect 平台

ScienceDirect 数据库由 Elsevier 公司出版。该公司是一家总部设在荷兰的历史悠久的跨国科学出版公司,其出版的期刊是世界公认的高品位学术期刊,且大多数为核心期刊,并被世界上许多著名的二次文献数据库所收录。ScienceDirect 数据库收录 2000 多种期刊,其中约 1400 种为 ISI 收录期刊,提供 51 本参考工具书、150 套系列丛书、164 部手册、4000 种电子图书。

十二、Springer Link 平台

德国施普林格(Springer-Verlag)是世界上著名的科技出版集团,Springer Link 是施普林格出版社和它的合作公司推出的科学、技术和医学(STM)方面的在线信息资源。目前,Springer Link 可在线阅读的全文期刊超过 1100 种。期刊的学科范围包括行为科学、生命科学、商业与经济、化学和材料科学、计算机科学、地球和环境科学、工程学、人文社会科学和法律、数学、医学、物理和天文学。期刊最早可回溯到 1997 年。

十三、Taylor & Francis SSH 平台

Taylor & Francis SSH 期刊数据库提供超过 1000 种经专家评审的高质量期刊,包括来自社会科学与人文科学先驱出版社 Routledge 以及声誉卓越的 Psychology Press 的期刊。其中有 480 种期刊被汤森路透科学引文

索引收录，内容最早至 1997 年。该数据库包含以下学科内容：人类学与考古学、艺术与人文、行为科学、商务、管理与经济、犯罪学与法学、教育学、地理、规划、城市与环境、图书馆与信息科学、媒体、文化与传播研究、政治、国际关系与区域研究、公共卫生与社会保健、社会学及其相关学科、体育、休闲与旅游、战略、防御与安全研究。

十四、SCI/SSCI 平台

SCI 是美国《科学引文索引》的英文简称，其全称为 Science Citation Index，它是世界三大检索系统（EI，SCI，ISTP）之一，是由美国科学情报研究所（Institute for Scientific Information，ISI）于 1961 创立并出版的一部世界著名的期刊文献检索工具，它是根据现代情报学家加菲尔德（Engene Garfield）1953 年提出的引文思想创立的。创刊起初为不定期出版，1979 年改为双月刊。ISI 除了出版 SCI 外，还有联机型数据库 SCISEARCH。ISTP（Index to Scientific & Technical Proceeding）也由其出版。SCI 出版形式包括印刷版期刊、光盘版、联机数据库及 Web 版数据库。SSCI 数据库（社会科学引文索引）主要收录社会科学方面的学术期刊，是全球著名社会科学领域引文索引数据库，收录了社会科学的 50 多个核心学科领域的 3200 多种最具影响力的期刊文献信息。

十五、ResearchGate

ResearchGate 是一个科研社交网络服务网站，于 2008 年 5 月上线，网站旨在推动全球范围内的科学合作，现在全球已有 1700 万人在使用。用户可以联系同行、了解研究动态、分享科研方法以及交流想法。在 ResearchGate 上，科学家可以分享研究成果、学术著作、获取全文，以及参加一些科研论坛或兴趣小组。一些需要向社会公布的科研项目或成果也可以提前在社区里宣布，让大家讨论并提出建议等。可以运用这个网站进行某一领域或作者的追踪，获取研究前沿。

第二节 地学主要期刊

地学主要期刊主要分为地理学类期刊和包括地理学在内的多学科期刊。其中,地理学类期刊可以分为以自然地理学为主的期刊、以人文地理学为主的期刊、包括自然地理学和人文地理学的期刊、地图和地理信息科学期刊等等。下文所说的领域和 T1、T2、T3 等是中国地理学会乃至中国科学技术协会确定的领域及其等级标准,具有一定参考意义。同时,这里的期刊还包括在中国出版的一些国际性期刊。这里的分类不是绝对的分类,在不同时期会有一定变化。

一、自然地理学领域

Nature Sustainability(《自然·可持续发展》),自然地理领域 T1。发表大量关于可持续性、政策维度和可能的解决方案的原始研究,涉及自然、社会和工程领域。期刊涵盖的主题包括:农业和食品安全、生物多样性保护、循环经济、城市和城市化、生态系统服务、教育、环境行为、环境恶化、环境法、绿色基础设施、健康和环境、人口、土地利用和土地利用变化、自然资本、自然资源管理、政策、污染、贫穷、供应链、水-能-食物等有关可持续主题。

Nature Climate Change(《自然·气候变化》),自然地理领域 T1。致力于发表有关自然、全球气候变化的根本原因或影响及其对经济、政策和整个世界的影响的最重要的研究。除发表原始研究外,还发表意见、分析和评论文章。重点突出该领域最重要的发展,并以专题文章的形式发表。期刊涵盖的主题包括:人类学、大气科学、生物化学、冰冻圈科学、生态、经济学、能源、健康、水文和脆弱性、古气候。

Science Advances(《科学进步》),自然地理领域 T1。该刊是美国科学促进会(AAAS)的开源期刊,发表任何科学领域有影响力的研究论文和评论,包括特定学科和广泛的跨学科领域。期刊目的是为作者提供公平、快速的同行评审,并为读者免费提供经过筛选的研究。该期刊以维持美国科

学促进会作为全球参与者为使命,在倡导传播和利用科学造福人类等方面发挥了关键作用。

Agricultural and Forest Meteorology(《农业和森林气象学》),自然地理领域 T1。出版关于气象学、农业、林业和自然生态系统之间的相互关系的原始文章与评论。重点在于受天气和气候变化影响的植物与土壤科学、生态学和生物地球化学等领域的基础和应用科学研究。

Earth and Planetary Science Letters(《地球和行星科学快报》),自然地理领域 T1。该刊是为地球和行星科学领域研究人员提供服务的领先期刊。它对出版简明、拥有高影响力的文章("信件")具有广泛的兴趣。它的焦点是物理和化学过程、地球和行星的一般属性——从它们的内部深处到它们的大气层。

Earth's Future(《地球的未来》),自然地理领域 T1。该刊是一本跨学科开放期刊,通过研究文章和评论聚焦研究地球及其居民的状态、可持续发展和弹性社会、人类纪的科学,以及对我们共同未来的预测。

Ecosystem Services(《生态系统服务》),自然地理领域 T1。聚焦研究生态系统服务的科学、政策和实践。该期刊目的是:① 提高我们对生态系统服务的动态、效益以及社会和经济价值的理解;② 对生态系统服务政策和管理的后果提供见解,特别注意可持续性问题;③ 整合目前广泛存在于专业学科和期刊的关于生态系统服务、协同作用和权衡的碎片化知识;④ 支持和促进科学与政策的对话,为生态系统服务领域的决策者提供经验证据。

Global Change Biology(《全球变化生物学》),自然地理领域 T1。聚焦促进对生物系统与影响地球大部分地区的环境变化的各个方面相互关系的新认识;关注各种生物系统及生物反应和反馈的变化;可以采用理论、建模、分析、实验、观察和历史方法,应该是探索性的而不是验证性的。期刊主要出版研究文章、研究评论和信件。主题包括:不断变化的全球辐射和平流层臭氧消耗、生态系统和生物群系崩溃、物种和生态系统的恢复机制、污染物和污染物影响的全球性、生物适应和进化过程、应对气候变化的管理、外来入侵物种、城市化进程、野火、全球气候变化、生物汇和大气微量气

体的来源、生物地球化学循环的扰动、土地利用变化和系统连通性、生物多样性的丧失、气候变化的生物反馈、对大气变化的生物缓解。

Global Ecology and Biogeography(《全球生态学和生物地理学》),自然地理领域 T1。欢迎研究大尺度(空间、时间和/或分类学)的论文,涉及生态系统和组合的一般模式以及它们背后的过程。该刊特别欢迎使用宏观生态学方法、比较分析、元分析、综述、空间分析和建模来得出一般概念性结论的研究。该刊的研究不需要在空间范围上具有全球性,但是研究的结论和影响必须与全球的生态学和生物地理学相关,而不是局限于局部地区或特定的分类群。期刊发表的是生物学和地理学交叉领域的研究,具有重要的科学意义和广泛的公众兴趣。

Global Environmental Change-Human and Policy Dimensions(《全球环境变化:人类与政策》),自然地理领域 T1。发表理论和经验上高质量、严谨的文章,推进关于全球环境变化的人类和政策层面的知识。该刊认为全球环境变化是指一些进程的结果,这些进程在地区上表现出来,但从多个空间、时间和社会政治尺度上产生影响。该期刊对具有重要社会科学成分的文章感兴趣。其中包括论述环境变化的社会驱动因素或后果的文章,寻求解决环境变化问题的社会和政策进程的文章。主题包括:生物多样性和生态系统服务、气候、海岸、食物系统、土地利用和土地覆盖、海洋、城市地区和水资源等方面的变化的驱动因素、后果及管理。

Hydrology and Earth System Sciences(《水文与地球系统科学》),自然地理领域 T1。该刊鼓励和支持基础研究和应用研究,以增进对水文系统的理解。鼓励通过与其他同源科学的整合和跨学科边界的交叉研究,扩大水文视角和促进水文科学的发展。主题包括:物理、化学和生物过程在大陆水循环的所有阶段中的作用,溶解物质和颗粒物质;从土壤水的微观尺度过程到支持水文气候学的全球尺度过程;对地球系统所有分区(大气、海洋、河口、河流、湖泊和陆块)中全球水资源(固体、液体和蒸汽)的时空特征和相关预算进行研究;研究上述所有过程、预算、通量和途径与人类活动的相互作用,以及以可持续方式影响它们的备选办法,特别是在涉及洪水、干旱、荒漠化、土地退化、富营养化和全球变化的其他方面。

ISPRS Journal of Photogrammetry and Remote Sensing(《摄影测量与遥感》),自然地理领域 T1。该期刊是国际摄影测量与遥感学会(ISPRS)的官方期刊,为从事摄影测量、遥感、空间信息系统、计算机视觉和相关领域的许多学科的各国科学家和专业人员提供了一个交流平台。期刊的目标是发表高质量的、以前未发表的科学/研究、技术开发或应用/实践性质的论文,以及在上述领域有重大贡献的论文,包括基于 ISPRS 会议报告的论文。

Journal of Climate(《气候》),自然地理领域 T1。该期刊发表对大空间尺度气候系统动力学和物理学的基本理解的研究成果,包括大气、海洋、陆地表面和冰冻圈的变化,气候系统过去、现在和未来的变化,以及气候模拟和预测。

Landscape and Urban Planning(《景观与城市规划》),自然地理领域 T1。该期刊旨在促进对景观的概念、科学和应用理解,以促进景观变化的可持续解决方案。

Landscape Ecology(《景观生态学》),自然地理领域 T1。该期刊是一门建立良好且发展迅速的跨学科期刊,它明确关注于对空间异质性的生态学理解。景观生态学将生物、物理和社会经济科学的专业知识结合在一起,探索有关生态、保护、管理、设计/规划以及景观作为耦合的人-环境系统的可持续性的基础和应用研究问题。论文须与如下主题相关:① 景观斑块中的生物、材料和能量的流动及再分配;② 景观连通性和破碎化;③ 动态景观中的生态系统服务;④ 景观历史和遗留效应;⑤ 景观和气候变化的相互作用;⑥ 景观的可持续性和弹性;⑦ 土地利用变化机制与生态影响;⑧ 景观间模式和过程的尺度关系和层次联系等。

Quaternary Science Reviews(《第四纪科学》),自然地理领域 T1。综述涵盖第四纪科学的所有方面,包括地质学、地形学、地理学、考古学、土壤学、古植物学、古生物学、古气候学等,以及各种适用的年代测定方法。随着发现步伐的加快,所有第四纪科学都在迅速变化,需要重新评估。第四纪科学评论包括最近的科学会议产生的专题议题,以及回应第四纪主题的重大变化。

Remote Sensing of Environment(《环境遥感》),自然地理领域 T1。服务于地球观测界,发表遥感研究的理论、科学、应用和技术成果。期刊是跨学科的,研究陆地、海洋和大气传感。该期刊重点是在地方到全球尺度上进行遥感的生物物理和定量方法。主题包括:农业、林业和牧区、生态、Biophysical-spectral 模型、地理及土地资料、地质和地球科学、水文和水资源、大气科学与气象学、海洋学、自然灾害、图像处理与分析、传感器系统和光谱辐射测量。

Science of the Total Environment(《全球环境科学》),自然地理领域 T1。主要发表有关全球环境的研究,涉及大气圈、岩石圈、水圈、生物圈和人类圈。包括:空气质量,大气条件,生态系统服务和生命周期评估,生态毒理学和风险评估,国内外生态水文学,野生动物和污染物,气候变化、农业、林业和土地使用的环境影响,废物或废水处理对环境的影响,饮用水污染物及健康影响,土壤和地下水的环境修复,全球变化引发的极端事件和环境影响,地下水水文地球化学和建模,水质和安全等。

Water Research(《水研究》),自然地理领域 T1。发表有关全球人类活动与水循环、水质及其管理的科学和技术的所有方面的原始研究论文。范围包括:水和废水的处理工艺,城市水文,饮用水处理和分发,饮用水和非饮用水再利用,环境卫生、公共卫生和风险评估,厌氧消化,固体和危险废物管理。

Anthropocene(《人类世》),自然地理领域 T2。该期刊是一本关于自然、人类与地球过程和系统之间相互作用问题研究的刊物。范围包括:人类活动的意义,改变地球的景观和生态系统在时间、空间尺度范围的变化等。该期刊还探讨了这些变化对人类社会产生的深远影响。期刊聚焦于:过去人类与地球系统的相互作用是如何以及何时在地质和环境中被记录的?大规模人类影响的定量证据和原因及说明它们对未来的意义。生物、物理和人类过程之间的耦合,包括人类社会对环境变化的反应。

Climate Dynamics(《气候动力学》),自然地理领域 T2。该期刊为一本全球气候系统动力学方面的重要国际期刊物。主题包括:古气候诊断、分析或数值模拟研究;大气、海洋、冰冻圈、生物量和陆地表面交互作用的动

态过程；全球气候尤其受欢迎，因为气候动力学的贡献集中在选取特定的空间或时间尺度上。强调控制气候和气候变化的物理和生物地球化学过程的综合观点。

Climatic Change(《气候变化》)，自然地理领域 T2。该期刊专注于气候变化和变化问题的整体——气候变化的描述、原因、含义和它们之间的相互作用。其目的是为在不同学科从事气候变化相关问题研究的人员提供一个交流平台。跨学科研究人员或任何学科，如气象学、人类学、农业科学、天文学、生物学、化学、物理学、地理学、政策分析、经济学、工程学、地质学、生态学或气候史的研究人员，均可提交文章。这意味着作者有机会与其他气候相关学科的人以及感兴趣的非学科人士进行交流，同时也可以报告来自多个学科的原创性研究。

Ecological Indicators(《生态指标》)，自然地理领域 T2。该期刊的最终目的是将生态和环境指标的监测和评估与管理相结合。该期刊为讨论应用科学发展和审查传统指标应用以及诸如指数发展等理论、建模和定量方法提供了一个论坛。主题涉及：新的指标以及指标开发、测试和使用的新方法；指数的开发和建模；分析和研究资源、系统和特定规模的指标；利用基于指标的监测和评估项目，整合社会和其他评估指标，以产生科学严谨的和政治相关的评估；研究指标如何转化为直接应用于管理目的的方法；特定资源指标，如与景观、农业生态系统、森林生态系统、水生生态系统、湿地等相关的指标。

Geomorphology(《地形学》)，自然地理领域 T2。范围包括：构造与区域构造；冰川过程和地形；河流层序、第四纪环境变化与年代测定；河流过程和地形；质量运动、斜坡和冰缘过程；山坡和土壤侵蚀；风化、岩溶和土壤；风成过程和地形、海岸沙丘和干旱环境；沿海和海洋过程、河口和湖泊；建模、理论和定量地貌学；DEM、GIS 和遥感方法与应用；行星地貌学和火山。

Global and Planetary Change(《全球和行星变化》)，自然地理领域 T2。目的是提供一个多学科的概述，以了解地球系统中发生的过程以及行星随时间的变化。期刊关注地球系统的过去和现在的状态、未来的情

景,以及它们与全球环境变化的联系。主题包括:动力学和大气成分的变化,海洋和冰冻圈,气候变化,海平面变化,地球表面过程,全球生态学、生物地理学和生态系统的弹性/阈值。

International Soil and Water Conservation Research(《国际水土保持研究》),自然地理领域 T2。该刊是世界水土保持协会(WASWAC)的官方期刊,是一本关于水土保持研究、实践、政策和观点的多学科期刊。期刊旨在传播新的知识,促进水土保持实践。范围包括:预测、预防和保护水土资源的研究、战略和技术。它侧重于识别、描述和建模;动态监测和评价;评估和管理保育措施;质量标准的制定和实施。相关主题主要涉及:保护模型、工具和技术;农业保护;土壤卫生资源指标、评估和管理;土地退化;可持续发展;土壤侵蚀及其控制;土壤侵蚀过程;水资源评估和管理;流域管理;土壤侵蚀模型及有关水土保持研究课题的文献综述。

Journal of Hydrology(《水文学》),自然地理领域 T2。发表水文科学所有子领域的原始研究论文和综合评论,包括:地表和地下水水文、水文气象学、水文地质学和水文地球物理学等。相关主题包含气候学、水资源系统、生态水文学、生物地球化学、地貌学、土壤科学、仪器和遥感、数据和信息科学、土木和环境工程等。

Land Degradation & Development(《土地退化与发展》),自然地理领域 T2。旨在促进对陆地环境退化的认识、监测、控制和恢复的研究。该期刊的重点包括:什么是土地退化;什么导致土地退化;土地退化的影响;土地退化的规模;土地退化的历史、现状或未来趋势;避免、缓解和控制土地退化;恢复退化土地的补救行动;可持续土地管理。主要刊登关于陆地环境退化的科学、社会、经济、政治、历史方面的论文,有关促进生态可持续性和防止土地退化的管理、规划、决策方面的分析、个案研究和讨论。发表论文形式:原始研究论文、简短通讯、书籍评论、遥感和计算机技术的应用。

Landslides(《滑坡》),自然地理领域 T2。该期刊宗旨是为发表关于滑坡过程、灾害、风险分析以及保护文化遗产和环境方面的综合研究提供共同平台。该期刊发表研究论文、最近滑坡事件的新闻和关于国际滑坡问题联盟活动的资料。包括:滑坡动力学、机制和过程;滑坡风险评估;危险性

评估、危险性测绘和脆弱性评估;地质、岩土、水文和地球物理建模;气象、水文和全球气候变化因素的影响;监测包括遥感和其他非侵入性系统;新技术、专家、智能系统;应用 GIS 技术;岩崩、泥石流、土流和侧向蔓延;火山地带的大规模滑坡和火山碎屑流;与海洋及水库有关的山崩;与山崩有关的海啸;城市地区及沿线关键基础设施滑坡灾害;山崩和自然资源;土地发展和土地使用做法;山泥倾泻补救措施/预防工程;滑坡的时空预测;预警和疏散;全球滑坡资料库。

Natural Hazards(《自然灾害》),自然地理领域 T2。致力于自然灾害的所有方面、灾难性事件的预测、风险管理以及自然和(或)技术灾害的原始研究工作。期刊包括:大气、气候、海洋学、风暴潮、海啸、洪水、雪崩、滑坡、侵蚀、地震、火山等。该期刊还讨论了这些灾害与社会之间的相互作用,包括风险管理、灾害反应、空间规划和补救措施等预防行动。

Remote Sensing in Ecology and Conservation(《生态学与保护遥感》),自然地理领域 T2。优先关注促进生态与保护的科学基础的研究成果,促进基于遥感的技术的发展,这些技术与土地利用和生物系统的管理有关,涉及从人口和物种到生态系统和生物群落的各个方面。期刊读者包括生态学家、保护科学家、政策制定者、陆地和水生系统的管理者、遥感科学家和学生。

Aeolian Research(《风成研究》),自然地理领域 T3。范围包括:基本风成过程(沙尘的夹带、搬运和沉积物的沉积);风成过程的建模和实地研究;现场和实验室的仪器/测量;环境影响和侵蚀控制等实际应用;风成地貌、地貌和古环境;粉尘环境。

Ecohydrology(《生态水文学》),自然地理领域 T3。发表原始的科学和评论论文,旨在提高对生态和水文学之间的交互过程的理解。该刊特别强调生态系统和水文循环在空间和时间上的相互作用和相关反馈。稿件的学科领域集中在物理、生态、生物、生物地球化学、地貌、流域、数学和方法论方面的生态水文学。

Geography and Sustainability(《地理学和可持续发展》),自然地理领域 T3。目标是作为发展、协调和实施跨学科研究和教育的焦点,通过综合

地理学的观点来促进可持续发展。该期刊鼓励对全球和区域的可持续发展进行更广泛的分析和创新思维，将自然科学和人文科学结合起来。期刊欢迎原创的、高质量的研究文章、评论文章、简短通讯、技术评论、观点文章和评论。主题包括：水、土壤、大气和生物圈之间的相互作用及其时空变化；人类与环境的相互作用，社会生态系统的恢复力与脆弱性；生态系统结构、过程、服务及其与人类福祉的联系；可持续发展的理论、实践和关键挑战；支持可持续发展和决策的地理数据和模型。

Holocene（《全新世》），自然地理领域 T3。致力于研究第四纪长期记录以及今天在地球表面运行的自然和人为环境过程之间的基础科学研究。期刊覆盖：各种类型的古环境研究，包括古气候、古生态、古水文、古地形学、古海洋学等研究成果；以年、百年、千年为时间尺度的气候和其他环境变化；最近环境变化的地质、生物学和考古学证据；自然和人为环境变化的性质、过程、机制和原因；环境变化的重建、年代测定、监测和建模技术；利用现代相似物阐明陆地和海洋环境的古环境记录；区域-全球环境变化及其影响的古环境和地质考古学观点；发展自然、文化景观和生态系统；环境史与史前史的跨学科研究；人类对过去气候和其他环境变化的反应；全新世和人类世的环境变化对现在和未来人口、社会的影响；从过去的记录中预测未来的环境变化。

Human and Ecological Risk Assessment（《人与生态风险评估》），自然地理领域 T3。发表的论文是原创的、科学的、有目的地用于风险分析（评估、交流、管理）和相关领域的，并且对科学文献有贡献的文章。该期刊的重点是发表有助于改善人类和生态健康的论文。范围包括：定量风险评估；比较风险评估；综合人类和生态风险评估；风险评估对人类和生态系统健康的应用；暴露评估；风险评估；环境流行病学；统计模型和方法；毒性动力学建模；风险管理；监管问题。

International Journal of Biometeorology（《国际生物气象学报》），自然地理领域 T3。发表关于大气环境和生物体之间关系的原始研究论文、评论文章和短通讯。生物体从单细胞生物延伸到植物和动物，包括人类。大气环境包括自然和人工环境中的气候和气象条件，用于历史或气候变化相

关的分析。

  International Journal of Disaster Risk Science(《国际灾害风险科学》)，自然地理领域 T3。旨在针对地方、区域和全球灾害，提高抗灾能力和综合风险治理水平。在灾害风险研究方面开辟了新领域，它将实际灾害和灾害风险管理的具体实践的深入研究与全球灾害风险动态以及与先进综合风险治理相关的理论和模型的调查相结合。该期刊的主要目的是使灾害风险界能够进行交流、学习和进步，以提高在各种规模上识别、衡量和治理综合灾害风险和恢复力的能力。主题包括：灾害风险中人的维度；灾害风险治理和恢复能力；灾害风险和恢复力指标及测量；全球变化和灾害风险；开发和风险转移；重大灾害事件的实证研究和视角。

  Journal of Arid Land(《干旱土地学报》)，自然地理领域 T3。目的是满足可持续发展和生态环境管理方面的研究人员、学生和从业者的需要，重点是中亚和整个世界的干旱和半干旱土地。主题包括：自然资源的动态，自然资源的安全和可持续发展，干旱和半干旱土地的环境和生态。覆盖范围还包括大气、水圈、生物圈和岩石圈之间的相互作用，以及这些自然过程和人类活动之间的关系。探讨地理、生态、环境格局，生态建设和环境保护，以及区域对全球变化的反应和反馈机制。期刊还对这些主题的研究进行综述、简要交流、趋势分析和书评。

  Renewable & Sustainable Energy Reviews(《可再生和可持续能源评论》)，自然资源领域 T1。该期刊的目的是分享问题、解决方案、新颖的想法和技术，以支持向低碳未来的过渡。期刊发表具有重要评论色彩的评论文章、原始研究、案例研究和新技术分析，可以采取批评、比较或分析的形式。期刊考虑以下主题的文章：能源——生物资源、化石燃料、地热、氢气、水电、核能、海洋能源、太阳能和风能；应用——建筑、工业和运输；利用——电池、转换技术、燃料电池、存储技术、技术发展和技术规模；环境——大气、气候问题、气象、缓解技术、碳捕集和利用、太阳辐射管理等。

  Journal of Mountain Science(《山地科学》)，自然地理领域 T3。致力于山及其周围的低地生态区的全球重要性，特别强调世界上重要的高地/山，如青藏高原、喜马拉雅山脉、阿尔卑斯山脉、安第斯山脉、落基山脉等。

期刊主要发表关于自然条件下或/和受人类活动影响的山区环境变化及可持续发展的学术和技术论文。它还接受关于山地研究的书评和报告以及对山地研究组织的介绍。该期刊特别关注山地环境变化与人类活动之间的关系，包括山地生态系统退化的过程、特征和恢复；控制山崩、滑坡、水土流失等山地灾害的动力学过程、理论和方法；山地特殊资源的保护与开发；山区文化多样性与地方经济发展以及山区的民族问题和社会福利问题。特别欢迎在山区研究和发展中应用诸如地理信息系统和遥感等新技术的论文，以及关于在山区的学科和跨学科研究中产生的新概念和新方法的论文。

Journal of Paleolimnology（《古湖泊学》），自然地理领域 T3。主要目的是为迅速传播有关重建湖泊历史的原始科学工作提供一个载体。虽然大多数论文涉及湖泊，但河流、湿地、泥炭地和河口系统的古环境研究也有资格发表。《古湖泊学》就像这门学科本身一样，是多学科的，发表的论文涉及重建和解释湖泊历史的各个方面（如生物、化学、物理、地质等）。期刊将继续成为研究气候变化和其他紧迫课题的主要刊物，如全球环境变化、湖泊酸化、富营养化、长期监测和湖泊发育的其他方面。

The Journal of Quaternary Science（《第四纪科学》），自然地理领域 T3。该期刊发表第四纪研究各个领域的原始论文，收录了考古学、植物学、气候学、地球化学、地质年代学、地质学、地形学、地球物理学、冰川学、湖沼学、海洋学、古海洋学、古气候学、古生态学、古生物学、土壤学和动物学等多学科的论文。

Ocean & Coastal Management（《海洋与海岸管理》），自然地理领域 T3。该刊致力于研究海洋和海岸管理的各个方面。稿件必须明确与海洋、海岸的可持续发展以及保护相关的管理和/或治理问题的相关性。鼓励进行比较研究，以及批判性地评估当前管理实践和治理方法的研究。期刊出版原始研究论文、评论文章及特殊问题。期刊欢迎来自自然、社会科学、人文、法律和设计领域的专业人士就广泛的主题提交意见。

Physical Geography（《自然地理学》），自然地理领域 T1。该刊发表关于自然过程的原始研究，特别鼓励气候学、地貌学、水文学、生物地理学和

土壤学等方面的研究及其对人-环境相互作用的影响的论文。

Water Resources Management(《水资源管理》),自然地理领域 T3。该期刊是一个国际性的、多学科的论坛,旨在介绍水资源管理的原创贡献和交流知识经验。主题包括:水资源评估、发展、养护和控制;水资源系统规划设计;水资源系统的运行、维护和管理。此外还涉及:水的需求和消费;应用地表和地下水水文学;水管理技术;水资源系统的模拟与建模;预测和控制水的数量和质量;立法和水资源保护。

Resources, Conservation & Recycling(《资源,保护与循环》),自然资源领域 T1。该刊强调向更可持续的生产和消费体系过渡所涉及的转型过程。主题包括:物质流动的信息和管理系统;提高资源生产率相关的流程、工具和方法;提高资源使用可持续性的技术、社会、经济、商业、政策方面;物质流动分析;资源、材料和产品的生命周期评估和管理;社会、经济和技术变革;在资源使用的质量和数量方面有效管理和使用所有资源,包括空气和水。

Frontiers of Environmental Science & Engineering(《环境科学与工程前沿》),自然资源领域 T2。期刊目的是促进和传播环境科学与工程主要分支的知识,欢迎发展中领域的论文,以及展示环境学科和其他学科之间相互作用的论文。该期刊的同行评审内容包括广泛的综合评论、研究论文、政策分析、简短的交流和意见。不定期的"特刊"和"热门话题",包括一篇综述文章和几篇相关的研究文章,组织出版环境领域各个方面的新颖稿件和突破性成果。

The Journal of the American Water Resources Association(《美国水资源评估》),自然资源领域 T2。该刊是致力于多学科水资源问题的出版物,发表的论文展示了从多个学科交织而成的观点。论文通常涵盖美国水资源评估会议的主题,如河岸生态、地理信息系统、适应性管理和水政策等。

Environmental Earth Sciences(《环境地球科学》),自然资源领域 T3。关注人类、自然资源或独特地理区域与固体地球之间的相互作用;废物管理和处置措施造成的地下水和土壤污染;与水陆运输有关的环境问题;可能影响生态系统或人类的地质过程;人为或自然发生的地质灾害;开采矿

物、煤、矿石以及石油、天然气、水和替代能源所造成的环境问题；勘探、修复和有害物质对环境的影响；地质环境数据和信息系统的管理；传播关于改善环境的技术、方法、途径和经验的知识。主要学科包括：水文地质学、水化学、地球化学、地球物理学、工程地质学、自然资源管理、环境地理学和土壤学。

Environmental Geochemistry and Health（《环境地球化学和健康》），自然资源领域 T3。该期刊发表环境地球化学领域原始研究论文和评论论文，特别欢迎将环境地球化学和健康问题联系在一起的新研究，主题包括：重金属（包括汞）、持久性有机污染物和通过人类活动排放的混合化学物质；废物回收；气体和气溶胶的表面-大气相互作用过程；植物修复（恢复）受污染地点；食物污染与安全；药物对环境的影响；混合污染物的影响和毒性；重金属/金属的形态；开采的影响；人类行为、自然或人为灾害对地球化学的干扰；颗粒和纳米颗粒毒理学；人口的风险和脆弱性等。

Environmental Monitoring and Assessment（《环境监测和评估》），自然资源领域 T3。该期刊涵盖了范围广泛的污染物，旨在评估个人和人群暴露水平的监测系统并进行研究。该期刊还着重于发展与管理诸如农业、渔业和森林等各种可再生自然资源有关的监测系统。

Environmental Research（《环境研究》），自然资源领域 T3。研究范围包括：空气、土壤、水和生物群化学污染物与健康；生物分析化学；生物浓缩、生物积累和生物放大作用；生物转化和环境命运；污染行为和环境过程；生物标记物；生物监测和不良/有毒健康影响；化学压力；生态化学；生态毒理学；内分泌干扰；环境生物技术；环境化学；环境流行病学；环境污染控制功能材料；环境风险评估与管理；环境毒理学；环境"组学"；食物网的相互作用；全球变暖/气候变化；室内和室外空气污染控制；海洋、淡水和陆地生态系统；污染检测与监测；污染控制中的资源—能源回收；风险和公共卫生；固体废物管理；土壤和场地污染修复；废物处理及处置；废水及污水污染物；水污染控制和水安全；野生动物和生物。

Environmental Science and Pollution Research（《环境科学和污染研究》），自然资源领域 T3。期刊主题包括：陆地生物学和生态学；水生生物

学和生态学;大气化学;环境微生物学/生物能源;植物修复和生态系统恢复;环境分析和监测;评估环境中污染物的风险和相互作用;保护生物学和可持续农业;化学品/污染物对人类和动物健康的影响;环境经济学。

Human and Ecological Risk Assessment: An International Journal(《人与生态风险评估》),自然资源领域 T3。重点是发表有助于改善人类和生态健康的论文。范围包括:定量风险评估;比较风险评估;综合人类和生态风险评估;风险评估在人类和生态系统健康中的应用;暴露评估;环境命运评估;多媒体的评估;环境流行病学;统计模型和方法;毒性动力学建模;从动物到人类的推断;风险知觉/沟通;风险管理;监管问题。

Natural Resources Research(《自然资源研究》),自然资源领域 T3。发表关于自然资源勘探、评价和开发的定量研究。该期刊涵盖了各种各样的资源,包括矿产、煤炭、碳氢化合物、地热、水和植被等。

Sustainability(《可持续发展》),自然资源领域 T3。该期刊是一本关于人类环境、文化、经济和社会可持续性的国际性、跨学科、开放获取的学术刊物,为可持续发展及相关研究提供了一个先进的论坛。它发表评论、定期研究论文、通讯和简短笔记,并且对论文的长度没有限制。期刊目标是鼓励科学家尽可能详细地发表他们关于自然科学、社会科学和人文科学的实验和理论研究,以促进对全球变化和发展的科学预测和影响评估。主题:荒漠化和干旱;工业发展和能源危机;有毒化学品、危险废物和放射性废物;人口爆炸和城市化;不可持续的生产和消费模式;生态系统和物种的退化以及随之而来的对人类福祉的风险;对可持续发展采取的社会经济、科学和综合办法;制定和实现促进可持续发展的国家政策和国际条约;执行和监测可持续发展政策;改变消费和生产模式;文化多样性、传统、社会制度、全球化、移民和定居的发展及其对文化或社会可持续性的影响;可持续发展的伦理和哲学方面;教育和可持续发展意识;安全、安保和灾害管理对可持续性的影响;可持续性与健康有关的方面;可持续的化学;土地、水、大气等生物资源的可持续利用;新能源和可再生能源;可持续的能源保护和再生方法;陆地和水生生态系统维护和生物多样性保护;准环境可持续性——短期措施及其长期影响;全球气候变化对发展和可持续性的影响。

Palaeogeography Palaeoclimatology Palaeoecology(《古地理、古气候学与古生态学》)。该期刊是发表古环境地质学(包括古气候学)领域高质量、多学科、原创研究和综合评论的国际刊物。古地理和板块构造论文被认为不在该期刊的范围内。该期刊旨在汇集古环境调查中涉及的许多不同学科的研究数据,这些数据要具有全球影响。

Permafrost and Periglacial Processes(《多年冻土和冰缘过程》)。该刊是一本国际期刊,致力于快速发表有关地表低温过程、地形和沉积物在各种(亚)北极、南极和高山环境中的科学和技术方面的论文。它为那些对寒冷、非冰川地球科学感兴趣的人们提供了一种有效的交流工具。该期刊还发表简短的交流、评论、讨论和书评。

Resources Policy(《资源政策》),自然资源领域 T2。专门讨论与矿物及矿物燃料的开采、生产和使用有关的经济、政策问题。期刊面向学术界、政府、工业界的个人。

Waste Management(《废物管理》),自然资源领域 T2。专门介绍和讨论固体废物的产生、特性、最小化、收集、分离、处理和处置方面的资料,以及关于废物管理政策、教育、经济和环境评估的手稿。该期刊涉及各种类型的固体废物,包括城市固体废物、农业固体废物和特殊废物。

Agriculture, Ecosystems & Environment(《农业、生态系统和环境》),自然资源领域 T3。发表有关农业生态系统和自然环境之间界面的科学文章,特别是有关农业如何影响环境以及环境的变化如何影响农业生态系统的文章。优先考虑来自领域、系统或景观层面的实验和观察研究论文,重点是以下方面:农业生态系统的生物和物理特征及动态;农业系统的生态、多样性和可持续性;农业生态系统与包括土地、空气和水在内的自然环境之间的关系;农业生态系统和全球环境变化,包括气候变化、温室气体和空气污染;农业土地利用和土地利用变化的环境影响。

Air Quality, Atmosphere & Health(《空气质量、大气与健康》),自然资源领域 T3。期刊跨越许多学科,探索和分析人类活动对大气的影响,以及它们对人类和生态健康的影响。涉及主题包括:酸雨;空气中的颗粒物;暴露评估;风险评估;室内空气质量;大气化学;大气模拟和预报;空气污染

气候学;气候变化和空气质量;空气污染测量;大气影响评价;大气科学;温室气体;健康和生态效应;清洁空气技术;区域和全球变化以及卫星测量。

Aquatic Conservation:Marine and Freshwater Ecosystems(《水生保护:海洋和淡水生态系统》),自然资源领域 T3。该期刊专门发表有关淡水、半咸水或海洋栖息地保护的原创论文,并鼓励跨生态系统的工作。期刊可以介绍和讨论有关水生生物资源保护的各个方面,促进了在解决水生资源保护问题上的合作和效率。期刊还发表简短的通讯、评论文章和讨论。主题包括:评估保育价值;濒危物种、群落和栖息地的现状;保护区和物种;空间规划;开发新的保护工具和技术;具有创意的保育及修复;保护的立法、策略和政策;多学科保护方案;气候变化和海洋酸化;海洋和淡水生态系统的相互关系;流域管理;生境和群落的管理;生态系统服务与经济学;地下水生境保护;保护遗传学;外来入侵物种对本地物种和栖息地的影响。

Aquatic Sciences(《水生科学》),自然资源领域 T3。该期刊发表原始研究、综述和评论,覆盖范围从分子水平的力学研究到整个生态系统的调查,包括鱼类生态学。期刊发表跨学科和环境边界的研究,即针对地质、微生物、生物、化学、物理、水文和社会过程之间的相互作用的研究,以及评估陆地-水、空气-水、湖底-深海、河流-海洋和地下水-地表水相互作用的研究。

Arid Land Research and Management(《干旱土地研究与管理》),自然资源领域 T3。该刊是国际土壤科学联盟的合作期刊,主要发表关于干旱影响土壤的基础和应用研究。期刊涵盖:土地生态学、生物学、物理学和其他土壤学等方面。

Ecological Engineering(《生态工程》),涉及的具体专题包括:生境重建;生态技术;合成生态;生物工程;恢复生态学;生态保护;生态系统恢复;溪流及河流修复;复垦生态。

Earth Surface Dynamics(《地球表面动力学》),刊登地球表层物理过程、化学过程、生物过程及其在所有尺度上的相互作用的文章。

Journal of Biogeography(《生物地理学》),主要刊登生物学与地理学交叉领域的文章,主要关注影响生物在过去及将来区域尺度至全球尺度分

布的格局与机制。还关注生物起源、分布和未来演化等相关科学问题。

Earth Surface Processes and Landforms(《地表过程与地形》),主要关注地表过程与地形、地貌的相互作用;当代和过去地貌的地质记录研究;与环境变化有关的地球表面过程的地质记录,包括解释和利用这些记录重建地貌、景观和景观演变;过去、现在和将来的环境变化对地球表面过程的影响;气候、构造、地震和火山活动、植被和生态、冰原和冰川等核心驱动力的影响等。

Progress in Physical Geography:*Earth and Environment*(《自然地理学的进展——地球与环境》),是一本国际同行评议期刊,主要关注自然地理学以及地球、生物和生态系统科学相关领域的最新发展和讨论。作者需要批判地、详尽地综合某一特定主题的研究,集中精力对认为最有前途的和可能具有变革性的领域进行研究。

二、人文地理学领域

Nature Human Behaviour(《自然人类行为》),人文地理领域 T1。该期刊聚焦从广泛的社会、生物、健康和物理学科,对个人或人类集体行为的任何方面的突出意义的研究。主题包括:感知、动作、记忆、学习、奖励、判断、决策、语言、沟通、情感、个性、社会认知、社会行为、神经发育、神经障碍、经济和政治行为、信仰体系、社会网络、社会规范、社会结构、行为改变、集体认知和行为、文化、公共政策。除了发表原始研究,该刊还发表评论、观点、新闻等。

Annals of the Association of American Geographers(《美国地理学家协会编年史》),人文地理领域 T1。该期刊首次出版于 1911 年。要被该期刊录用,作者必须具有较高的学术水平,并对地理研究做出重要贡献。期刊内容包括邀请论文、评论文章、总统演讲和纪念文章等。

Cities(《城市》),人文地理领域 T1。该期刊发表关于城市规划和政策等方面的文章。它的独特之处在于为城市规划者、政策制定者和分析人士以及来自各个学科的城市规划学家提供了一个国际和跨学科交流平台。主题包括:中产阶级化和住房;流浪汉和福利服务;城市管理;发展和规划

问题；城市再生；社区保育与城市设计；移民和国际劳工移徙；城市政治；城市理论；城市管理；智慧城市和区域；基础设施；宜居性和生活质量；绿化；创建可持续城市的复杂性。

Journal of Planning Education and Research(《规划教育与研究》)，人文地理领域 T1。该期刊是一个为规划教育工作者和学者提供的论坛，主要展示教学和研究成果。面向城市和区域规划、政治学、政策分析、城市地理学、经济学和社会学的学者和教育工作者，该期刊介绍了规划理论、实践和教育学中最重要的当代趋势和问题。

Planning Theory & Practice(《规划理论与实践》)，人文地理领域 T1。该期刊旨在挑战理论和改变实践，所发表的文章将知识的严谨性和实际影响相结合。该期刊欢迎具有理论依据和坚实研究基础的论文，提出规划理论和实践前沿的问题。范围包括：发展规划理论和实践以及更普遍的城市研究；探索理论和实践之间的关系；审查特定领域的政策发展，如住房、能源再生、交通、城市设计、多样性和气候变化。

Sustainable Development(《可持续发展》)，人文地理领域 T1。该期刊是一份跨学科出版物，旨在进一步探讨可持续发展这一重要概念。因此，该期刊允许发表从哲学到实践的角度的具有地方、国家或全球焦点的稿件。

Transport Policy(《运输政策》)，人文地理领域 T1。该期刊旨在提高运输政策和策略分析的质量，设计和分享创新的政策和管理实践，以及弥补理论和实践之间的差距。期刊内容涵盖整个运输领域，包括所有模式，涉及空运、海运、城市、城际、国内和国际运输经济学、政策和战略问题等。其中，运输方面的政策和战略问题，涉及安全、效率、经济发展、基础设施、环境、能源、土地使用、公平和机会。论文应具有明确的政策和战略相关性，使用最新的研究方法（定量和定性）分析/评价交通政策和战略。

World Development(《世界发展》)，人文地理领域 T1。该期刊主题包括：贫困、失业、营养不良、疾病、缺乏保护、环境恶化、科技资源不足、贸易和收支失衡、国际债务、性别和种族歧视、军国主义和国内冲突。该期刊认为，"发展"是一个涉及国家、经济、政治联盟、机构、团体和个人的变革过

程。发展过程以不同的方式在各个层面发生：家庭内部、公司和农场内部的，本地的，省级的，全国的，全球的。

Computers, Environment and Urban Systems（《计算机、环境和城市系统》），人文地理领域 T2。这是一本跨学科期刊，发表有关城市系统、建筑环境、自然环境的前沿和创新研究。应用领域包括基础设施和设施管理、物质规划和城市设计、土地利用和交通、商业和服务规划、人与自然系统的耦合、城市规划、社会经济发展、应急响应和灾害、土地和资源管理。方法包括决策支持系统、地理计算、空间统计分析、复杂系统和人工智能、视觉分析和地理可视化、泛在计算和时空模拟。

Energy Policy（《能源政策》），人文地理领域 T2。这是一本国际同行评议期刊，从经济、社会、规划和环境等方面探讨能源供应及其政策影响。论文内容涵盖全球、地区、国家甚至具有更广泛政策意义的地方主题，也可能对国际机构、政府、公共和私营部门实体、地方社区和非政府组织感兴趣。在这广泛的范围内，特别感兴趣的主题包括：能源和环境法规、能源供应安全、能源服务的质量和效率、以市场为基础的方法和/或政府干预的有效性、技术创新和推广，以及能够认识到更广泛政策影响的自愿倡议。鉴于能源政策的目标和范围，所有提交的论文都应明确涉及能源供应或使用的政策的问题。

Journal of Environmental Planning and Management（《环境规划和管理》），人文地理领域 T2。期刊发表关于环境规划和管理的所有方面的学术论文。期刊的目的是集中讨论环境规划和管理方面的技术、社会和政治问题。主题包括：环境政策及法规；可持续发展；环境规划；自然资源规划与管理；环境及策略影响评估；环境管理；环境经济学；评估和自然资源会计；环境管理的管制和基于市场的手段。

Journal of Planning Literature（《规划文献》），人文地理领域 T2。该期刊发表城市和区域规划设计方面的最新文献综述和摘要，旨在让读者了解用于研究或专业实践的该领域的知识状况。

Journal of Urban Economics（《城市经济学》），人文地理领域 T2。在迅速发展的城市经济学领域，该期刊为发表研究论文提供了一个平台，发

表了大量具有学术价值的论文，涉及广泛的主题，并采用了广泛的城市经济学方法。该期刊欢迎理论或经验、积极或规范的论文。尽管该期刊并不打算成为多学科期刊，但如果经济学家感兴趣，非经济学家的论文也受欢迎。

Land Use Policy(《土地利用政策》)，人文地理领域 T2。该期刊涉及城市和农村土地利用的社会、经济、政治、法律和规划等方面，为不同学科和利益集团交流意见和资料提供了一个平台。该期刊通过主要的参考文章和较短的观点文章研究发达国家和发展中国家的地理、农业、林业、灌溉、环境保护、住房、城市发展和交通等问题。

Planning Theory(《规划理论》)，人文地理领域 T2。期刊欢迎那些能促进规划理论理解和辩论的稿件。关于规划理论是什么，可以是什么，或者应该是什么，存在着广泛的观点。该刊的作用之一就是通过发表高质量的论文来解决观点之间的一致和矛盾，例如，提出有力的理论论据、创新的思维方式、应用理论的新方法等。该期刊鼓励对反映社会冲突、城市化和环境变化等重大规划问题的规划模式、理念进行批判性的探索。特别受欢迎的是那些澄清或批判当前规划理论或引入学科、文化、道德、方法论概念的文章，这些概念会推进有关规划的理论辩论。

Population, Space and Place(《人口、空间和地点》)，人文地理领域 T2。其目标是成为人口地理学领域的领先英文研究期刊，这意味着所有提交的论文都应该有地理或空间成分。它倾向于：向人口研究人员提供有关人口、空间和地点的最佳理论和实证研究；通过就什么是最佳研究做法交换意见，以进一步提高人口研究的国际地位；促进有关政策问题的辩论，并鼓励对人口研究的应用进行尽可能广泛的讨论和传播；回顾和评价最近研究成果的意义，让研究人员可以讨论人口研究的未来进程；为人口研究人员提供一个论坛；鼓励采用定量、定性和混合的方法进行人口研究。该期刊的范围包括发达国家和较不发达国家人口研究的主要领域，如：人口与社会；生育率、死亡率与迁移；人口分析的定量与定性方法；人口老龄化；人口普查分析；空间人口学；人口政策；理论与人口；人口分布与变化；人口与发展。

Travel Behaviour and Society(《旅行行为与社会》),人文地理领域 T2。这是一本跨学科期刊,发表高质量的原创论文,报告有关交通问题和挑战的理论、方法、应用方面的前沿研究,涉及社会和空间维度。特别讨论在旅行行为、交通基础设施、交通和环境问题、流动性和社会可持续性、交通地理信息系统(TGIS)、交通和生活质量、交通数据收集和分析等方面的重大研究。期刊发表论文的目标领域包括:交通地理信息系统(TGIS);交通数据收集、调查和全球定位系统(GPS);基于活动的旅行行为分析和建模方法;交通基础设施;交通和生活质量;交通和气候变化;交通和低碳生活方式;交通和社会可持续性;交通和电信的接口。

Urban Studies(《城市研究》),人文地理领域 T2。期刊欢迎所有了解城市状况和全球各地城市正在发生的迅速变化的原始论文,偏爱那些超越了仅描述与单个或极其有限的几个地点相关的特定城市或现象的稿件。

The Annals of Regional Science(《区域科学年鉴》),人文地理领域 T3。该期刊呈现了区域和城市方向跨学科领域的高质量研究,发表的论文对区域经济学、资源管理、区位理论、城市和区域规划、交通和通信、人口分布和环境质量等领域的知识体系做出了新的或实质性的贡献。

Applied Spatial Analysis and Policy(《应用空间分析和政策》),人文地理领域 T3。该期刊聚焦不同国际背景下来自不同问题领域的应用研究,如交通、警务、教育、卫生、环境和休闲,因此,该期刊将提供跨空间现象差异的见解,为区域和地区之间的比较政策分析提供证据。

Chinese Journal of Population Resources and Environment(《中国人口、资源与环境》),人文地理领域 T3。这是一本发表与可持续发展有关的经济、人口、资源和环境研究成果的国际期刊。更具体地说,该期刊旨在解决和评估该领域的理论框架、建设举措、战略目标、伦理价值观、实证研究、方法和技术。范围包括:可持续发展目标;全球环境治理;生态文明建设;环境经济学;绿色发展;可持续的资源利用;循环发展;气候变化经济学;绿色能源转换;低碳发展。

Energy(《能源》),人文地理领域 T3。这是一本国际性、多学科的能源工程研究期刊,涵盖了机械工程和热科学的研究,重点关注能源分析、能源

模型和预测、综合能源系统、能源规划和能源管理。该期刊还欢迎能源节约、能源效率、生物质能和生物能源、可再生能源、电力供应和需求、能源储存、建筑能源,以及经济和政策问题等主题。

Environment and Urbanization(《环境与城市化》),人文地理领域 T3。该期刊发表的大多数论文都是由来自非洲、亚洲和拉丁美洲的作者撰写的。论文可以用法语、西班牙语、葡萄牙语和英语提交,如果接受发表,该期刊安排将其翻译成英语。

European Planning Studies(《欧洲规划研究》),人文地理领域 T3。该期刊提供了一个关于欧洲空间发展进程和政策的论坛,发表理论、经验和政策相关性质的文章,特别关注将过程的知识与实际的政策建议、执行和评价结合起来。该期刊特别感兴趣的文章集中于具体的空间发展问题,以及对新的城市、区域、国家或超国家发展趋势的新解释。虽然比较分析特别有价值,但重点是具体国家、区域或具体地方的问题。此外,期刊文章侧重于规划的功能维度,如基础设施、通信、环境质量、设计、文化、社会福利、娱乐、住房、工业和就业等各种主题。该期刊还设有欧洲简报、研究简报和书评部分。

Gender, Place & Culture(《性别、地点和文化》),人文地理领域 T3。该期刊的目的是为关于性别问题理论研究的人文地理学和相关学科的辩论提供一个论坛。期刊还试图强调这类研究对于女性主义和女性研究的意义。主要关注:性别、种族、民族、年龄、能力、性、阶级、文化和地方的特殊性和交叉点;女权主义、反种族主义、自然和环境地理学;性别差异、反抗、边缘化和/或空间谈判的女性地理研究。该期刊在女性主义地理学和女性主义跨学科研究的关键领域推动了原始学术的发展。该期刊展望了关于性别问题的理论辩论,将人类地理研究与一系列相关学科的研究结合在一起,包括妇女研究、社会学、文化研究和人类学。

Habitat International(《国际生境》),人文地理领域 T3。该期刊致力于研究城市和农村人类住区规划、设计、生产和管理,主要关注发展中国家最广泛意义上的城市化。期刊欢迎关于下列城市问题的研究报告:政策和执行、规划、建筑和土地之间的联系、财政和管理、城市设计、自然环境和城

市地区之间的相互作用、城市服务的提供和其他有关问题。

Housing Studies(《住房研究》),人文地理领域 T3。这是住房领域主要的国际期刊,也是住房领域理论和分析的主要论坛。该期刊欢迎在任何国家或跨国范围内提供关于住房及有关问题的资料。其文章反映了住房研究的跨学科性质,包括政治学、城市研究、历史、社会管理、社会学、地理学、法学、规划和经济学。主题包括:住房与社会和经济政策领域间的联系;住房在日常生活中的作用以及在性别、阶级和年龄关系中的作用;住房消费和住房金融的经济学;国际比较和发展;可持续发展和住房发展问题;人口和社会趋势以及住房租期角色的变化;住房研究的理论和概念框架。

International Journal of Sustainable Transportation(《环境政策和交通可持续》),人文地理领域 T3。其主题包括:基础设施、车辆、操作和维修;社会科学学科、工程和信息技术与交通的整合;从全球角度理解不同运输系统的比较;定性和定量运输研究;案例研究。

Journal of Environmental Policy and Planning(《环境政策和规划》),人文地理领域 T3。该期刊为环境政策和规划的批判性分析提供了一个论坛,探讨运输、农业和渔业、城市和农村等领域政策的环境方面内容。包括领域:环境政策过程;不同空间层面政策倡议执行情况的比较研究;在全球、区域或地方范围对特定环境问题的研究;对欧洲以外相关或适用于当代欧洲环境的环境政策和规划问题的研究。

Journal of Historical Geography(《历史地理》),人文地理领域 T3。该期刊发表有关历史地理(包括环境历史)和相关领域的文章。除了发表对广泛的国际和跨学科读者群感兴趣的原始研究论文之外,该期刊还鼓励对该领域研究人员面临的新挑战的方法和概念问题进行热烈讨论。每一期都包括一个重要的书评部分,还有一个常规的"历史地理"专题,专门介绍该领域的研究对公众的影响。期刊的主题包括:过去环境的地理分布;场所、空间和景观的动态;历史地理学的史学和哲学;历史地理学方法论上的挑战和问题;景观、记忆和环境。

Journal of Urban Technology(《城市技术》),人文地理领域 T3。该期刊的目标是通过教育和讨论,最大限度地发挥技术对城市的积极影响、减

少其不利影响。该期刊面向学者和一般读者,为专家和非专家之间的对话提供了一个论坛。期刊发表的文章主要以回顾和分析城市技术的发展,以及研究这些技术的历史、政治、经济、环境、社会、美学和伦理影响为主。

The Professional Geographer(《职业地理学家》),人文地理领域 T3。其最初是美国专业地理学家协会的出版物,1949 年成为美国地理学家协会的期刊,发表有关地理学术或应用地理学的短文章,强调实证研究和方法论。

Territory,Politics,Governance(《领土、政治、治理》),人文地理领域 T3。该期刊致力于发展领土政治和空间治理的理论和研究,创造了一个探索领土、政治、经济、身份和政治空间组织之间的平台。该期刊发表来自不断增长的、国际化的、原创的、高质量的国际学术研究,面向世界范围内的学术受众、政策制定者、活动家和其他实践社区。主要包括:跨越时间和空间的领土与政治之间的联系;全球化和地缘政治想象力;领土认同和政治;社会空间关系理论,如领土、地点、尺度和网络;区域、规划和发展;多级管理、联邦制和超国家组织;抵抗领土;后殖民统治空间。

Dialogues in Human Geography(《人文地理学对话》)。该期刊旨在提供一个有关地理学哲学、方法论和地理教学思考与实践的平台,主要刊登地理学具有理论地位的、前瞻性和创新性的文章,主要涉及广义的人文地理学(如社会科学、人类学、环境科学)的文章、特殊观点、争论和一些部门学科的实践模式。

Economic Geography(《经济地理学》)。这是一本国际同行评议的期刊,致力于发表在经济地理学分支学科内外取得前沿进展的原创研究。该期刊主要关注利用主要证据支持理论上意义重大的干预措施,并就紧迫的经济、社会、发展和环境问题和挑战贡献关键见解的提案。

Progress in Human Geography(《人文地理学进展》),是一个国际同行评议的期刊,主要刊发有关人文地理学领域哲学、理论、主题、方法论和经验的研究,聚焦当前人文地理学研究的批判性综述。期刊内容主要分为观点、综述、传记和论文。

Journal of Transport Geography(《交通地理学》),从运输、旅行和流

通三个地理维度进行跨学科研究,主要关注每一个地理尺度上的人口流动、商品流通概念和理论及实证研究。研究主题有:空间可持续发展和流通安全视角下的能源、环境、气候变化与运输间的相互关系;年龄、性别、种族和社会阶层与旅行、流动及可达性的关系研究;地理空间技术、定量分析法在交通地理中的运用等。

Environment and Planning D: Society & Space(《环境与规划 D:社会与空间》),是一本国际的、跨学科的学术期刊,主要栏目为文章、访谈、论坛和书评。该刊研究社会空间、地点、领土、区域和资源方面的主题,主要关注通过挑战权力、差异和压迫的模式来塑造的不同生活方式,以及这些模式是如何被抵制、颠覆和改造的。

Journal of Rural Studies(《乡村研究》),主要刊登与乡村相关的社会、人口、住房、就业、交通、土地利用、娱乐和农业等方面的文章。重点关注与土地关联的地区、小规模和分散的定居模式、与周围景观和环境相联系的社区。特别强调规划、政策和管理的各个方面。该期刊在范围和内容上是国际性的和跨学科的。

Geoforum(《地理论坛》),发表人文地理学及相关领域的创新研究和评论,具有全局性和综合性。研究领域从全球政治经济、政治生态、国家管制和治理体系,到城市和区域发展、女权主义、经济和城市地理以及环境公正和资源管理。发表的研究文章是概念性和经验性的。

Political Geography(《政治地理学》),是政治地理领域的重要期刊,汇集了该领域的主要贡献,并促进了国际关系、政治科学和其他相关领域的跨学科辩论。虽然期刊欢迎以实证为重点或以政策含义为中心的文章,但所有在期刊上发表的研究都参与并推进了该子学科的概念、方法和理论文献。期刊涵盖所有的研究尺度,鼓励来自世界各地的学者的贡献。主题包括:地缘政治理论与实践的批判;主权和国家的地理位置;和平与冲突研究;政策、机构和选举的地理位置;空间性、网络和规模的政治;政治经济学与政治地理学的交叉点;境内外的属地性、流动性和身份认同;政治生态学、环境政治和后人类政治。

Urban Geography(《城市地理》),发表地理学家和其他社会学家关于

城市政策问题导向研究的原始论文,涉及城市中的贫穷和种族;城市形态和功能的国际差异;历史保护;城市住宅市场;城市服务和经济活动。期刊包括评论文章和专题。

International Journal of Urban and Regional Research(《国际城市与区域研究》),是一个开创性的学术辩论论坛,是城市和区域领域研究的前沿。该期刊注重将理论发展和实证研究联系在一起。

Environment and Planning A: Economy and Space(《环境与规划A辑》),主要关注城市和区域结构调整、全球化、不平等和不均衡发展等问题。期刊定位在理论和方法创新的前沿,探索和解决重大问题的经济、社会和政治关注。主题包括:全球生产和消费网络;城市政策与政治;种族、性别和阶级;技术、信息和知识经济;货币、银行和金融;迁移和流动;资源生产和分配;土地、住房、劳动力和商品市场。

Environment and Planning B: Urban Analytics and City Science(《环境与规划B辑》),是一本国际性的多学科期刊,侧重于城市和地区的空间和形态结构的定量、计算、设计及视觉方法的应用。方法学的兴趣领域包括地理计算、空间统计、地理信息科学、计算模型、可视化、众包、大数据、优化和城市分析。期刊欢迎展示正式模型如何被用于探索城市及其元素的演变或对城市形态和功能的影响,以及城市的宜居性、平等和可持续性的论文。鼓励以复杂性理论、智慧城市和城市科学为主题的论文。

Environment and Planning C: Politics and Space(《环境与规划C辑》),是一本关于政治与空间之间关系的批判性、非正统和跨学科研究的国际期刊。它推进了关于政治空间化和空间关系政治化的辩论。该期刊旨在通过探索以下问题来推动政治和空间研究的边界和潜力:政治在此类研究中的地位是什么?思考政治如何在空间上帮助我们理解当今世界的紧迫问题?研究人员如何通过他们的学术来采取政治行动?

Geopolitics(《地缘政治》),是一本国际性的多学科期刊,致力于当代地缘政治学的研究。它提供了一个从不同的学科和方法论的角度,解决地理学和全球政治的交叉研究的平台。期刊欢迎促进对全球政治地理和多尺度动态理解的理论、方法的作者投稿。主题包括:地缘政治传统;正式地

政治、实用地缘政治和大众地缘政治的批判性地理分析;女权主义地缘政治;城市地缘政治;日常地缘政治;地缘政治环境;空间制图分析;经济和政治等。

Territory Politics Governance(《领土政治治理》),是区域研究协会的一本跨学科期刊。它致力于领土政治和空间治理的理论和研究的发展。该期刊创造了一个探索领土、政治、经济、身份与政治空间组织之间的平台。发表的原始论文来自政治科学家、地理学家、社会学家、规划学家、律师、人文主义者和其他从事领土政治和空间管理工作的人。主题范围:跨越时间和空间的领土和政治之间的联系;全球化和地缘政治想象;领土认同与政治;社会空间关系理论,如领土、地点、规模和网络;区域、规划和发展;多层次治理、联邦制和超国家组织;后殖民统治的空间。

Cultural Geographies(《文化地理学》),是一份同行评审的国际期刊,对环境、景观、空间和地方的文化维度进行理论研究,发表涉及地理问题的文化政治的论文。期刊特别致力于发展方法论上严格的解释方法,欢迎来自艺术、人文、社会和环境科学领域的学者和从业者的贡献。

Sociologia Ruralis(《乡村社会学》),该期刊反映了欧洲社会科学对农村地区及其相关问题研究的多样性。农村问题的复杂性和多样性要求采取多学科的方法。该期刊涵盖了广泛的主题,包括农业、自然资源和粮食系统、农村社区、农村身份和乡村重建。

Social & Cultural Geography(《社会文化地理学》),发表基于重要理论的实证研究,对人文地理学及其相关领域做出了巨大贡献。该期刊面向与社会/文化问题和地理问题相关的主题,并促进相关的学术辩论。

Tijdschrift Voor Economische en Sociale Geografie(《经济和社会地理》),一直是当代人文地理学研究和辩论的领先国际期刊。该期刊建立在经验和理论研究的悠久传统上,旨在为空间社会科学提供一个平台。因此,它为经济、城市、文化、政治、发展和人口地理等领域的讨论、概念更新和原始研究提供了空间。期刊也欢迎来自社会学、空间规划、人类学、政治学和社会文化研究等学科的贡献和以多学科视角来处理空间、地点和规模问题。该期刊有一个重要的书籍评论部分,并在"荷兰之窗"部分特别强调

了荷兰地理和规划的国际地位。

Journal of Geography in Higher Education(《高等教育地理学报》),该期刊的创办是基于这样一个信念:学习和教学的发展对高等教育至关重要。它致力于促进、加强和分享世界各地所有高等教育机构的地理学习和教学,并为地理学者和其他人士提供一个论坛,讨论共同的教育兴趣,展示教育研究的结果,并倡导新思想。

三、地图与地理信息科学领域

International Journal of Digital Earth(《数字地球国际期刊》),信息地理学领域 T1。这是一本关注数字地球理论、技术、应用和社会影响的期刊。该期刊是对数字地球倡议的回应,其目的是改善社会条件,保护环境,支持未来的可持续发展。期刊主题包括:数字地球框架、政策和标准的进展愿景;探索参考 3D、4D 或 5D 模型来代表真实的行星;将所有形式的地理参考数据转化为有用的信息,可以分析、可视化和共享;在地方、国家、区域和全球层面上介绍数字地球技术的创新、操作应用和试点;扩大数字地球在地球科学领域的作用,包括气候变化、适应和健康相关问题、自然灾害、新能源、农业和粮食安全以及城市规划;促进基于网络的公共领域平台、社会网络和基于位置的服务的使用,以共享关于虚拟地球的数字数据、模型和信息;探索社会媒体和公民提供的数据在空间科学和技术中生成地理参考信息中的作用。

Journal of Geodesy(《大地测量学》),信息地理学领域 T1。这是一本研究大地测量学和相关交叉学科科学问题的国际期刊。主要发表理论或模型研究,以及实验和解释的结果。除了原始的研究论文外,期刊还包括受委托发表的专题评论论文。该期刊涵盖了大地测量科学的整个范围,如定位、参考系、大地网络、建模和质量控制、空间大地测量学、遥感、重力领域、地球动力学。

Computers and Geosciences(《计算机和地球科学》),信息地理学领域 T2。该期刊关注计算机科学和地球科学之间的接口的原始研究,文章应该应用现代计算机科学范式(无论是计算的还是基于信息的)来解决地球

科学中的问题。计算机主题包括:计算方法;算法;数据模型;信息检索;近地和遥感数据分析;数据处理;人工智能;计算机图形学;计算机可视化;分布式系统;全球网络;社交媒体;本体;软件工程。地球科学主题包括:矿物学;岩石学;地球化学;地形学;古生物学;地层学;构造地质学;沉积学;水文学;水文地质;海洋学;大气科学;气候学;气象学;地球物理学;测绘学;地震学;大地测量学;古地理学;环境科学;土壤科学;冰川学。

Geocarto International(《国际地球碳》),信息地理学领域 T2。这是一份专业学术期刊,在遥感、地理信息系统、地球科学和环境科学等领域为全世界科学界和用户提供服务。期刊涉及如下主题:促进遥感和地理信息系统在地球科学和环境科学方面的多学科研究和应用;加强关于遥感和地理信息系统及有关学科领域新发展和新应用的国际交流;促进对科学和遥感及地理信息系统技术应用的兴趣和了解;鼓励世界科学界及时发表关于地球科学和环境科学中遥感和地理信息系统应用的论文和研究成果。期刊欢迎以下方面的稿件:关于遥感新发展、技术和应用的详细说明文件;遥感、科学及相关学科的研究成果;针对这些领域的新应用和创新项目提出报告;评估和评价新的遥感和地理信息系统设备、软件和硬件。

GPS Solutions(《全球定位系统解决方案》),信息地理学领域 T2。该期刊重点介绍系统设计问题以及全球导航卫星系统(GNSS)的当前应用和新兴应用,如 GPS、GLONASS、Galileo、北斗等。应用领域包括:航空、测绘、林业、农业、海洋、水路交通导航、公共交通、卫星和空间操作、执法和公共安全、通信、气象和大气科学、地球科学、监测全球变化、技术和工程、地理信息系统、测量学等。期刊解决了全球定位系统基础设施、数学建模、算法开发和数据分析。

Remote Sensing in Ecology and Conservation(《遥感科学与生态学和保护》),信息地理学领域 T2。该期刊为生态学和保护中的遥感运用提供了一个论坛,其优先关注那些促进生态和保护的科学基础的研究成果,促进基于遥感的方法的发展,这些方法与土地利用和生物系统的管理有关,涉及从人口和物种到生态系统和生物群落的各个层面。

Annals of GIS(《GIS 年鉴》),信息地理学领域 T3。该期刊发表地理

信息科学的理论、方法、发展和应用方面的跨学科研究,其目标是将该地区的研究人员与其他研究人员以及更广泛的国际科学界联系起来。期刊接受以下主题及其在自然资源、生态系统、城市管理和其他人文社会科学领域的应用:遥感和数据采集;地理信息系统;地理可视化与虚拟地理环境;空间分析与建模。

Canadian Journal of Remote Sensing(《加拿大遥感》),信息地理学领域T3。该期刊为发表科学研究和评论文章提供了一个论坛。其主题包括:传感器和算法开发、图像处理技术和进展。重点关注广泛的遥感应用,具体包括:林业和农业、生态、水文和水资源、海洋和冰、地质学、城市、大气和环境科学。

European Journal of Remote Sensing(《欧洲遥感》),信息地理学领域T3。该期刊发表有关遥感技术使用的研究论文和技术说明,欢迎提交与陆地、海洋和大气环境使用主动或被动遥感有关的所有应用。期刊最常见的专题领域包括:土地利用/土地覆盖;地质学、地球和地球科学;农业和林业;地理学和景观;生态与环境科学;对土地管理的支援;水文和水资源;大气和气象;海洋学。

Geo-Spatial Information Science(《地理空间信息科学》),信息地理学领域T3。该期刊发表关于测绘技术的应用和发展的研究,其主题包括:摄影测量;遥感;地理信息系统;制图学;工程测量;全球定位系统;大地测量学;测绘学;地球物理学。

Marine Geodesy(《海洋大地测量学》),信息地理学领域T3。该期刊目的是促进海洋和沿海环境中的问题的研究,从而促进海洋调查、测绘和遥感方面的发展。其主题包括:地形测绘;卫星测高;深度测量法;定位;精确导航;边界的划定和确定;海啸;板块构造;大地水准面确定;水文和海洋观测;声学和空间仪器;地面实况;系统校正及验证;地理信息系统。

Photogrammetric Record(《摄影测量记录》),信息地理学领域T3。这是一份国际期刊,反映了摄影测量、3D成像、计算机视觉和其他相关非接触领域的现代工具。其主题包括:摄影测量传感器校准和表征;激光扫描(激光雷达);图像和3D传感器技术;图像处理的摄影测量方面;移动测绘

和无人驾驶系统；三维和二维数据集的数据融合与集成；点云处理；三维建模与重建；算法和新软件；可视化和虚拟现实；地形/物体建模和摄影测量产品生成；几何传感器模型；数据库、结构成像和 3D 建模；数据采集、存储的标准和最佳实践；变更检测和监视。

Remote Sensing(《遥感》)，信息地理学领域 T3。该期刊定期发表研究论文、评论、信函和通讯，内容涉及遥感科学的所有方面，从传感器设计、验证/校准到其在地球科学、环境科学、生态和土木工程方面的应用。领域涉及：多光谱和高光谱遥感；主动和被动微波遥感；激光雷达和激光扫描；几何重建；图像处理和模式识别；数据融合和数据同化；专用卫星任务；操作处理设施；星载、机载和地面平台；遥感应用。

Spatial Statistics(《空间统计》)，信息地理学领域 T3。该期刊发表关于空间和时空统计的理论和应用的文章。它偏爱目前的理论产生的新应用，或新的理论应用案例，很少接受纯理论研究，不发表没有方法发展的纯案例研究。空间统计涉及对空间和时空数据的定量分析，包括其统计相关性、准确性和不确定性。空间统计的方法论通常出现在概率论、随机建模和数理统计以及信息科学中。空间统计用于制图、评估空间数据质量、抽样设计优化、建立依赖结构的模型，以及从有限的时空数据集得出有效的推断中。应用领域包括：农业、地质学、土壤科学、水文学、生态学、采矿、海洋学、林业、空气质量、遥感社会。

Journal of Maps(《地图》)，为横跨地理和社会科学的地图和空间图表的研究员提供了平台。期刊发表关于发生在地理尺度上的社会和物理过程，使用地图或空间图表来加深理解的文章。发表在《地图》上的研究显示了一种独特的查询方式，它要求使用地图或空间图，收集新的数据或对现有数据增加重要价值，并呈现和交流符合高制图标准的研究结果。

GIScience & Remote Sensing(《地理信息系统科学与遥感》)，发表与地理信息科学、环境遥感、地理计算学、空间数据挖掘、地理环境模型方面相关的原创、国际同行评议的文章。

Computers：Environment and Urban Systems(《计算机：环境和城市系统》)，主要发表基于计算机科学的城市系统研究以及能够赋予地理空间的

人造和自然环境的跨学科研究。主要关注学术观点的计算机模拟、研究进展报告、新技术的总体介绍、可视化的发明等。

Cartography and Geographic Information Science(《制图学与地理信息科学》)，是地图学与地理信息学会的官方出版物。该协会支持研究、教育和实践，以提高对地图和地理信息的理解、创造、分析和使用。地图学是一门艺术，也是一门科学；地理信息科学既有理论层面，又有实践层面。该期刊除了发表数学和社会科学方法的文章外，还发表设计视角的文章。

International Journal of Geo-Information(《国际地理信息学报》)，为地理信息科学和技术提供了一个先进的论坛，定期发表研究论文、评论和通讯。该期刊的目标是鼓励科学家尽可能详细地发表他们的实验和理论结果。论文的长度没有限制，必须提供完整的实验细节，以便重现结果。此外，该期刊还有三个独特之处：特别欢迎有关研究建议和研究想法的文稿；有关计算和实验过程的全部细节的电子文件和软件，如果不能以正常方式发布，可以作为补充材料保存；也接受用公共资金资助的研究项目向更广泛的受众交流的文稿。范围包括：数据收集与获取；数据结构及算法；时空数据库；空间分析、数据挖掘和决策支持系统；真实与虚拟环境中的可视化理论与技术；制图学；空间信息科学；空间信息基础设施；地理信息技术的应用。

Transactions in GIS(《地理信息系统会刊》)，是一本国际、同行评审的期刊，发表有关空间科学的最新进展和最佳实践的原创研究文章、评论文章和简短的技术注释。空间科学包括用来组织、再现、储存、分析、建立信息模型和使信息可视化的所有不同的方法。主题包括：地理信息系统、全球定位系统、遥感及相关地理空间技术；地理空间数据采集与传感；地图与空间推理；空间数据基础设施；标准化和互操作性；空间数据结构和数据库；时空分析、集成与建模；GIS和社会等。

Journal of Spatial Science(《空间科学》)，广泛发表空间科学领域的论文，包括制图学、大地测量学、地理信息科学、水文学、数字图像分析和摄影测量学、遥感、测量和相关领域。期刊主要发表两种类型的论文：研究论文和专业论文。

The Cartographic Journal(《地图日报》),刊登制图学各方面的论文,涉及科技展示、交流和分析等,还涉及遥感、地理信息系统、互联网络和全球定位系统。该期刊也发表关于制图学的社会、政治和历史方面的文章,还包括"观察"部分、国际制图新闻、最近的书籍和软件评论、文章、会议材料、来自制图界著名人物的"观点",以及最近的地图和地图集列表。

四、综合地理学领域

Science Bulletin(《科学通报》),自然地理、人文地理、信息地理学、自然资源领域 T1。由于其原创性、科学意义为大众所关注,该期刊主要发表自然科学和高科技领域的高水准研究成果,并致力于为科学界提供即时、权威的消息和对全球未来趋势有价值的见解。

Science China Earth Sciences(《中国科学·地球科学》),自然地理、人文地理、信息地理学、自然资源领域 T1。该期刊主要刊发地球科学各领域取得创新的高质量研究成果,尤其包括地质学、地球化学、地球物理学、空间科学、地理科学、环境科学、大气科学和海洋科学。

National Science Review(《国家科学评论》),自然地理、人文地理、信息地理学、自然资源领域 T1。该期刊旨在报道中国和世界各地科学技术的前沿发展,涵盖了自然科学的所有领域,包括物理和数学、化学、生命科学、地球科学、材料科学和信息科学。

Nature(《自然》),自然地理、人文地理、信息地理学、自然资源领域 T1。该期刊是世界上历史悠久的、最有名望的科学期刊之一,首版发刊于 1869 年 11 月 4 日。与当今大多数科学期刊专一于一个特殊的领域不同,《自然》是少数依然发表来自很多科学领域的一手研究论文的期刊(其他类似的期刊有《科学》和《美国国家科学院院报》等)。在许多科学研究领域中,很多最重要、最前沿的研究结果都是以短讯的形式发表在《自然》上。

Science(《科学》),自然地理、人文地理、信息地理学、自然资源领域 T1。该期刊属于综合性科学期刊,它的科学新闻报道、综述、分析、书评等部分,都是权威的科普资料,该期刊也适合一般读者阅读。该期刊连同英国的 *Nature*(《自然》)被誉为世界上两大顶级期刊,代表了人类自然科学

研究的最高水平。

Proceedings of the National Academy of Sciences of the United States of America(《美国国家科学院院报》),自然地理、人文地理、信息地理学、自然资源领域 T1。该期刊是与 Nature、Science 齐名,被引用次数最多的综合学科文献之一。自 1914 年创刊至今,《美国国家科学院院报》提供具有高水平的前沿研究报告、学术评论、学科回顾及前瞻、学术论文以及美国国家科学院学术动态的报道。该刊收录的文献涵盖生物、物理和社会科学,由于较高的影响因子,其在 SCI 综合科学类排名第三位,因而已成为全球科研人员不可缺少的科研资料。

Nature Communication(《自然·通讯》),自然地理、人文地理、信息地理学、自然资源领域 T1。该期刊致力于发表生物、健康、物理、化学和地球科学所有领域的高质量研究,发表的论文旨在代表对每个领域的专家具有重要意义的文章。

Nature Geoscience(《自然·地球科学》),自然地理、信息地理学、自然资源领域 T1。随着人类对气候、地貌、海洋和大气的影响的不断扩大,了解地球的历史及其未来的演变变得越来越重要。《自然·地球科学》是一份多学科月刊,旨在汇集地球科学的整个领域的高质量研究以及相关领域的相关工作。该期刊的内容反映了地球科学研究的所有方面,包括实地工作、建模和理论研究。

Chinese Geographical Science(《中国地理科学》),是一本自 1991 年在中国出版的国际期刊。它涵盖了地理学的所有领域,并发表原始研究论文、评论文章和研究报告,帮助读者了解最新的世界地理研究成果,报道中国经济发展过程中与地理相关的新发展和变化。

Environmental Modelling & Software(《环境建模与软件》),该期刊的目标是提高人类理解、预测或管理自然环境系统行为的能力,其主题包括:模型开发、模型评估、过程识别和在不同环境部门的应用;环境软件、信息和决策支持系统的开发和应用;与环境系统集成建模、评估和管理相关的问题和方法——包括相关政策和制度分析、公众参与原则和方法、决策方法、模型集成、模型、数据和程序的质量保证和评估。

Applied Geography(《应用地理学》),主要发表应用自然地理学、人文地理学及地理信息科学等方法解决自然和(或)社会资源的评价、空间管理与分配等人文问题的文章。

Regional Studies(《区域研究》),主要发表有关区域研究、区域发展以及城市发展方面的研究论文与评论文章,涉及区域发展政策、区域经济、区域地理、区域政治研究等领域。

Annals of the American Association of Geographers(《美国地理学家协会年鉴》),主要发表地理学所有领域的研究文章。论文必须具有高水平的学术价值,对地理知识做出重要贡献。内容可能包括受邀论文、评论文章和纪念文章等。

Arctic Antarctic and Alpine Research(《北极、南极和高山研究》),是一本国际开放获取期刊,发表关于寒冷地区环境的跨学科研究。北极、南极和高山研究与位于科罗拉多大学博尔德分校的北极和高山研究所(IN-STAAR)有关。研究的重点是环境科学的发展。该期刊旨在通过对过去、现在和未来高纬度和山区的研究,促进对寒冷地区发生的快速环境变化的理解。该期刊发表来自学术界、政府机构和土地管理者等不同国际作者群体的研究成果。主要包括:生态学、气候学、地貌学、冰川学与冰冻学、水文学、古生物科学、海洋学、生物地球化学、社会科学。

Antipode(《对极》),发表突破激进的地理思维的边界的创新论文。论文要求理论和实证方面均需严谨性,作者被鼓励批判和挑战既定的正统。

Area(《地域》),发表简明高质量的论文和评论,形成在地理学学科内外的关键辩论。该期刊为新研究人员颁发年度杰出地理学研究奖。

Geography Compass(《地理指南》),连续发表同行评议的前沿领域文章,每个月都有新文章出现。理想的地理指南文章是展示目前该领域或子领域研究的状态和未来的方向。

Geographical Analysis(《地理分析》),一直是刊登地理学家和相关领域学者在地理学理论、模型构建和定量方法等方面取得的重大进展的主要平台之一。期刊传统上发表地理学理论的数学和非数学阐述,以及分析范式的陈述和讨论,空间数据分析、空间计量经济学和统计学都具有很强的

代表性。

Geographical Review（《地理学评论》），是世界领先的学术期刊之一，致力于发表地理学各个方面原创的和权威的文章。期刊还包括特稿、论坛文章和编辑委托的专题评论文章。每一期包括地理学和相关领域的近期书籍、专论和地图集的评论。

Geographical Research（《地理学研究》），目标是推进具有创新性、理论性、方法论严谨性和高质量的工作。期刊包括社论、原创学术论文、评论、书籍专题论文和书评，以及节日庆典和讣告。总编辑还组织了题为"反地球观点"的专家论文。这些论文作为对"全球"发展的高水平回顾，展示了地理研究和地理学术如何增加和扩展影响澳大利亚、新西兰和亚太地区的国际知识。简短的论文，职业（专业）地理学家在地理教育方面的文章也受欢迎。

Mountain Research and Development（《山地研究与发展》），包括山地发展和山地研究。重点领域包括：社会和文化，政策、政治和制度，经济，生物与地球物理环境，生态系统和周期，环境风险，资源及土地用途，能源、基础设施和服务。

Journal of Geographical Systems（《地理系统》），是一份跨学科的同行评议学术期刊，旨在鼓励和促进社会科学中关于新的理论或实证结果、模型和方法的高质量学术研究，内容涵盖区域科学、经济地理学、空间经济学、区域和城市经济学、GIS科学和地理计算、大数据和机器学习。空间分析、空间计量经济学和统计学有较强的代表性。该期刊与众不同的特点之一是，它关注建模、统计技术和广泛相关领域的空间问题之间的相互作用。该期刊的一个重要目标是鼓励社会科学中的空间视角，强调地理空间是理解社会经济现象的相关维度。

South African Geographical Journal（《南非地理》），该期刊的目的是聚焦非洲南部区域，传播地理知识，并参与该学科有关的问题和主题。该期刊欢迎对该区域和非洲大陆具有重要意义的专题论文，包括：气候变化，环境研究，发展治理和政策，自然与城市地理学，人文地理，可持续性，旅游，地理信息系统与遥感等。

五、多学科领域

Asia Pacific Viewpoint(《亚太观点》),发表有关亚太地区经济和社会发展的地理及相关学科的学术研究。范围包括:亚太地区国家间的联系,涉及国际投资、移民、政治和经济合作;本区域内农业、工业和服务业增长以及资源开发的环境后果;与太平洋、东亚和东南亚地区相关的农村、工业和城市发展的第一手实地研究;为理解亚太地区发展模式的概念和框架提供理论研究。

Health & Place(《健康与地方》),是一本跨学科期刊,致力于展现卫生和卫生保健所有方面的研究。近年来,医学地理学、医学社会学、卫生政策、公共卫生和流行病学之间的联系日益密切。该期刊强调不同地区之间的卫生和卫生保健的差异,特定地区的卫生和卫生保健经验,地区卫生保健的发展,以及支撑这些问题研究的方法和理论。该期刊汇聚了来自地理学、社会学、社会政策和公共卫生领域的国际贡献者。

European Security(《欧洲安全论坛》),是讨论区域内以及全球范围内欧洲安全面临的挑战和解决办法的论坛。旨在发表欧洲机构和成员国的政策和发展的批判性分析,涉及与欧洲和其他近邻的关系,以及与更广泛的世界的关系。该期刊对激发不同理论方法之间的辩论特别感兴趣,鼓励结合概念分析和实证分析的热点问题上的政策辩论。关注领域包括:欧洲安全研究的理论和方法;比较和深入研究欧洲国家和国防政策;作为安全供应商的欧洲组织;预防冲突、维持和平、解决冲突和处理危机。

Emotion Space and Society(《情感空间与社会》),为多学科和跨学科的辩论提供了一个论坛,就人与地方之间的情感交集进行理论研究;寻求、鼓励对各种空间和社会背景、环境和景观中的感受、遭遇和影响的调查。提交的论文可以集中在期刊的核心概念——情感、空间和社会,应该批判性地考虑产生情感和情感生活的空间和场所的多样性,并将情感作为一种社会、文化和空间现象,体现在理论和方法上的包容性。

Pacific Review(《太平洋评论》),为研究亚太地区各国的国际互动提供了一个重要平台。主要焦点是对国际政治的理解,欢迎在外交政策、安

全、军事战略、国际政治经济的贸易、金融和发展,以及政治驱动和跨国文化关系的后果方面的贡献。

Critical Asian Studies(《亚洲研究》),欢迎有关亚太地区的文章、评论、翻译、采访、照片文章和信件,特别是那些挑战公认的对亚太地区、世界的理解的文章。主要包括:对亚洲社会及其维护文化完整性的努力,以及面对贫穷、压迫和帝国主义等的问题。

Eurasian Geography and Economics(《欧亚地理与经济学》),欢迎有关欧亚地区地理和经济问题的原创论文,欢迎涉及本地区当前任何关于地缘政治和地缘经济发展的理论的论文。论文应清楚地将该主题与相关文献和该地区本身的发展联系起来,并阐明它们对有关该地区的知识和/或适用理论做出的贡献。期刊也欢迎在区域内或欧亚大陆与世界其他地区之间具有明确的比较的论文,或连接欧亚大陆各区域的论文,以及次国家分析尺度的论文。特别鼓励那些试图把欧亚地理和经济学研究纳入更广泛的学科辩论,并提出这些辩论可以在研究该地区中做出贡献的论文。

Island Studies Journal(《岛屿研究》),是一本学术期刊,致力于跨学科地研究"岛屿世界"。该刊鼓励跨学科,以便对影响岛屿和岛屿生活的条件和问题提供更全面的评估。

Journal of Eastern African Studies(《东非研究》),旨在促进人文和社会科学领域内对该地区新的学术研究,并鼓励跨学科边界的交流工作。它致力于培养跨学科的分析、强有力的比较视角,以及采用该地区最重要的理论或方法进行研究。该地区包括肯尼亚、坦桑尼亚、乌干达、埃塞俄比亚、南苏丹、苏丹、索马里、厄立特里亚、吉布提、布隆迪、卢旺达、刚果民主共和国、莫桑比克、马拉维、科摩罗、毛里求斯、塞舌尔、留尼旺、马达加斯加、赞比亚和津巴布韦。期刊还欢迎提交与本区域有联系意义的跨国主题以及来自人文和社会科学的所有学科的投稿,包括考古学、人类学、文化研究、发展研究、经济学、环境研究、地理学、历史、国际关系、文学和语言、政治经济学、政治学、社会政策和社会学。

Review of African Political Economy(《非洲政治经济评论》),对非洲的趋势、问题和社会进程进行了彻底的分析,对变化采取了广泛的唯物主

义解释。出版文章、简报、辩论和书评。该期刊致力于鼓励高质量的研究，培养对非洲政治经济的卓越理解。它的贡献基于政治参与的学术研究，通常不寻求计量经济学分析。它特别关注不平等、剥削、压迫的政治经济，以及反对这些不平等、剥削、压迫的斗争，无论这些不平等是由全球力量还是由阶级、种族、社区和性别等地方力量所驱动的。期刊还欢迎关于环境的政治经济/生态的批判性研究，它对资本主义全球化背景下非洲的权力和国家的本质进行了批判性的分析。

Asia & the Pacific Policy Studies（《亚太政策研究》），是一本同行评议的期刊，以澳大利亚、亚洲和太平洋地区的政策研究为目标，涵盖经济学、政治科学、治理、发展和环境等学科。其主题包括：保健和教育、援助、移徙、不平等、减贫、能源、气候和环境、粮食政策、公共行政、私营部门在公共政策、贸易、外交政策、自然资源管理和发展政策方面的作用。鼓励发表涉及不同学科、区域和决策者的一系列主题的论文。该期刊的目标是打破跨学科障碍，并产生政策影响。提交的文件将根据内容、政策相关性和可读性进行审查。

Journal of Contemporary European Studies（《当代欧洲研究》），是对欧洲社会、政治和文化进行实证研究的期刊，致力于鼓励和促进对这些话题的辩论。该期刊的区域焦点是欧洲，发表的文章来自人文和社会科学的各个学科，包括社会学和社会政策、政治和经济。

British Journal of Middle Eastern Studies（《英国中东研究》），是英国中东研究学会出版的一本学术期刊。该期刊欢迎对中东从古典时代结束和伊斯兰教兴起到今天的所有方面的学术贡献。鼓励撰写有关语言、文学、历史、政治、经济、人类学、社会学、地理学、哲学以及该地区的宗教和文化的文章。

Latin American Research Review（《拉丁美洲研究评论》），发表关于拉丁美洲、加勒比的原始研究和评论文章。期刊涵盖社会科学和人文科学，包括人类学、经济学、历史、文学和文化研究、政治学和社会学等领域。该期刊用英语、西班牙语和葡萄牙语评论和发表论文。

Southeast European and Black Sea Studies（《东南欧洲和黑海研究》），

是一本多学科期刊,发表关于东南欧洲和黑海地区个别国家的跨国家比较分析和新研究。该期刊还关注在两个地区之间建立分析联系和比较的创新研究。此外,期刊欢迎关注俄罗斯及其与邻国关系的文章。该期刊涵盖的主要学科包括政治学和国际关系学、政治经济学、政治人类学和近现代历史。

Space and Culture(《空间与文化》),是一本跨学科期刊,致力于出版关于社会空间领域的广泛思考,如住宅、建筑环境、建筑、城市主义和地缘政治。它包括社会学,特别是定性社会学和当代民族志;传播,特别是媒体研究和互联网;文化研究;城市研究;城市和人文地理;体系结构;人类学和消费者研究。鼓励发表有关当代理论辩论在文化研究、话语分析、虚拟身份、虚拟公民、移民和散居身份的应用以及个案研究的文章。

Latin American Perspectives(《拉丁美洲透视》),是理论和学术期刊,讨论和辩论美洲资本主义、帝国主义和社会主义的政治经济学。该期刊的目标是鼓励对社会文化现实和政治战略进行阶级分析,以改变拉丁美洲的社会政治结构。该期刊有意识地发表了多种政治观点,包括马克思主义和非马克思主义的观点,这些观点影响了拉丁美洲的进步主义辩论。

Asian Studies Review(《亚洲研究评论》),是一本关于当代和现代亚洲的多学科期刊,旨在通过发表研究文章、书评和评论文章,展示亚洲现代历史、文化、社会、语言、政治和宗教方面的高质量学术成果。欢迎有关亚洲所有区域以及以亚洲为主要焦点的国际和跨国问题的研究论文。在《亚洲研究评论》上发表的特邀评论文章和书评,为研究文章中展示的学术与更广泛的亚洲研究领域之间的衔接提供了一个重要的切入点。

Journal of Asian and African Studies(《亚洲和非洲研究》),旨在进一步研究亚洲和非洲,是一本同行评审期刊。该期刊欢迎关注全球变化和亚非国家、社会、文化和国际社会发展动态的文章、研究笔记和书评。主题范围包括:发展和变化,技术和通信,全球化,公共管理,政治,经济,教育,健康、财富和福利,贫困和经济增长,人文科学,社会学,政治科学,语言学,经济学等。

问题与讨论

一、常规性问题与讨论

1. 简述国外有关文献平台。

2. 简述国外有关期刊。

3. 简述 *Nature*(《自然》)期刊。

4. 简述 *Science*(《科学》)期刊。

5. 简述 *Proceedings of the National Academy of Sciences of the United States of America*(《美国国家科学院院报》)期刊。

6. 简述 *National Science Review*(《国家科学评论》)期刊。

7. 长期作业：

(1) 每天最少完成一张学术文献卡片；

(2) 每天研读所确定的学术名著。

二、研究性问题与讨论

请教导师或主讲教师，就某一知识主题或科学问题，进行多重检索并形成简要报告。

第八章 国内文献平台与主要期刊

第一节 文献平台

一、中国社会科学引文索引平台

中国社会科学引文索引（Chinese Social Sciences Citation Index，CSSCI）是由南京大学中国社会科学研究评价中心开发研制的数据库，用来检索中文社会科学领域的论文收录和文献引用情况。CSSCI遵循文献计量学规律，采取定量与定性评价相结合的方法，从全国中文人文社会科学学术性期刊中选出学术性强、编辑规范的期刊作为来源期刊，主要从来源文献和被引文献两个方面向用户提供信息。覆盖25类学科范围，包括：教育学、环境科学、管理学、法学、经济学、考古学、历史学、马克思主义、民族学、社会学、体育学、统计学、心理学、艺术学、哲学、政治学、宗教学、外国文学、语言学、综合性社会科学等。

二、中国科学引文数据库平台

中国科学引文数据库（Chinese Science Citation Database，CSCD）创建于1989年，收录我国数学、物理、化学、天文学、地学、生物学、农林科学、医药卫生、工程技术、环境科学和管理科学等领域出版的中英文科技核心期刊和优秀期刊千余种，目前已积累从1989年到现在的论文记录300万条，引文记录近1700万条。中国科学引文数据库内容丰富、结构科学、数据准确。系统除具备一般的检索功能外，还提供新型的索引关系——引文索引，使用该功能，用户可迅速从数百万条引文中查询到某篇科技文献被引用的详细情况,还可以从一篇早期的重要文献或著者姓名入手,检索到一批近期发表的相关文献,对交叉学科和新学科的发展研究具有十分重要的参考价值。中国科学引文数据库还提供了数据链接机制,支持用户获取全文。学科范围包括:经济、金融、管理,历史、地理,数学、物理学、化学、化工,生物,天文,地学、海洋学,农林科学,医药卫生,工程技术,环境科学。

三、中国知网平台

中国知网是中国学术期刊网络出版总库,以学术、技术、政策指导、高等科普及教育类期刊为主,内容覆盖自然科学、工程技术、农业、哲学、医学、人文社会科学等各个领域。收录国内学术期刊8000种,全文文献总量5000万篇。中国博士学位论文全文数据库收录全国重点高校、中国科学院、中国社会科学院等研究院所的博士学位论文。截至2023年12月,收录来自520家博士培养单位的博士学位论文55余万篇。中国优秀硕士学位论文全文数据库重点收录"985""211"高校以及中国科学院、中国社会科学院等重点研究院所的优秀硕士论文,截至2023年12月,收录来自800余家硕士培养单位的硕士学位论文578万余篇。国内外重要会议论文全文数据库的文献是由国内外会议主办单位或论文汇编单位书面授权并推荐出版的重要会议论文。重点收录1999年以来,中国科协系统及国家二级以上的学会、协会、高校、科研院所,政府机关举办的重要会议以及在国内召开的国际会议上发表的文献。其中,国际会议文献占全部文献的20%以上,全国性会议文献超过总量的70%,部分重点会议文献回溯到1953年。截至2023年12月,已收录国内会议、国际会议论文集2万余本,累计文献总量374余万篇。中国重要报纸全文数据库收录2000年以来中国国内重要报纸刊载的学术性、资料性文献,是连续动态更新的数据库。截至2023年12月累计收录报纸全文文献16 067 370篇,涉及国内公开发行的659种重要报纸。

四、人大复印报刊资料全文数据库平台

人大复印报刊资料全文数据库是国内权威的社会科学、人文科学专题

文献资料库。它将国内公开发行的3500多种报刊中的重要论文全文复印,按学科内容设置100多个专题。例如:马克思列宁主义、哲学、社科总论、政治、经济、文化、教育、体育、文学、艺术、历史、地理等。

五、大成老旧刊全文数据库平台

大成老旧刊全文数据库收录了清末到1949年近80年中国出版的6800余种期刊,共13万余期,130余万篇文章。采用中国图书分类法期刊分类表分类,共有22个大类,所有涉及哲学经济、政治军事、工农交通、文理史地、天文医药等各大门类都有收录。具有很强的历史研究价值、科学研究价值、文学研究价值。大成老旧刊全部采用原件高清扫描,很多期刊多属于国内不多见的珍本,史料珍贵,数据独有,内容丰富,检索方便。是研究各个学科发展、科技传承脉络的不可或缺的数据库工具。

六、万方期刊网数字化期刊平台

万方期刊网数字化期刊目前集纳了理、工、农、医、哲学、人文、社会科学、经济管理与教科文艺等八大类100多个类目近5000种期刊,实现全文上网,论文关联检索和指标统计。从2001年开始,数字化期刊已囊括我国所有科技统计源期刊和重要社科核心类期刊,称为中国网上期刊的一大门户。其主要资源有:① 中华医学会系列期刊;② 大学学报;③ 科学普及类期刊;④ 科技类文库;⑤ 英文版期刊。

七、维普中文期刊数据库平台

维普中文期刊数据库是维普资讯公司推出的《中文科技期刊数据库》(全文版),是一个功能强大的中文科技期刊检索系统。数据库收录了1989年至今的8000余种中文科技期刊,涵盖自然科学、工程技术、农业科学、医药卫生、经济管理、教育科学和图书情报等七大专辑。

第二节 地学主要期刊

一、自然地理类期刊

《地球科学进展》,自然地理领域 T2。这是由国家自然科学基金委员会地球科学部、中国科学院资源环境科学与技术局和中国科学院资源环境科学信息中心联合主办的综合性、学术性刊物。《地球科学进展》的宗旨与任务是评述地球科学与资源环境科学研究现状与进展;揭示综合性、跨学科性重大研究领域发展态势;监测新兴、边缘、交叉学科和领域研究动态;展望国内外研究发展趋向与优先领域;反映地学新技术、新方法应用发展实践;介绍国家科技计划和规划战略、实施布局与管理机制;报道国家重大研究计划与基金项目组织实施与创新研究成果;评价国内外科研机构创新研究竞争力和影响力。主要栏目有:院士论坛;发展战略论坛;"973"项目研究进展;IODP 研究;学科发展与研究;研究论文;综述与评述;探索与争鸣;全球变化研究;可持续发展研究;生态学研究;新学科·新发展·新技术;基金项目管理与成果介绍;研究简报等。

《中国人口·资源与环境》(中文版),自然资源领域 T1。1991 年创刊。该期刊以传播可持续发展新思想、新观点、新方法为主要任务,及时反映可持续发展理论与实践最新研究成果和决策动态,为建立和发展可持续发展理论体系、促进我国社会经济可持续发展和生态文明建设服务。期刊发表的许多观点和建议被吸收进国家的重大决策中,对中国可持续发展战略的形成和实施发挥了重要作用。

《中国土地科学》,自然资源领域 T1。该期刊宗旨是:全力推介国内外土地科学最新研究成果,快速报道国内外土地科学创新技术和方法,全面反映国内外土地科学学术思想和观点,推进土地科学研究和技术创新,支持土地资源科学利用和管护工作。主要设有学科建设、土地管理、空间规划、土地利用、土地整治、土地经济、土地信息、土地法、土地评价、综述、参考与借鉴等栏目。

《干旱区地理》，自然地理领域 T2。该期刊主要刊登干旱区地理学及其分支学科、边缘学科和交叉学科的新理论、新技术和新方法。具体包括：自然地理，区域地理，干旱区生态与及其生态系统建设和植被恢复，水文与水资源，资源开发与利用，环境变化，全球变化，气候，气象，灾害与防治，干旱区与大气圈、水圈、生物圈、岩石圈和人类活动之间的相互作用，特别是干旱区资源环境研究重大科学问题，即：绿洲生态系统与演化机制、绿洲生态建设与环境治理、资源开发利用与区域发展，还刊载研究报道、学术活动、消息和书刊评价等，为促进国内外学术交流、繁荣和发展干旱区地理学提供论坛。同时还欢迎对《干旱区地理》发表的文章进行讨论和评论。

《干旱区研究》，自然地理领域 T2。该期刊主要刊登干旱区水、土、生物、气候和环境等方面具有创新性的研究论文、专论综述和评论、研究方法和新技术应用、学术讨论与争鸣、国内外学术动态、论坛以及干旱区新书介绍等。着重刊载全球变化的干旱区响应、内陆水循环与水资源、干旱区脆弱生态系统适应气候变化对策、绿洲生态系统建设、绿洲学科发展等干旱区基本科学问题，以及沙漠改造利用等成果。

《山地学报》，自然地理领域 T2。这是由中国科学院水利部成都山地灾害与环境研究所和中国地理学会共同主办、中国地理学会山地分会协办的山地研究领域的综合性学术刊物，1983 年 3 月创刊，由科学出版社出版。该刊为中文核心期刊、中国自然科学核心期刊、中国科技论文统计源期刊和中国科学引文数据库（CSCD）源刊，已入《万方数据资源系统数字化期刊群》《中国学术期刊（光盘版）》和《中国期刊网》。

《生态学报》，自然资源领域 T1。该期刊报道生态学领域前沿理论和原始创新性研究成果。坚持百花齐放、百家争鸣、产生于科学性、立足于学术性、着眼于实践性、服务于社会性的办刊理念，依靠和团结广大生态学科研工作者，探索生态学奥秘，为生态学基础理论研究搭建交流平台，促进生态学研究深入发展，为我国培养和造就生态学科研人才，为国民经济建设和发展提供知识创新服务。《生态学报》是生态学研究领域国内最大的学术交流平台，为我国生态学研究服务于社会经济发展创造了能用、有用和管用的科学效益。《生态学报》主要报道生态学及各分支学科的重要基础理论和应用研究的原始创新性科研成果；特别欢迎能反映现代生态学发展方向的优秀综述文章，研究简报，生态学新理论、新方法、新技术介绍，新书评价和学术、科研动态，生态学国际大会及开放实验室介绍等。

《中国环境科学》，自然资源领域 T1。这是由中国环境科学学会主办的国内外公开发行的综合性学术期刊，主要报道中国重大环境问题的最新研究成果，包括环境物理、环境化学、环境生态、环境地学、环境医学、环境工程、环境法、环境管理、环境规划、环境评价、监测与分析。兼顾基础理论研究与实用性成果，重点报道国家自然科学基金资助项目、国家重大科技攻关项目以及各省部委的重点项目的新成果。

《冰川冻土》，自然地理领域 T1。这是我国冰、雪、冻土和冰冻圈研究领域唯一的学报级期刊，积极支持在冰、雪、冻土和冰冻圈及全球变化基础研究和应用研究中具创造性、高水平和面向国民经济建设的新思想、新观点、新方法和新学说；促进国内外学术交流，传播与冰冻圈和全球变化相关的科学知识，为寒区国民经济建设服务；有计划地组织和系统报道本学科具有开创性、方向性及对国民经济发展产生重大效益的研究进展和成果，促进和引导学科发展。学科覆盖冰川学、冻土学、水文学、地理生态学、生态经济学、寒区生物学，重点在冰冻圈的资源、环境、工程和全球变化。研究主题包括：冰、雪、冻土（含人工冻土）的性质、过程及其控制；冰冻圈的资源与环境；冰冻圈各组分的动态变化及相互作用；冰冻圈与大气圈、水圈、生物圈、岩石圈和人类活动之间的相互作用；寒区水文水资源；寒区生态与建设；全球变化；寒区工程与减灾、防灾；先进技术在寒区开发与研究中的应用。

《土壤学报》，自然地理领域 T1。该期刊反映土壤学各分支学科有创新或有新意的、具有较高学术价值的研究成果，主要刊登土壤科学及相关领域，如植物营养科学、肥料科学、环境科学、国土资源等领域中具有创造性的研究论文、研究简报、前沿问题评述与进展（综述与评论/新视角与前沿）、问题讨论、书评。主要读者对象为土壤学及相关学科的科技人员、高等院校师生和管理人员。

《湖泊科学》，自然地理领域 T2。该期刊由中国科学院南京地理与湖泊研究所和中国海洋湖沼学会联合主办,主要发表湖泊(含水库)及其流域在人与自然相互作用下资源、生态、环境变化的最新研究成果,刊载与湖泊科学有关的各学科(如物理学、化学、生物学、生态学、地质学、地理学等)以及湖泊工程、流域综合管理的理论性或应用性研究论文、简报和综述。

《第四纪研究》,自然地理领域T2。其前身为《中国第四纪研究》,为不定期出版物,于1989年更名为《第四纪研究》,并改为季刊;1999年改为双月刊,2004年扩版为大16开本。刊物的学术方向明确,刊登的文章着重于科学性、创新性、学术性以及前瞻性,尤其注重文章的学术性和创新性。其特色鲜明,质量不断提高,已成为展示第四纪科学研究的窗口、交流第四纪研究成果的平台、弘扬与传播科学精神与第四纪科学知识的阵地,为第四纪科学的普及和理论的提高做出了重大贡献。办刊任务:反映国内外第四纪和全球变化研究发展趋势,刊登最新成果,促进学术交流。其宗旨是贯彻"双百"方针,开展学术讨论,提高第四纪研究的基础和应用水平。主要报道:第四纪研究新理论与技术,第四纪沉积与地层,第四纪沉积环境与古气候,第四纪资源(金属、非金属及自然资源)开发利用与管理,环境工程与应用,第四纪动植物演化与新发现,全球变化与人类环境相关性,天文周期与气候演化,第四纪新构造运动、地质事件(包括灾害性事件)与国土整治,国内外有关第四纪研究新趋势等。

《湿地科学》,自然地理领域T2。这是在中国出版的第一份湿地专业性学术期刊,发表国内外有关研究湿地形成与演化规律、湿地发生发展规律、湿地演化过程、湿地环境、湿地生态、湿地保护与管理、湿地开发、湿地工程建设、湿地研究的理论与方法等创新性、前沿性和探索性的学术论文和研究成果。读者对象包括:从事地理、水利、生物、环境、湿地研究、教学的科研人员、大学教师及博士生、研究生、本科生;各级政府从事湿地管理人员,湿地保护区的科研管理人员;国际湿地科学家学会会员,国际泥炭学会会员、国际沼泽保护学会会员等。主要栏目有论文、综述、调查报告、问题讨论、研究报道等。

《中国沙漠》,自然地理领域T2。该期刊是以沙漠科学研究为主的综合性学术刊物,侧重报道国家自然科学基金项目和国家科技攻关项目在沙漠科学方面的最新研究成果,以及沙漠学及相邻学科研究的前沿理论;注重区域性和综合性、可持续发展研究,关注资源研究与全球变化等重大课题在沙漠学科上有创新的新思想、新观点和新学说。该期刊的学科定位为:以研究干旱区陆地表层系统的格局过程及关系为目标,以西部干旱特殊环境为背景,开展以沙漠与沙漠化、沙漠环境、防沙工程、干旱区天气与气候、干旱区水土资源、干旱区脆弱生态与农业为主要领域的科学研究,为干旱区国土资源合理开发利用、环境保护与生态工程建设提供理论基础和关键技术,为西部大开发的国家目标服务。

《气候变化研究进展》,自然地理领域T3。该期刊由中国气象局主管、国家气候中心主办,是我国在气候变化研究领域内自然科学和社会科学相结合的综合性学术期刊。该期刊主要刊登与气候变化相关的跨学科研究进展,介绍国内外有关气候变化的重大活动信息,旨在促进气候变化研究的发展,并推动研究成果在经济社会可持续发展、适应和减缓气候变化对策制定、气候政策与环境外交谈判、资源保护和开发等方面的应用。《气候变化研究进展》设有气候系统变化、气候变化影响、气候变化适应、温室气体排放、对策论坛、简讯等栏目,其内容包括:国内外气候变化及其有关的交叉学科,如地球科学、生态与环境科学、人文与社会科学等方面的最新研究成果和进展;报道全球变化最新的观测事实、重要信息及应对全球气候变化的适应、减缓措施和技术成果等;及时反映国际气候制度与气候外交谈判的信息。

《热带地理》,自然地理领域T3。这是由广东省科学院广州地理研究所主办的、华南地区唯一的综合性地理学术期刊。主要报道全球热带亚热带地区地域特色明显并具有知识增量意义的地理学原创性科研成果,包括地理学及其各分支学科、相邻及交叉学科具有创新性和前瞻性的研究论文、评论、综述等;不拒绝全国尺度、国际尺度的高水平学术论文,但不接收在研究地域上具有明显偏离的来稿。

《生物多样性》,自然地理领域T3。该期刊是在国际、国内对生物多样性保护及可持续利用日益关注的形势下,于1993年我国签署《生物多样性公约》之际诞生的。《生物多样性》自创办以来(由季刊发展为双月刊),一直本着"立足国内、面向国际"的原则,凭着其前瞻性的研究论文和读者至上的服务宗旨,成为反映中国生物多样性研究和发展水平的、国内生物学领域公认的高水平学术刊物,并具有一定的国际影响力。着力关注:生物多样性起源、分布、演化及其机制;生物多样性与生态系统功能;保护遗传学;分子生态学;入侵生物学;保护行为学;转基因生物安全;重大建设项目生物多样性影响评估;野生动植物贸易及其对生物多样性的影响;生物多样性与全球气候变化。

《盐湖研究》,自然地理领域T3。1972年创刊,是由中国科学院主管、中国科学院青海盐湖研究所主办、科学出版社出版的学术性刊物。《盐湖研究》原名《盐湖科技资料》,为内部交流资料,1986年更名为《盐湖研究》。1992年5月经原国家科委和新闻出版总署批准向国内外公开发行,自公开发行后,现已累计出版16卷,计63期。经30多年的努力,已成为盐湖科技领域较有影响的学术类刊物,目前也是国际上该领域唯一的专业性刊物。该期刊报道交流盐湖、盐矿、地下卤水等盐类资源的基础、应用和开发研究成果,探讨盐类资源中有用成分的分离提取技术与综合利用途径。设有基础理论与方法、技术进展、试验研究、简讯、综述与评述、知识林等栏目,是反映盐湖科学发展、盐湖资源综合利用和可持续发展的公共性平台。该刊以盐湖学科领域从事基础研究和应用开发的科研人员及工程技术人员为读者对象,也可供大专院校有关盐湖地学和化学专业的本科生及研究生参考。

《应用生态学报》,自然地理领域T3。这是由中国科学院主管、中国生态学学会和中国科学院沈阳应用生态研究所联合主办的综合性学术期刊,创刊于1990年,由科学出版社出版。该刊主要报道应用生态学领域的创新性科研成果与科研进展,反映我国应用生态学的学术水平和发展方向,跟踪学科发展前沿,注重理论与应用结合,促进国内外学术交流合作与人才培养。该期刊开辟有研究论文、综合评述等栏目,内容主要包括森林生态学、农业生态学、草地生态学、渔业生态学、海洋与湿地生态学、资源生态学、景观生态学、全球变化生态学、城市生态学、产业生态学、生态规划与生态设计、污染生态学、化学生态学、恢复生态学、生态工程学、生物入侵与生物多样性保护生态学、流行病生态学、旅游生态学和生态系统管理等。

《灾害学》，自然地理领域 T3。创刊于 1986 年，是我国灾害科学领域创刊最早的期刊。把灾害作为一门独立的学科体系，并刊登研究成果、觅求科学有效的防灾减灾对策等，是《灾害学》的首创。由于其属于自然科学的范畴，所以刊登各种有关自然灾害内容的稿件；又由于其冠名《灾害学》，因此，其他非自然因素造成的灾害的稿件，亦是该刊登载的主要内容。该刊在创始之时，曾受到著名科学家、社会活动家钱学森、于光远等同志的热情关注和大力支持。目前共有 13 位院士作为《灾害学》的顾问和编委，在为《灾害学》出谋划策的同时也为期刊的学术价值把关。办刊宗旨是：对各种灾害（自然灾害和人文灾害）进行综合系统地探讨研究；通过对各种灾害事件的分析讨论，总结经验，吸取教训；广泛交流灾害科学的学术思想、研究方法、研究成果；报道国内外关于灾害问题的研究动态和防灾抗灾对策；揭示和探索各种灾害发生演化的客观规律；目的是提高人类抗御灾害的科技水平和能力，最大限度地减轻灾害造成的人员伤亡和财产损失。

《草业学报》，自然资源领域 T2。该期刊设有研究论文、综合评述和研究简报等栏目，内容主要包括草业科学及其相关领域，如畜牧学、农学、林学、经济学等领域的高水平理论研究和技术创新成果，发表国内外草业领域创新性的研究论文，刊载学术价值较高的草业科学专论、综述、评论等，探讨草业发展的新理论与新构思，是草业新秀成长的园地，推动草业科学发展的论坛。其读者对象主要是从事农林牧渔、园林绿化、生态环境、国土资源等领域的科研管理及教学等专业人员。

《干旱区资源与环境》，自然资源领域 T2。该期刊的特点是综合性强、审稿快、发文量大，凡研究干旱、半干旱甚至季节性干旱区的论文，研究干旱、半干旱问题及防治技术的论文，特别是绿洲建设的论文，不论属于社会科学领域还是自然科学领域均可刊用；每年刊载论文 400 篇左右；不收审稿费，有利于年轻学子投稿。

《农业资源与环境学报》，自然资源领域 T2。办刊宗旨为：搭建我国广大从事农业资源与环境研究者的学术交流平台，充分反映我国农业资源与环境领域前沿的研究与应用成果，推进我国农业环保事业的发展。主要报道交流农业资源、农业环境等领域新理论、新技术、新方法和实践经验,为促进农业资源与环境学科发展提供理论技术支持。该期刊传播农业可持续发展新思想、新观点、新方略,倡导农业生产、农民生活、农村生态协调发展理念,多视角、多层次、多学科地反映食品安全与健康、资源开发与利用、环境污染与防治、农业清洁生产与农村循环经济等热点问题,直接面向农业、环保、食品、能源、卫生等领域的科研、教学、生产、管理、技术推广人员与大众读者。同时,该期刊将在重要版面上宣传各地农业环境保护成就。

《长江流域资源与环境》,自然资源领域 T2。该期刊创办于 1992 年,由中国科学院主管、中国科学院武汉文献情报中心主办,2009 年改为月刊。刊物立足于长江流域,面向国内外,围绕长江流域的资源开发与利用保护、生态环境、社会经济可持续发展、河流流域综合管理、湖泊富营养化、湿地恢复与保护、自然灾害等重大问题,报道原创性的研究成果,主要读者对象为从事相关工作的科研人员、决策管理人员以及高等院校相关专业师生等。

《中国草地学报》,自然资源领域 T2。主要报道我国草学研究领域的新成果、新进展与发展动态,目标是促进国内外学术交流、培养专业人才、推动草学研究不断进步和草地畜牧业可持续发展。该期刊立足全国,面向世界,内容以草学的基础理论研究与应用研究为主,兼纳高新技术研究和直接产生生态、经济效益的开发研究,包括:草地生态与修复;草地管理与利用;草地植物保护;草地、牧草、草坪与饲草料作物品种资源;牧草遗传育种与引种栽培;饲草料生产与加工;草地与牧草经济;国家草牧业及草原相关政策;草业可持续发展战略研究等。

《中国农业资源与区划》,自然资源领域 T2。这是由中国农业科学院农业资源与农业区划研究所、全国农业资源区划办公室、中国农业资源与农业区划学会联合主办的指导性与学术性相结合的综合性刊物,主要宣传农业资源开发利用与保护治理、农业计划、农业发展规划、农业投资规划、农村区域开发、商品基地建设等方面的方针政策;介绍农业资源调查、农业区划、区域规划、区域开发、农村产业结构布局调整、农村经济发展战略研究、持续农业等方面的经验、成果和国外动态及新技术、新方法的应用,探讨市场经济发展和运行机制与农业计划和农业资源区划的关系和影响；推动农业计划和农业资源区划学术理论发展；普及有关基础知识。栏目包括：研究综述、热点问题、工作研究、问题讨论、资源利用、持续农业、区域农业、区域规划、技术方法、资源利用、持续农业、农业产业化、结构调整、动态监测、简讯等。

《古地理学》，地学类学术性期刊。主要刊登国内外古地理学及其相关学科或相关学术领域的文章，如岩相古地理学、生物古地理学、构造古地理学、层序地层学及古地理学、第四纪古地理学、人类历史时期古地理学、古今地理环境与人类文明、沉积学、沉积环境、沉积相、古生态、古构造、古地貌、古气候、古水文、古岩溶、古土壤、古地理学研究方法和技术等学科和学术领域的科研成果的论文，以及以这些学科或学术领域的理论、观点和方法论述石油、天然气、煤炭、水、化工材料、建筑材料、其他非金属与金属矿产资源的预测、勘探、开发和环境等方面的论文。

《大气科学》，由中国科学院大气物理研究所于1976年创办，是国内大气科学领域的领军期刊。2016年中国气象学会增加为《大气科学》的联合主办单位。《大气科学》自创刊以来，一直是发布大气科学科研成果的主阵地，是中国大气科学领域学术水平最高的中文期刊之一。主要报道大气科学领域的创新性研究成果，刊登动力气象学、天气学、气候学、数值天气预报、大气物理学、大气化学、大气探测、人工影响天气和应用气象学等大气科学各主要分支学科中代表国内外最新水平的创造性论文以及具有重要意义的研究进展的综合评述。作为中文科技期刊的优秀成员，它不仅是科研成果和学术思想的展示窗口，也是引领大气科学科研方向的航标之一。

《地球科学》，原刊名《地球科学——中国地质大学学报》，1957年创刊，1981年复刊，2014年由双月刊改为月刊，2015年更名为《地球科学》。该刊是由教育部主管、中国地质大学（武汉）主办的综合性地学学术理论期刊，以反映我国地球科学领域最新的、高水平的基础地质、应用地质、资源与环境地质及地学工程技术研究成果为主要任务。2005年以来《地球科学》被国际著名检索系统美国工程索引 EI Compendex 数据库100%收录，同时还被 CA、PЖ、日本《科学技术文献速报》、GeoRef、GeoBas 等国际检索系统收录。

二、人文地理类期刊

《人文地理》，人文地理领域 T2。这是由中国地理学会与西安外国语大学联合创办的我国唯一注册命名"人文地理"的期刊，是专门研究人文地理学的综合性学术期刊，并面向国内外公开发行。主要刊发在我国人文地理学领域具有创新性研究的学术论文和科研成果，力求及时反映我国人文地理学研究的新理论、新观点和新方法。主要栏目有：进展与动态、文化、城市、社会、经济、旅游、政治等。

《经济地理》，人文地理、人文资源领域 T1。该刊是由中国地理学会、湖南省经济地理所联合主办的专业学术性刊物，主要反映我国国土整治、区域规划、农业区划、城乡建设规划以及工业、农业、交通运输业、城市布局方面的研究成果，并介绍国外经济地理学研究动态。《经济地理》以服务于广大地理科研工作者和高等院校地理教学为办刊宗旨。

《世界地理研究》，人文地理领域 T3。这是由中国科学技术协会主管、中国地理学会主办的学报级学术期刊，主要刊登以下方面的研究成果：世界政治与经济地理理论及实证研究；全球经济联系和经济要素空间运动规律；世界各国区域发展、城乡建设、生产布局、产业结构变动理论与实践；世界热点地区形成的地理背景分析；世界地理教育改革和世界各国地理学发展动态等。

《城市规划》，人文地理领域 T2。创刊于 1977 年，是由中国城市规划学会主办、住房和城乡建设部主管的科技期刊。《城市规划》是国家中文核心期刊、中国科技核心期刊、中国人文社会科学核心期刊、新闻出版总署中国期刊方阵双效期刊、中国科技论文统计源期刊、中国科学引文数据库来源期刊、中国人文社会科学引文数据库来源期刊、中文社会科学引文索引来源期刊、中国学术期刊综合评价数据库统计源期刊、中国期刊全文数据库全文收录期刊、中文科技期刊数据库收录期刊。曾获建设部优秀期刊一等奖。

《旅游科学》，人文地理领域 T2。这是国内外公开发行的旅游学术研究专业期刊,创刊于 1987 年,双月刊,每年 6 期,双月末出版。该期刊欢迎经济学、管理学、地理学、生态学、社会学、人类学、心理学等多学科视角及研究方法的旅游研究成果。

《城市发展研究》,人文地理领域 T3。该期刊宗旨:服务于我国健康城镇化和城市科学发展的需要,推动学术界对城市发展规律以及对城市社会、经济、文化、环境和城市规划建设管理中的重大理论问题和实际问题进行综合性研究,繁荣和发展城市科学理论。根据国家经济社会发展战略,立足专家学者,面向城市决策者,架起专家学者与决策者之间的桥梁,是城市党政领导者,城市规划、建设、管理有关职能部门领导及城市有关研究部门、教学单位、专业人员的智囊和参谋,也是各界人士了解城市发展动态的窗口。期刊下设专栏有城镇化、区域与城市、土地利用、城市规划、低碳生态城市、住房保障、城市经济、历史文化名城保护、社区建设、生态与环境、城市设计、城市减灾、城市文化等。

《地域研究与开发》,人文地理领域 T3。这是河南省科学院地理研究所主办的地理学综合性学术刊物,创刊于 1982 年。主要栏目有:重大问题专论、理论与方法、区域经济发展理论与实践研究、区域开发研究、可持续发展研究、城市研究、农业与农村研究、土地研究、旅游研究、环境与生态研究、GIS 与遥感研究等。读者对象主要是地理科学研究、可持续发展研究、区域研究等方面的科研工作者及大中专院校相关专业的师生。

《国际城市规划》,人文地理领域 T3。1986 年正式创刊,住房和城乡建设部主管,中国城市规划设计研究院主办,面向国内外公开发行,是目前国内唯一一份全面解读国际城市规划理论与实践的国家级学术刊物。该期刊以全方位的视角、建设性的倡导和多元化的交流为办刊理念,立足于本行业国际理论和实践发展的前沿,紧密结合中国城市发展的需要,为中国城市规划者和建设者架设与世界沟通的桥梁。期刊重点对国际城市及城市规划研究的理论、方法和设计实践等进行介绍,并准确及时地提供大量海外城市及城市规划的最新信息。其特点是每期围绕一个热点或重点问题策划主题并组织主题文章,同时还有规划研究、城市研究、实践综述、书评、专访和资讯中心等栏目,其中资讯中心栏目集中了各种动态信息,有海外简讯、国内简讯、期刊导航、专题研究、新书推介、案例集萃等版块。

三、地图与地理信息类期刊

《地理与地理信息科学》，信息地理学领域T2。办刊方针和任务是：坚持面向经济建设，面向科研开发，探索地理科学发展方向，重点反映地理学和地理信息科学方面新的科研成果与实践事例，为有关部门提供决策建议和科技信息。该期刊内容包括地理学（部门地理学、区域地理学）和地理信息科学两大部分，具体栏目有："3S"研究与应用、数字城市与数字国土、区域经济、环境与生态、旅游开发、可持续发展研究等，基本涵盖了地理学、地理信息科学的前沿与热点，侧重报道国家自然科学基金项目、国家重点实验室基金项目、国家科技攻关项目和国际合作项目的最新研究成果。

《测绘学报》，信息地理学领域T1。办刊宗旨：尊重科学、弘扬学术、追求卓越、求实创新。60多年来，《测绘学报》作为承载着测绘地理信息科学技术和科研成果的载体，作为测绘地理信息行业人才培养和学术交流的阵地，坚持把学术论文的质量放在期刊工作的重要位置，跟踪世界科技前沿，探索测绘地理信息科技发展方向，关注学科发展态势，展现测绘地理信息科技发展水平，宣传创新型测绘地理信息科技成果，成为世界测绘地理信息同行学术交流合作的平台和窗口。主要内容涉及大地测量、全球导航卫星系统、遥感、航空摄影测量、工程测量、地图学、地理信息系统、矿山测量、海洋测绘、地籍测绘、地图印刷、测绘仪器、信息传输等测绘地理信息学科及其相关相邻学科。主要栏目有快报论文、学术论文、博士论文摘要等。

《遥感学报》，信息地理学领域T1。作为中国遥感领域唯一一个国家级综合性学术期刊，致力于报道遥感领域及其相关学科具有国际、国内先进水平的研究报告和阶段性研究简报以及高水平的述评。着重反映本领域的新概念、新成果、新进展。内容涉及遥感基础理论，遥感技术发展及遥感在农业、林业、水文、地矿、海洋、测绘等资源环境领域和灾害监测中的应用，地理信息系统研究，遥感与GIS及空间定位系统（GPS）的结合及其应用等方面。期刊宗旨：及时反映遥感领域及其相关学科的高新技术发展及应用状况，探讨遥感及地球信息科学领域的新理论、新方法及新的应用领域,关注国内外遥感领域的具有创新性、前沿性和探索性的学术成果,促进学术交流,推动学科发展、技术进步以及人才培养。

《测绘科学》,信息地理学领域 T2。办刊宗旨:宣传报道测绘科学理论和方法,积累和传播测绘科学研究成果,总结和推广测绘技术先进经验,促进我国测绘事业的发展。主要栏目:院士特稿、专家论坛、基础研究、地理国情监测、创新应用、研究综述、育人之道等。主要内容:大地测量学同其他相关学科的综合研究、地理国情监测研究、卫星导航定位研究、数字摄影测量、遥感图像处理的智能化研究、遥感器原理和技术、激光扫描技术与应用、地图和地理的理论和技术、地图数据的符号化和可视化研究、GPS、RS、GIS集成的理论和技术、基础地理信息的综合分析与集成应用、地图印刷的新技术和新方法等。主要阅读对象:国家测绘地理信息局领导,地方测绘局(院,所)领导及高级工程师,测绘科研院(所)领导及高级技术人员,测绘高校及国家和地方交通、勘测、国土、规划、石油、房地产、地籍、林业、水利、通信、海洋、电力设计院的领导高工,"3S"软件研发高级技术人员等。

《测绘通报》,信息地理学领域 T2。该期刊致力于宣传国家测绘地理信息科技方针、政策及法律、法规,报道新的测绘地理信息科技成就,传播测绘地理信息科技信息,交流学术思想,促进科技成果的产业化,推动我国测绘地理信息事业和产业的发展。其内容广、信息全、周期短,读者用户遍及测绘地理信息、国土、农业、环保、水利、石油、电力、城乡规划建设、勘测、房地产、地籍、通信、海洋等各行各业,读者面大、覆盖面广,一直以来受到广大读者的信任和喜爱。《测绘通报》设有学术研究、技术交流、经验介绍、测量员之窗、测绘地理信息教学、行业观察、测绘地理信息论坛、行业管理、行业调查、测绘地理信息市场、国外测绘地理信息、知识窗、企业之窗、行业报道、新书介绍等栏目。主要内容包括:大地测量、全球导航卫星系统(GNSS)、摄影测量、遥感、地图制图、地理信息系统、工程测量、矿山测量、地籍测绘、海洋测绘、测绘仪器、信息传输、图形图像处理等方面的新成果和新技术;行业管理、科研、教学、生产方面的先进经验;计算机、通信等相关理论技术在测绘地理信息领域中的应用及测绘地理信息科技在国家经济建设各个方面的应用；国内外测绘地理信息学术动态及有关测绘地理信息科技信息等。

《地球信息科学学报——地球物理学进展》，信息地理学领域 T2。这是由中国科学院主管、中国科学院地质与地球物理研究所和中国地球物理学会共同主办的地球物理学及相关领域的综合性学术刊物，国内外公开发行。主要报道国内外地球物理学研究的最新进展和成果，探讨地球物理学的发展战略，评价地球物理学科的现状和发展趋势。刊登有创新性或意义重大的研究论文、专论、综述、快报和其他文章。

《武汉大学学报·信息科学版》，信息地理学领域 T2。这是由武汉大学主办、国内外公开发行的测绘专业学术期刊，创刊于 1957 年，前身是《武汉测绘科技大学学报》。主要刊登数字摄影测量、遥感技术与应用、地图学与地理信息系统、卫星大地测量、物理大地测量与地球动力学、测绘工程、图形图像学等学科及相关学科的科研成果。

《测绘地理信息》，信息地理学领域 T3。征稿范围包括：测绘科学与技术、大地测量学、摄影测量与测绘遥感、测绘地理信息系统、测绘仪器与方法、专业测绘、海洋测量学、地籍测量学、地图制图学等科技论文、重大工程项目的创新与设计、典型工程方案分析与总结。本刊辟有高端论坛、技术研究、行业应用、学术视界、名企人文等栏目，欢迎国内外测绘与地理信息等相关学科科技工作者撰稿。

《导航定位学报》，信息地理学领域 T3。办刊宗旨：紧密围绕我国导航定位科技进步需要，报道导航定位及相关科技领域前沿理论和先进技术，推动科技成果转化应用，培养优秀科技人才，促进我国导航科学技术发展。主要栏目：院士之声、基础研究、北斗系统研究、应用技术等。主要刊登导航定位理论最新研究成果、位置服务工程应用成果、国内外导航定位领域的最新进展等。

《地理空间信息》，信息地理学领域 T3。期刊是由湖北省测绘地理信息局主管，湖北省测绘行业协会、湖北省测绘地理信息学会主办，湖北省测绘成果档案馆承办的测绘专业科技期刊。期刊以促进科学技术交流、繁荣测绘学事业、服务测绘工作为宗旨，遵循规范办刊、特色办刊的理念。作者、读者群来自国内外测绘业、地理信息产业、地图科学等院校、科研单位、测绘公司等生产一线单位。

《海洋测绘》，信息地理学领域 T3。创刊于 1981 年，由海军参谋部直属工作局主管，海军海洋测绘研究所主办。办刊宗旨：主要反映我国海洋测绘学术技术研究成果和国内外海洋测绘科技动态，推动海洋测绘科技信息传播与理论交流，促进海洋测绘科技发展与研究成果的推广应用。报道范围：以海洋测绘领域为主，也涉及与海洋测绘发展相关的测绘学的基本理论与技术，以及有密切联系的测绘仪器、海洋地质地貌、海洋水文、航海导航、地理信息系统等专业。主要栏目：学术研究、工程实践、教育教学、研究综述、动态通讯等。研究内容包括海洋大地测量、水深测量、海洋工程测量、海洋重力与海洋磁力测量、海底地形测量、障碍物探测、海洋专题测量和海区资料调查、水文要素调查；以及各种海图、海图集，海洋资料的编制和出版，海洋地理信息的分析、处理及应用等。

《遥感技术与应用》，信息地理学领域 T3。作为综合性学术刊物，主要刊登国内外遥感理论、技术及应用研究领域的学术论文与综述，优先报道国内外遥感研究与应用的新技术、新理论、新方法和新成果，推动高新技术在地球科学研究及社会发展中的应用，重点介绍国家自然科学基金项目、交流国家攀登计划、攻关计划工作等科研成果。针对目前遥感领域的热点问题和发展动态，经第六届编委会讨论决定，将栏目细化调整为微波遥感、光学遥感、数据处理、模型与反演、遥感应用、专家述评、地理信息系统、深空探测、重大项目、综述等。

四、综合地理类期刊

《中国科学：地球科学》，自然地理、人文地理、信息地理学、自然资源领域 T1。《中国科学：地球科学》（中文版）和 *Science China Earth Sciences*（英文版）是由中国科学院和国家自然科学基金委员会共同主办、《中国科学》期刊社出版的学术刊物，力求及时报道地质科学、地球化学、地球物理学、空间科学、地理科学、环境科学、大气科学和海洋科学基础研究与应用研究方面具有创新性和重要科学意义的最新研究成果。

《科学通报》，自然地理、人文地理、信息地理学领域 T1。创刊于 1950 年，是由中国科学院主办、《中国科学》期刊社承办的自然科学综合性学术刊物，报道自然科学各学科基础理论和应用研究方面具有创新性和高水平的、具有重要意义的最新研究成果，要求文章的可读性强，能在一个比较宽泛的学术领域产生深刻的影响。该刊目标是：成为国内外读者了解中国乃至世界范围的自然科学各研究领域最新成果的主要窗口之一。

《地理学报》，自然地理、人文地理、信息地理学、自然资源领域 T1。《地理学报》是由中国科学院主管，中国地理学会和中国科学院地理科学与资源研究所主办的学术刊物。1934 年创刊，是反映我国地理科学研究水平的学报级综合性学术刊物，也是我国地理类优秀核心期刊。该刊是紧跟世界地理科学发展的步伐，保持着代表中国地理科学发展水平的学术性刊物，对我国地理科学研究与发展做出了应有的贡献。2001 年来《地理学报》影响因子一直保持在全国科技期刊前 10 位，地理学科排名第 1 位；引用频次在全国排名前 50 位，学科排名保持第 1 位；2007 年《地理学报》英文版被 SCI 收录，2016 年《地理学报》中文版被 EI 收录（回溯到 2006 年），期刊国际化取得了重要进展。主要刊登能反映地理学科最高学术水平的最新研究成果，地理学与相邻学科的综合研究进展，地理学各分支学科研究前沿理论，与国民经济密切相关并有较大应用价值的地理科学论文。

《地理科学》，自然地理、人文地理、自然资源领域 T1，信息地理学领域 T2。作为综合性地理学术期刊，其办刊宗旨是主要介绍我国地理学及各分支学科具有先进水平的学术论文和研究成果，地理学的新理论、新观点、新方法，服务于经济建设，促进国内外学术交流，繁荣和发展地理科学事业。刊载地理学与相邻学科及各分支学科的交叉汇合，关注人地关系、人口、资源、环境、能源、海平面上升、气候变化、区域发展等热门课题的重大研究成果。同时也支持相对较薄弱的分支学科等，注重区域性和综合性。期刊栏目多样、形式活泼，表现形式富于创新。该刊特色在于"新、精、博、活"，"促进地理学与相邻学科的交叉；以中青年地理学家为主；刊物的大部分版面为全国地理学家使用。"刊登中国地理学及各分支学科、边缘学科和学科间交叉的具有创新性、前沿性和探索性的学术论文，侧重报道国家自然科学基金项目、国家重点实验室基金项目、国家科技攻关项目和国际合作项目的最新研究成果，支持反映环境遥感和地理信息系统等新技术方法在地理学研究中的应用成果，注重区域性和综合性以及人地关系研究，关注资源、人口、环境、能源以及全球气候和海平面变化等重大课题的学术论文、研究报道、综述、问题讨论、技术方法、学位论文摘要、书评、国内外学术动态和学术活动等。

《地理科学进展》，自然地理、人文地理、自然资源领域 T1，信息地理学领域 T2。办刊宗旨：充分反映地理科学前沿研究进展，促进国内外学术交流和讨论，推进地理科学理论及应用研究的发展；增进社会公众对地理学研究成果的了解和理解。主要栏目有：进展，简介地理学各分支学科的突破性理论进展，或报告有重要意义的研究结果；综述，系统总结、评述地理学重要领域的研究进展与现状，对今后研究方向提出前瞻性建议；论文，报道具有创新性和重要意义的原创研究成果；论坛，发表对地学界共同关注问题之观点，鼓励对学术问题和相关社会议题的讨论；书讯，评介与地理有关的重要著作。

《地理研究》，自然地理、人文地理、自然资源领域 T1，信息地理学领域 T2。是由中国科学院地理科学与资源研究所、中国地理学会主办的综合性地理学学术期刊，以展示、交流中国地理科学研究的成果为办刊宗旨，主要刊登地理学及其分支学科、交叉学科的具有创新意义的高水平学术论文，以及对地理学应用和发展有指导性的研究报告、专题综述与热点报道等。期刊至今共发表各类论文、综述、工作报告、书评、学位论文摘要等约 4500 篇。这些成果，为推动我国地理科学基础理论的研究，加强我国地理科学界对中国经济建设和人口、资源、环境领域出现的重大问题的深入研究与探讨，提供了一个开放性的学术平台；为中央与地方政府制定相关决策、发展国民经济、布局与调整产业结构、合理利用资源、保护环境生态、促进可持续发展，提供了科学与理论依据。

《资源科学》，自然地理、人文地理、自然资源领域 T1。是由中国科学院地理科学与资源研究所主办的综合性学术期刊，刊登资源科学领域具有创新性的论文，报道最新的研究成果，发表相关的学术评论，介绍学科的前沿动态,为建立和发展资源科学理论体系、促进我国资源的可持续利用和资源管理服务。

《自然资源学报》,自然地理、人文地理、自然资源领域 T1。是由中国自然资源学会和中国科学院地理科学与资源研究所主办的自然资源科学研究的综合性学术刊物,主要报道自然资源学科理论研究的最新成果、自然资源的数量与质量评价、自然资源研究中新技术与新方法的运用、区域自然资源的管理及可持续发展等研究成果,综述和简要报道国内外自然资源研究进展和发展趋势。主要栏目:理论探讨、资源利用与管理、资源安全、资源生态、资源评价、资源研究方法和综述等。

五、多学科类期刊

《中国社会科学》,综合性哲学社会科学期刊,主要发表哲学社会科学前沿研究成果,涵括马克思主义理论、哲学、经济学、政治学、法学、社会学、历史学、教育学、文学、语言学等学科以及跨学科研究的论文、调研报告、学术综述等,被学术界誉为中国最高水平的综合类人文社会科学期刊。中国地理学家曾在该刊发表论文。

《新华文摘》旨在选录或摘编高质量、有重要参考价值的学术论文,为繁荣学术文化服务。《新华文摘》是大型的综合性、学术性、资料性文摘半月刊,设有政治、法律、社会、哲学、经济、管理、历史、文艺作品、文艺评论、人物与回忆、教育、科学技术及读书与传媒、国外社会科学、论点摘编、新华观察等栏目。

问题与讨论

一、常规性问题与讨论

1. 简述国内有关文献平台。
2. 简述国内有关期刊。
3. 简述《地理学报》期刊。
4. 简述《中国社会科学》期刊。

5. 简述《中国科学:地球科学》期刊。

6. 简述《科学通报》期刊。

7. 长期作业:

(1) 每天最少完成一张学术文献卡片;

(2) 每天研读所确定的学术名著。

二、研究性问题与讨论

请教导师或主讲教师,就"人地关系""区域发展""地域分异"中的某一知识主题或科学问题,进行多重检索并形成简要报告。

第九章 数据平台与数据来源

第一节 数 据 平 台

一、地球系统科学数据共享平台

地球系统科学数据是研究地球形成、演化及其内在动力,太阳驱动和人类活动对地球系统的影响,探讨人类生存环境改善、灾害预测、资源合理开发利用和国民经济持续发展的重要科学依据。其具有观测客观性、连续性、综合性、全球性、不可重复性和时空跨度大、信息量大等特点。

地球系统科学数据共享平台,是实现地球系统科学数据收集汇交、储存管理和检索获取的开放性平台。其实现了地球系统科学数据的开放与公用,在广泛的应用中最大限度地发挥地球系统科学数据的潜在价值,提升科技创新能力,促进科学发展。主要的地球系统科学数据共享平台有世界数据系统(World Data Center,WDS)、地球观测数据和信息系统(Earth Observing System Data and Information System,EOSDIS)、国际科技数据委员会(CODATA)、研究数据联盟(RDA)、欧洲空间信息基础设施(INSPIRE)、美国全球变化主目录(GCMD)和中国国家地球系统科学数据中心等。

二、国际主要的地球系统科学数据共享平台

(一)世界数据系统

1. 发展历程

世界数据中心(WDC)是世界数据系统的前身,成立于1957年,是国

际科学联合会(ICSU)下属的国际数据组织。成立目的是为 1957—1958 国际地球物理年(IGY)提供数据管理和共享服务。世界数据中心成立之初有 27 个学科数据中心,到 2005 年建立了四大区域中心,共在全球 12 个国家设立了 51 个学科数据中心。四大区域中心分别是世界数据中心 A(美国)、世界数据中心 B(俄罗斯)、世界数据中心 C[世界数据中心 C1(欧洲)、世界数据中心 C2(日本)]和世界数据中心 D(中国)。

(1) 世界数据中心 A

设在美国,下设冰川学中心、海洋地质与地球物理中心、气象学中心、海洋学中心、火箭及卫星中心、地球自转中心、地震学中心、日地物理中心、固体地球物理中心、大气痕量气体中心、古气候学中心和遥感地面数据中心等。

(2) 世界数据中心 B

设在俄罗斯,由 B1 和 B2 组成。B1 由俄罗斯水文气象研究所管理,其数据学科包括气象、海洋、海洋地质与地球物理、地球自转、火箭与卫星和冰川学等。B2 由俄罗斯科学院地球物理委员会管辖,其数据包括日地物理和固体地球物理的各类数据等。

(3) 世界数据中心 C

包括世界数据中心 C1(欧洲)、世界数据中心 C2(日本)。世界数据中心 C1 设在欧洲,下设地球潮汐中心(比利时)、哥本哈根地磁学中心(丹麦)、爱丁堡地磁学中心(英国)、冰川学中心(英国)、近期地壳运动中心(捷克)、太阳活动中心(法国)、日地物理学中心(英国)、太阳黑子指数中心(比利时)和土壤地理与分类中心(荷兰)等。C2 设在日本,下设气辉中心、极光中心、宇宙射线中心、地磁学中心、电离层中心、核辐射中心、太阳射电辐射中心、日地活动性中心等。

(4) 世界数据中心 D

1988 年成立世界数据中心 D(中国),下设海洋学科中心、气象学科中心、地震学科中心、地质学科中心、地球物理学科中心、空间科学学科中心、天文学科中心、冰川冻土学科中心和可再生资源与环境学科中心。

由于世界数据中心面临着系统可持续性、系统总体布局、数据支撑服务能力及各数据中心间数据互操作体系等挑战,世界数据中心于2008年进行变革,将世界数据中心和天文与地球物理联合服务中心(FAGS)合并,于2009年共同建立新的世界数据系统(WDS),网址为:https://www.worlddatasystem.org/(检索日期:2023-10-30)。其总体目标是:① 所有人拥有平等获取有质量保证的科学数据及数据服务、产品和信息;② 确保数据的长期管理;③ 培养符合商定的同一的数据标准和惯例;④ 形成推动改善数据访问和数据产品的机制。近期战略:① 提高开放科学数据服务的可持续性和质量;② 建设积极的学科和多学科科学数据服务社区;③ 使可信的数据服务成为国际合作科学研究的一个组成部分。

2. 成员机构概况

世界数据系统不再设置区域数据中心,截至2020年10月世界数据系统共有127个成员组织,其中正式成员有85个数据中心。世界数据系统成员机构总览见表9-1。

表9-1 世界数据系统成员机构总览

成员	领域	国家	网址[①]
美国地震学研究联合会数据服务中心	地球科学;地震学;大地电磁;气象实测数据;气压;海洋传感器;超导重力仪;次声波	美国	http://www.iris.edu
WDC世界地理信息与可持续发展中心	空间科学;地球科学;文化和种族研究;经济学;地理学;社会学;计算机科学;数学;统计;系统科学;环境研究与林业	乌克兰	http://wdc.org.ua
世界土壤信息中心	地球科学;地理学;农业;环境研究与林业;土壤学	荷兰	http://www.isric.org/about/world-data-centre-soils-wdc-soils
WDC德国气候计算中心	地球科学;气候建模	德国	http://www.wdc-climate.de
世界气象数据中心,阿什维尔	地球科学;气候科学及相关数据管理	美国	http://gosic.org/wdcmet
法国斯特拉斯堡天文数据中心	天文学;空间科学	法国	http://cds.unistra.fr

(续表)

成员	领域	国家	网址
世界冰川监测服务中心,苏黎世	地球科学;地理学;冰川学	瑞士	http://www.wgms.ch/
澳大利亚南极数据中心	空间科学;地球科学;生命科学;化学;物理学;地理学;环境研究与林业	澳大利亚	http://data.aad.gov.au/
中国国家天文数据中心	天文学;空间科学;物理学	中国	http://explore.china-vo.org/
WDC可再生资源与环境数据中心	地球科学;地理学;环境研究与林业;区域研究;自然资源;生态学;地理信息学	中国	http://eng.wdc.cn
法兰德斯海洋研究所	生命科学;计算机科学;环境研究与林业;生物学;生物多样性;生物地理学;分类学;海洋学;信息和通信技术;数据管理	比利时	http://www.vliz.be/en
美国国家环境信息中心	地球科学;海洋学	美国	https://www.ncei.noaa.gov/
国际地球自转和参考系统	空间科学;地球科学;地理学;计算机科学;数学;统计;系统科学;大地测量学和参考系	德国	http://www.iers.org
台湾鱼类资料库	生命科学;农业;生命科学(生物多样性);信息学	中国	http://fishdb.sinica.edu.tw
WDC海洋学科中心,天津	地球科学;海洋科学	中国	http://www.nmdis.org.cn/nmdisenglish/
WDC地球物理学科中心	空间科学;地球科学;计算机科学	美国	http://www.ngdc.noaa.gov
泛大陆—地球和环境科学数据发布中心	地球科学;生命科学;地理学;环境研究与林业	德国	http://www.pangaea.de/
WDC日地物理学中心,莫斯科	空间科学;地球科学;地磁;电离层;空间射线;太阳活动和行星际环境(临近空间)	俄罗斯	http://www.wdcb.ru/stp/index.en.html
WDC太阳黑子指数中心	天文学;空间科学;统计;历史;太阳物理;太阳活动(中期和长期);日地关系和气候	比利时	http://www.sidc.be/silsoml

(续表)

成员	领域	国家	网址
WDC 海洋学科中心,奥布宁斯克	地球科学;物理和化学海洋学	俄罗斯	http://www.meteo.ru/mcd/ewdcoce.html
WDC 大气遥感中心	空间科学;地球科学;化学;物理学;地理学;计算机科学;数学	德国	http://wdc.dlr.de
WDC 地磁学科中心,哥本哈根	空间科学;地球科学;地磁学	丹麦	http://www.space.dtu.dk/English/Research/Scientific_data_and_models/World_Data_Cen
地磁指数国际服务区中心	空间科学;地球科学;日地物理学;空间天气;地磁学	法国	http://isgi.unistra.fr/
WDC 地磁学科中心,爱丁堡	空间科学;地球科学;地磁学	英国	http://www.wdc.bgs.ac.uk/
WDC 固体地球物理学中心,莫斯科	地球科学;地震学;地磁学(主磁场);考古学和古地磁;重力测量;地热学;近期地壳运动;海洋地质和地球物理学	俄罗斯	http://www.wdcb.ru/sep/index.html
WDC 气象学科中心,奥布宁斯克	地球科学;气象学	俄罗斯	http://www.meteo.ru/mcd/ewdcmet.html
WDC 太阳活动数据中心	天文学;空间科学;太阳物理学	法国	http://bass2000.obspm.fr
WDC 地磁学科中心,京都	空间科学;地球科学;物理学;地理学	日本	http://wdc.kugi.kyoto-u.ac.jp/
跨学科地球数据联盟	地球科学	美国	http://www.iedadata.org
澳大利亚气象局信息中心	空间科学;电离层;太阳观测;地磁学;日地物理学;空间天气	澳大利亚	http://www.sws.bom.gov.au/World_Data_Centre
美国航天局分布式主动档案中心	地球科学;地理学;冰冻圈	美国	http://nsidc.org/daac/
橡树岭国家实验室分布式主动档案中心	地球科学;地理学;环境研究与林业;陆地生态学;生物地球化学动力学;生态数据;环境过程	美国	https://daac.ornl.gov

(续表)

成员	领域	国家	网址
世界应力图计划	地球科学;地球物理学;地球化学;地质学;自然资源	德国	http://www.world-stress-map.org
WDC冰川学中心	地球科学;文化与种族研究;地理学;极地地区和冰冻圈	美国	http://nsidc.org/
WDC电离层和空间气象数据中心	空间科学;地球科学;电离层;日地物理,空间天气预报	日本	http://wdc.nict.go.jp/wdc_e.html
乌克兰地理空间数据中心	地球科学;计算机科学;数学	乌克兰	http://inform.ikd.kiev.ua
莫斯科地理信息中心	地理学;结构与环境系统的演化;环境影响因素;资源的可持续管理;俄罗斯及国外人文地理;大气之间相互作用及岩石圈,水圈,制图,地理信息技术;遥感;地理和地质教育	俄罗斯	http://www.eng.geogr.msu.ru/structure/labs/WDC/
地球资源观测和科学数据中心	地球科学;地理学;系统科学;环境研究与林业;遥感;土地变化科学;土地变化监测;评估和预测	美国	https://www.usgs.gov/centers/eros
语言档案中心	文化与民族研究;心理学;语言与语言学,人类学	荷兰	https://archive.mpi.nl/
世界古气候数据服务	地球科学;古气候学;古生态学;全球变化	美国	http://www.ncdc.noaa.gov/paleo
南非开普敦大学数据中心（DataFirst）	文化和种族研究;经济学;性别和性研究;地理学;政治学;心理学;社会学;农业;环境研究与林业;家庭与消费科学;健康科学;运输;区域研究	南非	http://www.datafirst.uct.ac.za
世界微生物数据中心	生命科学;微生物学	中国	http://www.wdcm.org
戈达德地球科学数据和信息服务中心	地球科学;物理学;地理学;计算机科学;农业;工程;大气科学;降水;水文学;全球建模;信息科学;系统工程	美国	http://disc.gsfc.nasa.gov/

(续表)

成员	领域	国家	网址
地壳动力学数据信息系统	空间科学;地球科学;物理学;大地测量学;空间大地测量学	美国	http://cddis.nasa.gov
空间科学数据中心	天文学;空间科学;计算机科学;空间物理学;空间气象学;行星科学	中国	http://www.cssdc.ac.cn
寒区旱区科学数据中心	地球科学;地理学	中国	http://card.westgis.ac.cn
全球水资源中心	地球科学;计算机科学;系统科学;环境研究与林业;水文循环;闪电;极端气象	美国	https://ghrc.nsstc.nasa.gov/home/
意大利天文档案IA2中心	天文学;空间科学	意大利	http://ia2.oats.inaf.it
美国校际社会科学数据共享联盟	经济学;性别和性研究;地理学;政治学;心理学;社会学;统计;家庭和消费科学;健康科学;历史;老龄化;刑事司法;人口;教育;法律;药品滥用	美国	http://www.icpsr.umich.edu
大气科学数据中心	地球科学;大气科学;云;气溶胶;对流层化学	美国	http://eosweb.larc.nasa.gov/
WDC地磁学科中心,孟买	物理学;地球科学;空间科学;地磁学;固体地球地磁和高层大气科学;航空学	印度	http://wdciig.res.in/WebUI/Home.aspx
加拿大天文数据中心/加拿大虚拟天文台	天文学;空间科学	加拿大	http://www.cadc-ccda.hia-iha.nrc-cnrc.gc.ca/en/
阿拉斯加卫星设施	地球科学;地理学;区域研究;冰冻圈;极地过程;固体地球;磁层;阿拉斯加州地理研究	美国	http://www.asf.alaska.edu/
加拿大海洋信息中心	地球科学;计算机科学;海洋科学;地球物理学;海洋物理学;海洋生物学;生物化学;海洋工程	加拿大	http://www.oceannetworks.ca

(续表)

成员	领域	国家	网址
社会经济数据和应用中心	地球科学;化学;文化和种族研究;经济学;地理学;政治学;社会学;计算机科学;统计;系统科学;农业;建筑与设计;商业;工程;环境研究与林业;健康科学;交通;人类学;区域研究;环境科学;可持续发展的科学;气候学;信息系统科学	美国	http://sedac.ciesin.columbia.edu/
美国 UAVSTAR 联合大学	地球科学;大地测量学	美国	http://www.unavco.org/
陆地过程分布式数据档案中心	地球科学;地理学;农业;环境研究与林业;土地覆盖;土地变化;土地处理	美国	https://lpdaac.usgs.gov/
平均海平面永久服务中心	地球科学;物理学;海平面;气候变化;海洋学;大地测量学	英国	http://www.psmsl.org/
数据归档与网络化服务	生命科学;经济学;性别和性研究;政治学;心理学;社会学;健康科学;历史;语言和语言学;人类学;考古学;行为科学;社会文化学;地理空间学;传播科学;人口学	荷兰	https://dans.knaw.nl/en
京都大学生存圈研究所	天文学;空间科学;地球科学;工程	日本	http://www.rish.kyoto-u.ac.jp/?lang=en
剑桥晶体数据中心	化学;晶体学	英国	http://www.ccdc.cam.ac.uk/
全球生物多样性信息网络	生命科学	丹麦	http://www.gbif.org/
中国地球物理学科中心	空间科学;地球科学	中国	http://www.geophys.ac.cn
全球变化科学研究数据出版系统	地球科学;经济学;地理学;农业;环境研究与林业;历史;区域研究;地球生态系统	中国	http://www.geodoi.ac.cn
加拿大冰层信息网络/极地数据目录	地球科学;生命科学;化学;文化与族裔研究;经济学;地理学;社会学;环境研究与林业;家庭与消费科学;健康科学交通;历史;人类学;考古学;冰冻圈;极地	加拿大	https://www.polardata.ca

(续表)

成员	领域	国家	网址
瑞典国家数据服务	文化与民族研究;经济学;地理学;政治学;统计;环境研究与林业;家庭与消费科学;健康科学;考古学	瑞典	https://snd.gu.se/en
俄罗斯科学院天文学研究所天文数据中心	天文学;空间科学	俄罗斯	http://www.inasan.ru/en/divisions/dpss/cad/
海洋生物学中心（OB.DAAC）	地球科学;生命科学;环境研究与林业;健康科学	美国	https://oceancolor.gsfc.nasa.gov/data/overview/
Neotoma古生态学数据库	地球科学;生命科学;地理学;环境研究与林业;人类学;考古学	美国	http://neotomadb.org
免疫学数据库与分析门户	生命科学	美国	http://www.immport.org
世界蛋白质数据库	生命科学;结构生物学	美国	http://www.wwPDB.org
澳大利亚数据档案馆	文化和种族研究;经济学;性别和性研究;政治学;心理学;社会学;业务;家庭与消费科学;健康科学;运输;历史;区域研究;社会科学	澳大利亚	https://ada.edu.au
英国国家地球科学数据中心	地球科学	英国	http://www.bgs.ac.uk/services/ngdc/home.html
加州数字图书馆	天文学;空间科学;地球科学;生命科学;化学;物理学;文化和种族研究;经济学;性别和性研究;地理学;政治学;心理学;社会学;计算机科学;数学;统计;系统科学;农业;建筑与设计;业务;工程;环境研究与林业;家庭与消费科学;健康科学;运输;历史;语言和语言学;人类学;考古学;区域研究	美国	https://www.cdlib.org

（续表）

成员	领域	国家	网址
爱尔兰数字化知识库	文化与种族研究；经济学；性别与性研究；地理学；政治学；心理学；社会学；建筑与设计；业务；家庭与消费科学；历史；语言和语言学；人类学；考古学；区域研究；人文社会科学	爱尔兰	https://www.dri.ie
挪威海洋数据中心	地球科学；海洋学	挪威	https://www.hi.no/en/hi/forskning/research-groups-1/the-norwegian-marine-data-centre-nmd
学术调查研究资料库	文化与种族研究；经济学；性别与性研究；地理学；政治学；心理学；社会学；统计；家庭与消费科学；健康科学；运输；历史；语言和语言学；区域研究	中国	https://srda.sinica.edu.tw/
物理海洋学分布式存档中心	地球科学；海洋学	美国	https://podaac.jpl.nasa.gov
美国国家大气研究中心	地球科学；大气和海洋科学	美国	https://rda.ucar.edu/
大气数据供应系统与分布式档案中心（LAADS-DAAC）	地球科学	美国	https://ladsweb.modaps.eosdis.nasa.gov/
环境信息数据中心	地球科学；生命科学；环境研究与林业	英国	http://eidc.ceh.ac.uk/
濒危文化数字资源的太平洋和区域档案馆	文化和种族研究；语言和语言学；人类学；音乐学	澳大利亚	http://paradisec.org.au/
考古学数据服务	环境研究与林业；人类学；考古学	英国	https://archaeologydata-service.ac.uk/
大气辐射量数据中心	地球科学；大气科学；气候科学	美国	https://www.arm.gov/data
地质科学数据出版系统	地球科学；工程；地质数据科学	中国	http://dcc.cgs.gov.cn/en

注：① 网址检索日期 2023-10-30。

3. 主要成员介绍

(1) 世界土壤信息中心

世界土壤信息中心(WDC-Soils,检索日期:2023-10-30)位于荷兰,由ISRIC基金会主办,作为全球土壤信息的保管人和创建者,着重于与土壤有关的数据收集和信息服务。该数据共享平台通过汇总可用的全球土壤信息,构建全球一致的土壤信息系统,并用于全球土壤研究和评估。这些工作是在数据提供者、建模人员和遥感专家的国际社会密切合作与支持下进行的。

(2) WDC世界地理信息与可持续发展中心

WDC世界地理信息与可持续发展中心(WDC-Ukraine)位于乌克兰,自2006年以来一直是国际科学理事会(ICSU)世界数据系统(WDS)的正式成员。该中心致力于提供不同性质的复杂系统的跨学科研究。重点工作是为科学界提供可访问的地球科学、行星和空间物理学及相关学科的全球信息资源,收集和存储具有重要价值的全球和区域数据用于可持续发展和决策支持领域的研究。数据覆盖的领域有空间科学、地球科学、文化和种族研究、经济学、地理学、社会学、计算机科学、数学、统计、系统科学、环境研究与林业。

(3) 英国国家地球科学数据中心

英国国家地球科学数据中心(National Geoscience Data Centre,NGDC,services/ngdc/home.html)由英国地质调查局建立,是英国客观和权威的地球科学数据的首要提供者。其使命是提供公正和独立的地球科学建议和数据。利用对本国和全球的地球系统科学领域的观测能力,监测和表征地质环境。收集、分析、解释、呈现数据和知识是中心的核心活动。数据覆盖的领域有地球化学、城市地理、海洋学、碳排放和自然灾害等方面。

(4) 美国国家环境信息中心

美国国家环境信息中心(National Centers for Environmental Information,NCEI)依托美国国家海洋和大气管理局(NOAA)建立,由国家气候数据中心、国家海洋数据中心和国家海岸数据中心合并组成。NCEI负责提供从海洋深处到太阳表面,从百万年前的沉积物到近乎实时的卫星图像的数据。数据覆盖气象学、土地覆被、海洋学和地球物理学等领域。

(5) 加州数字图书馆

加州数字图书馆(California Digital Library, CDL)由加利福尼亚大学于1997年成立,旨在利用新兴技术来改变数字信息的发布和访问方式。至今,已经成为世界上最大的研究型数字图书馆之一,改变了教师、学生和研究人员发现和访问信息的方式。CDL与加利福尼亚大学合作,将图书馆、博物馆和文化遗产等数字化后向世界分享。数据覆盖天文学、空间科学、地球科学、生命科学、化学、物理学、文化和种族研究、经济学、区域科学等几乎所有学科和领域。

(二) 国际科技数据委员会

国际科技数据委员会CODATA(检索日期:2023-10-30)是国际科学联合会于1966年成立的一个跨学科的科技数据领域的国际权威机构,其宗旨是提高科技领域内重要数据的质量,广泛推动对重要科技数据的编辑、评价和传播,致力于提高科技数据的可靠性与可访问性。中国于1984年加入CODATA,并由中国科学院牵头,成立了CODATA中国全国委员会,委员来自国内各相关研究院所、高校及相关政府部门。近年来,中国科学家在国际CODATA中的影响和作用日益增大。

至今,CODATA已有50多年的科学数据前沿研究、知识开发和数据资源建设的大量经验,不断提供科技数据处理的最新思想和技术。CODATA关注科学技术各个领域的来自实验、观察和计算的各类数据,这些领域包括物理学、生物学、地质学、天文学、地理学、生态学及其他学科。从基础科学数据到前沿科学数据的评价、传播与应用,CODATA都取得了众所瞩目的成绩。

(三) 地球观测数据和信息系统

1994年,美国航空航天局(NASA)为实现"更好地了解地球、太阳、太阳系和宇宙"的发展目标,开始了地球科学数据系统计划(ESDS)。该计划旨在全面参与NASA的地球科学数据的生命周期——从采集到处理和分发。地球观测数据和信息系统(EOSDIS,https://earthdata.nasa.gov/)是ESDS的核心部分,其通过在全美建设12个数据中心组成国家级分布式数据中心群(Distributed Active Archive Centers,DAACS),支持地球观测系统所产生的数据的全面化、专门化的管理(表9-2)。

表9-2 地球观测数据和信息系统国家级分布式数据中心群(EOSDIS-DAACS)

数据中心名称	领域
阿拉斯加卫星设施(ASF-DAAC)	合成孔径雷达产品、海冰、极性过程、地球物理学
大气科学数据中心(ASDC-DAAC)	辐射预算、云、气溶胶、对流层化学
地壳动力学数据信息系统(CDDIS-DAAC)	大地测量学、固体地球
全球水文资源中心(GHRC-DAAC)	闪电、飓风、风暴引起的灾害
戈达德地球科学数据和信息服务中心(GES-DISC)	全球降水、太阳辐照度、大气成分、动力学、全球建模
土地处理DAAC(LP-DAAC)	地表辐射和反射率、地表温度、土地覆盖、植被指数
1级数据和大气档案和发布系统(LAADS-DAAC)	MODIS辐射度、大气数据产品
国家冰雪数据中心(NSIDC-DAAC)	冰架、极冻之地、冰河、冰盖、海冰、雪、土壤湿度
橡树岭国家实验室(ORNL-DAAC)	生物地球化学动力学、生态数据、环境过程
海洋生物学DAAC(OB-DAAC)	海洋生物学、海面温度
物理海洋学DAAC(PO-DAAC)	重力、海面温度、海风、海洋表面地形、海洋环流
社会经济数据和应用中心(SEDAC)	人类互动、土地利用、环境可持续性、地理空间数据

三、中国主要地球系统科学数据共享平台——国家地球系统科学数据中心

(一)概述

国家地球系统科学数据中心由科技部牵头,由国家科技资源共享服务平台统一管理,依托中国科学院地理科学与资源研究所,联合中国科学院、教育部、国家卫生健康委员会、国家海洋局等部委所属的160个科研院所、

台站、高等院校等共同建设。网址为：http://www.geodata.cn/index.html。

中心按照"圈层系统—学科分类—主题要素—数据集"四级目录开展数据资源体系建设，目前已建成学科面广、多时空尺度的综合性国内规模最大的地球系统科学数据库群，涵盖大气圈、冰冻圈、岩石圈、陆地表层、海洋以及外层空间的18个一级学科、115个主题要素的24 000余个数据集，资源总量约2.0 PB，在空间尺度上覆盖"站点—典型区域—全国—洲际—全球"，在时间尺度上跨越"百万年—万年—百年—近现代—未来情景"。数据主要包括：全国尺度的地表过程与人地关系数据，典型区域地表过程与人地关系数据（极地、青藏高原、黄土高原、黄河中下游、东北黑土区、寒区旱区、西南山地、长江三角洲、东南沿海、南海及邻近海区、新疆与中亚区域等），日地系统与空间环境数据（地球物理、空间科学、天文科学数据等），对地观测数据及产品，以及国际数据资源等。

中心以元数据为核心进行数据资源的整合集成，按照"总中心—数据中心—数据资源点"三级架构组织实施，形成了总中心和15个数据中心构成的物理上分布、逻辑上统一的一站式数据共享服务网络系统。

中心按照区域和学科并重的原则进行遴选和动态评估，主要包括：

1. 区域数据中心

① 青藏高原科学数据中心，依托单位：中国科学院青藏高原研究所。

② 新疆与中亚科学数据中心，依托单位：中国科学院新疆生态与地理研究所。

③ 黄土高原科学数据中心，依托单位：中国科学院教育部水土保持与生态环境研究中心。

④ 黄河中下游科学数据中心，依托单位：河南大学。

⑤ 东北黑土科学数据中心，依托单位：中国科学院东北地理与农业生态研究所。

⑥ 长江三角洲科学数据中心，依托单位：南京师范大学。

⑦ 南海及邻近海区科学数据中心，依托单位：中国科学院南海海洋研究所。

⑧ 极地科学数据中心,依托单位:中国极地研究中心。

2. 学科数据中心

① 冰川冻土科学数据中心,依托单位:中国科学院寒区旱区环境与工程研究所。

② 湖泊-流域科学数据中心,依托单位:中国科学院南京地理与湖泊研究所。

③ 土壤科学数据中心,依托单位:中国科学院南京土壤研究所。

④ 地球物理科学数据中心,依托单位:中国科学院地质与地球物理研究所。

⑤ 空间科学数据中心,依托单位:中国科学院空间科学与应用研究中心。

⑥ 天文科学数据中心,依托单位:中国科学院国家天文台。

⑦ 全球变化模拟科学数据中心,依托单位:南京大学。

3. 数据资源点

① 全球卫星遥感参数数据资源点,依托单位:中国科学院地理科学与资源研究所。

② 中国物候观测数据资源点,依托单位:中国科学院地理科学与资源研究所。

③ 中国流动人口数据资源点,依托单位:国家卫生健康委员会。

④ 大气浓度时空分布数据资源点,依托单位:中国科学院大气物理研究所。

⑤ 沼泽湿地数据资源点,依托单位:中国科学院东北地理与农业生态研究所。

⑥ 西南山地数据资源点,依托单位:重庆师范大学。

⑦ 东亚古环境数据资源点,依托单位:中国科学院地球环境研究所。

⑧ 藻种资源数据资源点,依托单位:中国科学院水生生物研究所。

（二）主要分中心

1. 长江三角洲科学数据中心

长江三角洲科学数据中心依托南京师范大学而建立，由虚拟地理环境教育部重点实验室与地理信息科学江苏省重点实验室负责建设。目标是构建一个长期稳定运行、资源丰富的数据服务网站平台，跟踪长江三角洲地区热点问题、开发治理项目与工程，主动提供在线数据服务，挖掘、抢救、整理、整合气候资源与大气环境、水资源与水环境、土壤资源与土壤环境、生物资源与生态环境等涉及的地质学、地理学、大气科学、环境科学、海洋科学等多学科的数据资源，服务于地球科学研究。培养一批掌握不同层次的数据融合、数据服务与数据共享的技术和管理专门人才，实现共享工程可持续的、稳定健康的发展。

2. 黄土高原科学数据中心

黄土高原科学数据中心由中国科学院教育部水土保持与生态环境研究中心负责承建。建设目标是：以黄土高原为重点，以土壤侵蚀-水土保持-生态修复为主线构建黄土高原地表过程研究数据库及其服务体系，建成独具地域和专业特色的黄土高原数据共享运行服务中心，并成为国家地球系统科学数据共享平台的地域数据共享运行服务中心之一，为该地区生态环境建设和农业发展从科学研究、生产实践、政府决策、科技教育等不同层面上提供科学数据支撑和服务。数据内容涵盖黄土高原土壤侵蚀、水土保持、生态修复和农业发展等领域的历史数据和不断产生的科研数据。中心网址为：http://loess.geodata.cn/index.html。

3. 黄河中下游科学数据中心

黄河中下游科学数据中心依托河南大学环境与规划学院以及教育部人文社科重点研究基地黄河文明与可持续发展研究中心建立，本平台是以黄河流域为特定地理单元的地球系统科学数据共享中心，以水、土、气、生物资源、灾害、三角洲、湿地、全球变化等学科前沿问题研究数据和黄河流域基础地理数据、乡级单元社会经济数据、水利水保工程数据为主体的数据库。为全球范围内进行黄河研究的科研人员、相关政府部门和社会公众提供在线、离线多种形式数据共享服务。中心网址为：http://henu.geodata.cn/index.html。

4. 东北黑土科学数据中心

东北黑土科学数据中心由中国科学院东北地理与农业生态研究所负责承建，主要开展东北黑土区农业生态科学数据、中国湿地生态与环境科学数据、东北亚地理科学数据的管理与共享服务，构建东北亚资源环境与农业生态研究时空数据管理平台和数值模拟研究平台，为国家在黑土生态、湿地生态、东北亚区域可持续发展等领域的科技创新提供重要的数据支撑和科学决策基础，服务于东北全面振兴、国家湿地保护、"一带一路"倡议等国家重大科技需求。中心网址为：http://northeast.geodata.cn/index.html。

东北黑土区农业生态科学数据包括：土壤化学主题库、土壤调查与评价主题库、土壤地理学主题库、土壤改良学主题库、农业植物学主题库、农业气象学与农业气候学主题库、农业生态学主题库、黑土区社会经济主题库、农田和草地生态系统管理主题库、东北区域生态系统变化与恢复评估主题库、世界黑土主题库。

中国湿地生态与环境科学数据包括：湿地植物主题库、湿地土壤主题库、湿地水资源与水环境主题库、中国湿地分布与变化主题库、中国湖泊湿地环境主题库、中国湿地保护与利用主题库、粤港澳大湾区湿地损失与恢复主题库、海上丝绸之路红树林湿地分布及变化主题库。

东北亚地理科学数据包括：基础地理信息主题库、土地利用/土地覆被及其变化主题库、人地关系主题库、遥感信息主题库、中国东北振兴资源环境保障主题库、东北亚周边国家自然资源变化主题库、东北亚生态环境与可持续发展主题库、中蒙俄经济走廊资源与环境变化主题库。

5. 南海及邻近海区科学数据中心

南海及邻近海区科学数据中心依托中国科学院南海海洋研究所，立足于我国最大的边缘海和唯一的热带海区——南海，南海的数据不仅对科学研究、经济发展、国家安全有重要意义，在全球变暖研究中也具有现实意义。南海及邻近海区科学数据中心将持续开展海洋数据存储管理、集成加工、共享服务、可视化应用的工作,不断整合南海及邻近海区综合科学考察和科学研究所获得的物理海洋、海洋化学、海洋生物、海洋地质数据,根据各种需要,挖掘、集成各种数据产品,从资源的全面性和权威性两个层面,不断提高数据资源加工与整合能力和运行服务能力,建成具有国际水平的南海数据共享服务平台,为海洋科学研究、科技创新、国民教育、资源环境保护、国家战略决策、海洋经济和社会可持续发展提供数据支撑。中心网址为:http://ocean.geodata.cn/index.html。

6. 湖泊-流域科学数据中心

湖泊-流域科学数据中心由中国科学院南京地理与湖泊研究所下属支撑部门湖泊-流域数据集成与模拟中心负责承建。湖泊-流域科学数据中心以湖泊和流域为基础对象,支撑自然和人文要素驱动下的湖泊-流域系统过程、格局及其相互作用与调控机理研究。平台以"服务全国,拓展世界,立足现在,面向未来"为发展目标,努力打造一流的湖泊流域数据服务应用环境与一流的湖泊流域数据服务技术支撑,成为国家地球系统科学数据中心中具有学科领域科学数据特色与支撑服务能力突出的分中心。中心网址为:http://lake.geodata.cn/。

7. 土壤科学数据中心

土壤科学数据中心依托中国科学院南京土壤研究所,是开展土壤科学数据存储、管理、集成、加工,提供数据资源共享服务,支撑土壤科学研究及农业服务的数据服务基地。中心主要针对土壤学科主要关键变量,集成整合不同区域各类土壤科学数据资源,构建土壤科学数据网络共享平台,建设土壤数据网络服务队伍,开展土壤数据运行服务,联合相关平台提供共享服务,推动土壤科学及相关学科的发展。中心网址为:http://soil.geodata.cn/index.html。

土壤科学数据中心土壤数据资源包含我国土种剖面属性、土壤肥力、土壤分类、土壤样品、重大项目数据,数据集目前已达上百个,记录达200多万条。其中特色数据包括1∶14 000 000、1∶4 000 000、1∶1 000 000等不同比例尺的、全国尺度和区域尺度的土壤类型图及属性专题图,还包括我国不同分类系统体系及其与国际其他土壤分类系统的参比系统。该数据中心拥有我国最为齐全的土壤空间和属性数据,涵盖全国土壤有机质含量、氮磷钾含量、颗粒组成等10余项空间专题数据,对于研究生态环境变化、土壤肥力演变等具有重要意义。

8. 地球物理科学数据中心

地球物理科学数据中心由中国科学院地质与地球物理研究所负责承建,主要包括地球空间环境和固体地球物理数据,其数据来源于中国科学院地质与地球物理研究所多个综合野外观测站自主观测的中国地区数据,以及通过参与国际联合观测和数据交换共享(包括建立数据镜像服务器)等获得的全球空间环境和固体地球观测数据。中心网址为:http://geospace.geodata.cn/index.html。

数据中心建立了包括地磁场、中高层大气和电离层等有关学科多个数据库,其中具有鲜明特色的专题数据库主要有:① 电离层特性参量数据库,涵盖了我国及周边超过一个太阳活动周期(11年)的连续观测数据,特别是我国中部武汉地区长达70年的连续观测数据,这是我国观测历史最长的电离层特性参量观测数据,对研究电离层长期变化具有重要作用。② 全天空流星雷达中高层大气风场数据库,包括我国从北到南的流星雷达中高层大气风场,是国际上唯一一个覆盖中纬到低纬的地基中高层大气连续观测数据库。③ 全球最大的电离层非相干散射雷达数据库,数据库与美国的Madrigal系统数据同步。④ 全球最大的数字电离层测高仪数据库,包括全球78个台站的电离层参数和电离层电子浓度剖面,数据库与美国GIRO数据中心不定期同步。⑤ 国际实时地磁观测网INTERMAGNET数据库,拥有全球131个国际标准地磁台观测的数据,是国际上观测精度最高,具有全球代表性的地磁场数据,并每5年一次作为国际参考地磁场IGRF模型修正的基础数据。

第二节 常用数据库

一、国外常用数据库(集)

1. 全球海洋数据库(GEBCO-The General Bathymetric Chart of the O-

ceans），旨在提供最权威、免费使用的全球海洋水深测量数据集。提供全球海陆地形数据，可生成 DEM，有 18G 或 2G 的可选择下载，也有现成的图件可打印使用。

2．全球板块恢复及古气候等综合数据库（PALEOMAP Project），主要关注大洋底和板块的构造发育，同时也关注过去 11 亿年海陆分布的变迁。

3．美国地质勘探局（U. S. Geological Survey—USGS），主要包括地震数据、水资源数据、遥感与土地利用数据、火山数据、洪水数据、干旱数据、野火数据及滑坡数据。其中，土地利用数据主要通过 Earth Explorer-Home（https：//earthexplorer. usgs. gov/）获取，是进行全球土地利用及其生态环境效应研究的主要免费数据平台。

4．国际地层学会（International Commission on Stratigraphy），主要进行全球国际年代地层表的发布。

5．全球湖泊数据库（World Lakes Website），主要关注世界湖泊健康保护、湖泊生态修复及湖泊的可持续发展。

6．联合国教科文组织（United Nations Educational，Scientific and Cultural Organization—UNESCO），主要关注世界遗产、非物质文化遗产、创新城市、生物圈保护区、文化记忆、联合国教科文组织世界地质公园、联合国教科文组织世界濒危语言地图集等。

7．联合国可持续发展目标（Sustainable Development Goals），目前主要关注 17 个可持续发展目标：① 无贫困；② 零饥饿；③ 良好健康与福祉；④ 优质教育；⑤ 性别平等；⑥ 清洁饮水和卫生设施；⑦ 经济适用的清洁能源；⑧ 体面工作与经济增长；⑨ 产业、创新和基础设施；⑩ 减少不平等；⑪ 可持续城市和社区；⑫ 负责任消费和生产；⑬ 气候行动；⑭ 水下生物；⑮ 陆地生物；⑯ 和平、正义；⑰ 促进目标实现的伙伴关系。

8．全球卫生数据库（Global Health Data Exchange—GHDx），目前主要发布世界最综合的调查目录、人口普查及一些与健康相关的数据。

二、国内常用数据库(集)

(一) 国内地学数据库

1. 地理空间数据云

地理空间数据云平台启建于2010年,由中国科学院计算机网络信息中心下属科学数据中心建设并运行维护。以中国科学院及国家的科学研究为主要需求,逐渐引进当今国际上不同领域的国际数据资源,并对其进行加工、整理、集成,最终实现数据的集中式公开服务、在线计算等。主要模块包括:① 镜像数据。引进的国际原始数据资源有 MODIS、Landsat、SRTM 等。② 数据产品。在镜像数据及科学数据中心存档数据的基础上,利用国内外权威的数据处理方法或科学数据中心自行研发的数据处理方法加工生产的高质量数据产品。③ 模型计算。面向多领域科研需求,基于通用的数据模型,为用户提供可定制的数据产品加工,用户通过在线定制可以得到自己需要的数据产品。

2. 全国地理信息资源目录服务系统

该网站提供:① 30 米全球地表覆盖数据(GlobeLand30),能够提供地理位置、分布范围和景观格局等直观的地表覆盖的空间分布和信息。② 1∶1 000 000 的全国基础地理数据库,数据覆盖全国陆地范围和包括台湾岛、海南岛、钓鱼岛、南海诸岛在内的主要岛屿及其邻近海域。地理空间参考采用 2000 国家大地坐标系,1985 国家高程基准,经纬度坐标。③ 1∶250 000 全国基础地理数据库,其公众版基础地理数据覆盖全国陆地范围和包括台湾岛、海南岛、钓鱼岛、南海诸岛在内的主要岛屿及其邻近海域。地理空间参考采用 2000 国家大地坐标系,1985 国家高程基准,经纬度坐标。

3. 全球变化科学研究数据出版系统

全球变化科学研究数据出版系统是经过同行专家评审通过的、与全球变化科学研究相关的原创数据、数据论文和研究论文出版和发布平台,它由《全球变化数据仓储(中英文)》和《全球变化数据学报(中英文)》两部分组成。它以出版和传播全球变化相关领域（包括地理、资源、生态、环境、可持续发展等）科学研究数据和数据论文作为核心任务，以促进全球变化科学研究领域数据开放和共享作为宗旨，确保数据产权清晰、安全可靠、质量可信、计算机可识别、系统可交互、数据可挖掘再用。因此，数据仓储与数据论文协调一致。其中，《全球变化数据仓储（中英文）》以出版数据集或数据产品为核心出版内容，要求数据集或数据产品必须为原创成果，并且数据格式必须为常用或规范数据格式，如果数据格式特殊，需要配备有开放的、可处理该数据的计算机软件；《全球变化数据学报（中英文）》文章必须描述元数据、数据研发方法和数据验证结果。

4. 国家生态系统观测研究网络平台

国家生态系统观测研究网络平台（Chinese National Ecosystem Research Network）是由 51 个生态系统国家野外科学观测研究站、国家土壤肥力与肥料效益监测站网、国家农作物种质资源野外观测研究和综合研究中心共同组成的，该网络覆盖了我国不同区域和不同类型的生态系统，是国家级跨部门、跨行业、跨地域的科技平台。平台业务主管部门是中国科学院，牵头单位是中国科学院地理科学与资源研究所，参与运行服务的单位有 33 家。主要涉及动态监测数据、水碳通量数据、气象栅格数据、台站地图数据、台站数据资源。

5. 中国土壤数据库

中国土壤数据库以自主版权为主的权威性公开出版物、由南京土壤研究所主持研究项目获取的部分数据以及中国生态系统研究网络陆地生态站部分监测数据为数据来源。上述数据的获取均是在国家、中国科学院统一规划下，有组织地在全国范围内进行的。中国土壤数据库涵盖土壤资源、土壤肥力、土壤环境、土壤生物等土壤学主要学科分支，包括属性数据和多尺度空间数据等多种数据类型。详细划分为 8 个土壤资源类库，7 个土壤肥力类库，2 个土壤环境类库，1 个土壤生物类库，4 个典型地域类库和 3 个重大项目类库。

6. 资源学科创新示范平台

大数据驱动的资源学科创新示范平台在原人地系统主题数据的基础

上，以资源学科与信息化的融合为手段，进行资源学科领域数据资源的深度集成整合；面向资源学科领域重大问题和科学任务，实现资源学科领域大数据资源、大数据存储与计算环境、大数据分析与可视化方法及工具等的按需贯通，形成了支撑本学科领域典型科研活动的大数据平台；在"一带一路"中蒙俄经济走廊交通与管线生态风险防控、京津冀资源环境承载力评估、西藏自治区自然资源负债表编制等应用中开展应用示范；探索大数据驱动下的资源学科综合研究信息链、跨国科学家联盟协同创新等新型研究模式。主要包括全球数据专题库、图形数据库、自然资源及其开发利用、典型示范专题库、社会发展专题库、地理背景专题库、遥感及地表参数。

7. 中国健康与营养调查

中国健康与营养调查（China Health and Nutrition Survey，CHNS）是由美国北卡罗来纳大学人口中心与中国预防科学医学院联合进行的大规模的社会健康调查。调查的内容涉及诸多方面，包括健康学、营养学、社会学、人口学、经济学、公共政策等多个学科。CHNS数据的内容十分广泛，包括社区调查、家庭户调查、个人调查、健康调查、营养和体质测验、食品市场调查及健康和计划生育调查。除社区数据外，CHNS数据是面向公众的，社区数据也可以通过与卡罗来纳大学人口中心签订一个保密协定而获得使用权。

8. 中国综合社会调查

中国综合社会调查（Chinese General Social Survey，CGSS）始于2003年，是我国最早的全国性、综合性、连续性的学术调查项目。2003—2008年是CGSS项目的第一期，2010—2019年是CGSS项目的第二期。CGSS数据的用户来自世界各国经济学、社会学、人口学、政治学、管理学、新闻学、心理学、劳动人事学、地理学、历史学、人类学以及其他学科的学者、学生等，基于CGSS数据发表的学术期刊文章或著作已超过千余篇。该网站的数据主要用于社会科学问题研究，多采用计量方法进行研究，地理学主要刊物运用这组数据库发文相对较少。

（二）地图集及在线电子地图平台

在人类历史很长一段时期，地图集或地图是记录人类对自然地理环境及人文地理环境认知的重要载体,也是地理学者从事地理学研究的有效途径。随着地理信息系统技术的发展,电子地图、影像地图、矢量地图以及大数据平台均成为地理数据的主要来源,这些数据对于现在人文地理学研究具有重要的现实意义。因此,系统收集和整理地图集或地图、电子地图数据也是进行地理学学习和研究的重要途径。如:吴传钧的《中国土地利用图1∶1 000 000》、史培军的《中国自然灾害风险地图集》、王静爱的《中国地理图集》、刘明光的《中国自然地理图集》、中国科学院中国植被图编辑委员会的《中国植被图集1∶1 000 000》、《云南省地图集》编纂委员会的《云南地图集》;郑度的《中国生态地理区域系统研究》中的"中国生态地理区划"图,黄秉维的"中国综合自然区划"图,任美锷等"中国自然地理区划"图,樊杰的"中国主体功能区划方案",方创琳的"中国人文地理综合区划"和"中国新型城镇化发展的综合区划"图,周扬的"中国乡村地域类型分区"。

(三) 微信平台

微信平台是科研工作者快捷获取学术信息和进行学术交流的重要平台。许多期刊、研究团队、个人等都会以微信平台提供科研最新成果。因此,我们需要关注地理学、经济学、生态学等相关学科的微信公众号。如:全国地研联,旅研联,区域经济,清华城镇化智库,中国地理学会,数读城市,新遥感,中国城市与区域实验室,计量经济学,环境遥感,人类学之滇,土壤观察,人类学与民族学之夏,格致出版社,Springer,经管之家,遥感学报,城中百人,中国学派,大数据DT,计量经济圈,赛杰奥,慧天地,科学出版社,高校科研活页,中外学术情报,学术无界等。

问题与讨论

一、常规性问题与讨论

1. 简述国外主要地球系统科学数据平台。
2. 简述国内主要地球系统科学数据平台。
3. 简述国外主要地球系统科学数据库。

4. 简述国内主要地球系统科学数据库。

5. 长期作业：

(1) 每天最少完成一张学术文献卡片；

(2) 每天研读所确定的学术名著。

二、研究性问题与讨论

请在请教导师或主讲教师的基础上，就某一知识主题或科学问题，提出收集有关数据的方案。

第十章　实验室和研究基地

实验室和研究基地的建设与发展，对促进地理学科发展具有重要作用，深远影响地理科学类专业——地理科学专业、自然地理与资源环境专业、人文地理与城乡规划专业、地理信息科学专业——的态势与发展。实验室和研究基地也是各位同学本科毕业后可以继续深造的地方。

第一节　实　验　室

这里的实验室是指广义的实验室。国家实验室、国家重点实验室、国家工程研究中心/实验室、国家工程技术研究中心、省部共建国家重点实验室、中国科学院重点实验室、教育部重点实验室、教育部工程中心、省区重点实验室、省区工程研究中心等均属于本书中的广义的实验室范畴。本节主要介绍地理科学乃至地学方面的部分实验室。

一、实验室的主要类型

国家实验室和国家重点实验室具有一定共性和一定差别。国家实验室的主要任务是面向国际科技前沿，凝练发展目标和研究方向，开展原创性、系统性科学研究，攀登世界科学高峰。以国家现代化建设和社会发展的重大需求为导向，开展基础研究、竞争前沿高技术研究和社会公益研究，积极承担国家重大科研任务，产生具有原始创新和自主知识产权的重大科研成果，为经济建设、社会发展和国家安全提供科技支撑，对相关行业的技术进步做出突出贡献。国家重点实验室的主要任务是针对学科发展前沿和国民经济、社会发展及国家安全的重要科技领域,开展创新性研究。实验室应在科学前沿探索研究中取得具有国际影响的系统性原创成果;或在解决国家经济社会发展面临的重大科技问题中具有创新思想与方法,实现相关重要基础原理的创新、关键技术突破或集成;或积累基本科学数据,为相关领域科学研究提供支撑,为国家宏观决策提供科学依据。

参照国家重点实验室任务与目标,有关省(自治区、直辖市)进行了省部共建国家重点实验室,教育部进行了教育部重点实验室建设,有关省(自治区、直辖市)进行了省(自治区、直辖市)重点实验室建设。参照国家工程中心任务与目标,有关省(自治区、直辖市)进行了省(自治区、直辖市)工程中心建设。

二、地理科学实验室

这里的地理科学实验室既包括凸显地理科学学科属性的实验室,也包括与地理科学学科有一定关系的地学学科类中的其他学科的实验室,涵盖国家级、中国科学院、省(自治区、直辖市)级别的实验室。

1. 资源与环境信息系统国家重点实验室

资源与环境信息系统国家重点实验室于1985年成立,是我国最早的国家重点实验室之一。实验室致力于地球信息科学的基础理论与方法的研究,发展地理信息系统核心技术,是中国地理信息系统事业的摇篮和开拓者。实验室构建了国家级行业重大应用示范系统,建立"数据—模型—软件—系统"一体化的地球信息科学研究体系,对我国地球信息科学的学科发展、骨干人才培养起着重要的导向作用。

2. 测绘遥感信息工程国家重点实验室

测绘遥感信息工程国家重点实验室是于1989年在武汉测绘科技大学国家重点学科摄影测量与遥感及大地测量专业的基础上进行筹建的,当年国家计划委员会(以下简称"国家计委")正式批准成立,是我国测绘学科第一个国家级重点实验室。实验室成立至今,时刻遵循国家重点实验室的相关要求,秉持"开放、流动、联合、竞争"的宗旨,敢为人先、艰苦奋斗,凭借活跃的学术思想、卓越的科学研究成果、完善的自主创新体系和广泛的学术交流,已成为中国及世界测绘与遥感领域范围内基础理论研究和应用研究的中心之一。目前,实验室在科研成果、团队建设、高新技术成果转化和对外学术交流等方面均取得了巨大成就。

3. 地表过程与资源生态国家重点实验室

地表过程与资源生态国家重点实验室成立于2007年。实验室以我国北方农牧交错带、城乡过渡带及海岸带为研究重点,树立了生态系统服务、可持续性管理与退化生态系统的恢复重建目标。实验室主要包含地表过程、资源生态、地表系统模型与模拟、区域可持续发展模式四大研究方向,这为生态脆弱地区土地退化防治和退化生态系统恢复提供了系统的科学与技术支持。实验室注重人才培养,鼓励重点科研项目的申请,注重开展多渠道、多层面的学术交流活动,与国内外知名大学或研究机构间积极建立高水平学术交流和合作等,取得了丰硕成果。在今后发展中,实验室力争建设成为有重要国际影响和地位的地表过程与资源生态研究中心和人才培养基地。

4. 城市与区域生态国家重点实验室

城市与区域生态国家重点实验室的前身为中国科学院系统生态重点实验室,正式成立于2006年。实验室以建设成为国际著名的城市与区域生态学创新研究基地、人才培养基地和国家可持续发展政策研究中心为目标,以城市与区域生态系统为对象,以生态学为基础,兼容环境学、地理学、经济学和社会学等相关学科,开展人类活动胁迫下的生态系统演变机理及其调控机制研究,发展复合生态系统生态学,为解决我国重要生态环境问题、促进城市与区域可持续发展提供科学与技术支撑。实验室面向国际生态学研究前沿和国内重大生态环境问题,经过长期的系统研究和发展,在城市生态、景观生态、生态系统服务功能评价、可持续发展战略和模式,以及一些重大生态环境问题研究方面取得了一系列原创性成果。为国家生态文明战略的制定、全国生态保护、城市与区域生态建设等国家可持续发展重要决策与政策的制定做出了重大贡献,在景观生态、城市生态、生态系统服务功能等研究方向跻身国际先进行列。目前实验室已成为具有国际影响的城市区域复合生态系统生态学理论和模式的研究中心,在我国宏观生态学的发展中发挥了引领作用。

5. 冰冻圈科学国家重点实验室

冰冻圈科学国家重点实验室最早建立于1991年,1997年成为中国科学院重点实验室,2007年通过科技部基础研究司组织的国家重点实验室建设计划可行性论证,成为冰冻圈科学国家重点实验室。实验室立足于研究冰冻圈基础科学和冰冻圈变化对社会经济的影响,以冰川、冻土、积雪为主要研究对象,在冰冻圈过程、机理和模拟,冰冻圈与其他圈层相互作用,冰冻圈灾害、影响与适应对策三个方向开展研究,致力于推动冰冻圈科学与环境、生态、气候、水资源、可持续发展等领域的学科交叉。建立野外监测和实验室分析的一体化研究平台,在冰冻圈过程、冰冻圈气候环境记录、冰冻圈变化及其影响等领域取得标志性创新成果,为区域可持续发展提供科技支撑。

6. 冻土工程国家重点实验室

1989年国家计委批准建设的冻土工程国家重点实验室,隶属于中国科学院西北生态环境资源研究院,是国内唯一从事冻土与寒区工程基础研究和应用基础研究的国家重点实验室。实验室聚焦于寒区工程的应用基础研究,立足国家重大发展需求,以研究土、岩等介质冻融过程和相关的力学、物理、化学、生物过程及其在工程、资源和环境中的应用为研究领域,注重冻土工程与气候、生态、水文、物理力学、热学等多学科交叉融合,突出寒区重大工程关键技术创新,系统研究冻土水-热-力三场耦合机理和模拟、冻土环境与全球变化、寒区工程的生态环境和灾害效应等,解决国际前沿科学问题和重大工程问题,力争成为具有国际影响力的一流冻土与寒区工程研究中心。

7. 黄土与第四纪地质国家重点实验室

黄土与第四纪地质国家重点实验室前身为1985年成立的中国科学院黄土与第四纪地质研究室,隶属于中国科学院。实验室以黄土等多种地质载体为研究对象,聚焦科研能力建设,围绕环境变化的"过去—现在—未来"这一发展主线,不断进行分析与实验,建成了在年代学测试、理化指标分析、计算机数值模拟等方面拥有显著性能的分析测试系统。实验室遵循

"开放、流动、联合、竞争"的指导方针,将基础理论研究成果与国家战略需求相结合,先后主持或参与了涉及大气环境污染防治、气候趋势预测、与生物地球化学循环相联系的生态环境脆弱区综合治理、区域生态环境规划和可持续发展对策等方面 10 余份咨询报告,为西部生态环境建设和恢复计划的制订做出了贡献。

8. 地质灾害防治与地质环境保护国家重点实验室

地质灾害防治与地质环境保护国家重点实验室的前身为在成都理工大学"地质工程"国家重点学科基础上建立的国家专业实验室。实验室经过长期的努力和发展,2003 年被批准为国土资源部重点实验室,2007 年被科技部批准列入国家重点实验室建设计划,2010 年 12 月通过科技部验收。实验室以成都理工大学"地质工程"国家级重点学科为基础,结合多年学科发展经验以及雄厚的地学实力,着眼于本学科领域的前沿发展热点和迫切现实的科学问题,以国土防灾减灾和保障国家重大工程建设安全需求为导向,逐渐发展并形成了重大地质灾害评价与防治、人类活动与地质环境互馈作用及灾害控制、区域地质环境评价与保护、地质灾害监测预警与信息技术 4 个重点研究方向,为地质灾害防治与地质环境保护的国家目标提供全面的理论与技术支撑。

9. 流域水循环模拟与调控国家重点实验室

流域水循环模拟与调控国家重点实验室于 2013 年通过科技部验收。实验室自成立以来,聚焦国际发展前沿,立足国家发展需要,不懈努力,旨在建设一支拥有国际一流水平的流域水循环模拟与调控科研队伍,成为中国在本领域内的科研创新基地和人才培养基地。实验室围绕"自然-社会"二元水循环基础理论建立、水循环及其伴生过程综合模拟、多过程耦合演化机理和规律识别、二元水循环综合调控理论方法和技术体系的构建,实验室目前共设有二元水循环基础理论、流域水循环及其伴生过程、复杂水资源系统配置与调度、流域水沙调控与江河治理、水循环调控工程安全与减灾 5 个研究方向。

10. 城市水资源与水环境国家重点实验室

城市水资源与水环境国家重点实验室于2010年通过科技部验收。实验室以城市水生态安全、城市水质量保障、城市水健康循环3个方向为主要研究领域，形成了水处理与资源化及能源化、环境生物过程工艺学与系统生物学、安全饮用水与控制技术等10个研究团队，以及国际持久性有毒物质、环境生物能源、环境与生态纳米技术、中俄生态联合研究中心等7个国际联合研究中心。经过多年发展，实验室在理论突破、技术创新与工程实践方面取得了多项成果，成为我国本领域科学研究、人才培养和社会服务的重要基地。

11. 湖泊与环境国家重点实验室

湖泊与环境国家重点实验室是在1991年成立的中国科学院湖泊沉积与环境开放实验室的基础上筹建的，2006年实验室通过科技部全部评审论证程序，2007年年初正式批准建设。实验室以探索自然与人文要素驱动下湖泊环境演变过程及各要素相互作用规律为基础，以湖泊的形成与演化、湖泊水文与水资源、湖泊生物与生态、湖泊环境与工程为研究方向，围绕湖泊水安全保障和区域生态安全维系方面的重大科学问题，展开探索研究。以建设成为重要湖泊科学综合研究基地、湖泊资源利用与环境治理技术研究中心、湖泊科学研究高层次人才培养基地为目标，主要解决湖泊环境重大科学问题，同时进一步发展现代湖泊科学理论体系，为湖泊水环境质量改善、水安全保障等方面寻找新的理论方法与技术体系。

12. 大气科学和地球流体力学数值模拟国家重点实验室

大气科学和地球流体力学数值模拟国家重点实验室是国内外知名的大气科学和地球流体力学研究机构。以"建设成国际一流的大气科学研究中心和人才培养基地，服务于国家在气候预测、气候变化等领域的重大科技支撑需求，并在重要的国际研究计划中发挥越来越重要的作用"为奋斗目标，立足于学科发展趋势，与时俱进，顺应国家经济发展建设的需要。当前，实验室主要研究方向包括地球气候系统模式的研发与应用；天气气候动力学理论、气候系统变化规律及其异常发生机制；天气气候可预报性、气候预测的新理论和新方法；地球流体宏观演变规律和机理。研究目标旨在通过研究发展,为我国气候预测和应对气候变化提供理论依据。

13. 地质过程与矿产资源国家重点实验室

地质过程与矿产资源国家重点实验室是以中国地质大学6个部级重点实验室相关优质资源整合为基础,依托地质学和资源工程两个国家重点学科发展起来的,于2004年9月通过科技部实验室建设立项,2008年1月通过了实验室建设期验收。实验室聚焦地球科学和技术前沿动态,着眼于国家在经济和社会发展过程中对矿产资源安全的战略需求,通过对学科前沿性和创新性领域的探索与研究,取得原创性和具有国际先进水平的科研成果,培养基础研究和应用基础研究的创新研究群体和多学科交叉杰出学者。经过多年的发展,实验室已成为在高温高压实验及激光微区分析领域有重要国际影响力的地质过程与矿产资源领域实验室之一。

14. 环境化学与生态毒理学国家重点实验室

环境化学与生态毒理学国家重点实验室聚焦国际学科发展前沿,立足于国家环境与健康研究的重大需求,瞄准持久性有毒化学污染物的分析方法、环境化学行为、毒理与健康效应3个主要研究方向,有针对性地展开了深入透彻的分析与研究,经过长期的不懈努力和刻苦钻研,已经获得了一系列具有原创性意义的可喜成就,同时也逐渐形成了显著的研究特色,在国内外学术界产生了重要影响,对于促进我国环境化学与毒理学学科的进步与发展、支撑国家履行关于持久性有机污染物的《斯德哥尔摩公约》方面发挥了不可替代的作用。

15. 环境模拟与污染控制国家重点联合实验室

环境模拟与污染控制国家重点联合实验室是依托清华大学、中国科学院生态环境研究中心、北京大学及北京师范大学4个单位建立的。联合实验室于1988年提出申请,1989年经评审通过并正式立项,1995年通过由国家计委组织的验收,向国内外开放。联合实验室将"运用先进的科学技术和手段研究重大的环境问题,以基础研究支持高新污染控制技术的发展,发挥联合的巨大优势,为促进环境科学技术的进步,加强我国环境保护,促进我国实施可持续发展战略服务"作为其宗旨,立足于"开放、流动、联合、竞争"的指导方针,不断钻研,努力进取,培育了一大批高层次的科技人才。自建立至今已经取得了显著的科研成果,完成了一批环境科学与工程领域的重大研究项目,已成长为我国环境科学与工程领域开展应用基础研究、培养高层次科研人才和开展高层次学术交流的重要基地。

16. 厦门大学近海海洋环境科学国家重点实验室

厦门大学近海海洋环境科学国家重点实验室瞄准与全球变化有关的重大现实问题,直面国家对海洋环境保护和生态安全的重大需求,立足基础研究,以多学科交叉为基础,以技术创新为动力,主攻海洋生物地球化学过程及其与海洋生态系统相互作用,关注在自然变化和人类活动影响下的海洋生态系统对环境变化的响应和反馈。实验室下设海洋地球化学过程与通量、海洋生态过程与机制、海洋生态与毒理效应、海洋生态系统观测与整合4个研究方向。实验室坚持走国际化发展道路,科学研究力求具备国际视野,管理体系参比国际标准,文化建设崇尚自由宽松,努力建设成为具有重要国际影响力的海洋环境科学研究和创新型人才聚集的基地。

17. 现代古生物学和地层学国家重点实验室

现代古生物学和地层学国家重点实验室由科技部批准建设,其前身为1989年中国科学院批准成立的现代古生物学和地层学开放研究实验室。实验室以地质历史时期生命的起源和演化过程及其环境背景等作为其主要研究内容,是我国专门从事古生物学和地层学研究的国家重点实验室。实验室立足于我国地层古生物资源的丰富性和多样性,对一系列重大生物演化事件和精时地层的演变进行分析研究,发展和建设一支具备国际影响的科研队伍,建立和打造具备国际一流水平的古生物学和地层学实验和数据平台,为国家的矿产资源的勘探工作服务,同时也注重将科学教育和科学传播相融合,最终将实验室建造成为引领相关学科发展、在国际具有重要影响的研究基地。

18. 岩石圈演化国家重点实验室

岩石圈演化国家重点实验室于2007年通过验收。实验室定位于基础研究,结合对地质学、地球物理学、地球化学等多学科综合理论与方法的综合运用,重点研究大陆岩石圈的组成、构造和演化历史。目前,实验室已经在大陆动力学研究领域取得一系列具有高水准的有显示度的成果。在开放与流动管理机制下,结合了地质学、地球物理学和地球化学的交叉融合优势,形成了学术自由与开拓创新的良好科研氛围和一支具有国际影响力的科研团队。实验室中长期目标:在岩石圈演化研究领域做出创新性贡献,为构建国家资源安全保障体系和社会可持续发展提供科学决策依据。全方位开放,实施全新运行机制,聚集和培养优秀青年科学家,实现多学科实质性交叉融合,使之成为岩石圈演化领域的国际性研究中心和学术交流中心,以及吸引、凝聚和培养国内外优秀人才的基地。

19. 大陆动力学国家重点实验室

1992年西北大学大陆动力学实验室成立,1995年获准为陕西省重点实验室,2000年成为教育部重点实验室,2003年被科技部批准为首批省部共建国家重点实验室培育基地,2005年通过了科技部组织的国家重点实验室建设申请评审,2006年立项建设,2007年正式成为国家重点实验室。实验室以"面向前沿、追求卓越、促进交叉、引领发展"为宗旨,秉持"探索地球科学前沿领域的大陆构造演化规律、满足国家重大战略需求"的总体目标,以控制中国大陆形成演化的"十字构造"为切入点,聚焦陆内构造及动力学、构造过程的资源能源效应、构造-环境-生命协同演化三大关键科学问题,进行原创性研究,参与当代国际地学前沿竞争,引领地球科学发展新方向,为国家资源、能源、环境战略安全提供理论支撑,逐步形成基础理论研究、应用基础研究、高新测试技术研发三大体系,建成具有西部特色的大陆构造与动力学研究和技术创新中心。

20. 大气边界层物理与大气化学国家重点实验室

1988年利用世界银行贷款筹建大气边界层物理与大气化学国家重点实验室(LAPC),1991年经中国科学院批准正式成立并对外开放;1995年通过国家计委验收。实验室定位于低层大气中物理和化学过程的基础研究,面向国际学科前沿和国家重大需求,坚持观测实验、理论分析和数值模拟相结合,引领我国大气边界层物理和大气化学学科发展与交叉,培养杰出人才,建设优秀团队,在大气边界层基础理论、大气污染成因与模拟预测、地球生物化学循环关键过程、大气化学过程与气候变化相互影响等关键研究领域,开展关键性、前瞻性的基础和应用基础研究,成为该领域代表国家水平、具有国际影响力的一流国家重点实验室。

21. 地震动力学国家重点实验室

地震动力学国家重点实验室依托中国地震局地质研究所建设，2003年12月批准建设，2007年2月通过验收。实验室以构造物理实验和模拟技术、活动构造与年代学技术、空间对地观测技术、流动地震台阵和地震电磁技术为依托，以地震动力学（地震机理、动力学过程等）与强震预测为主题，以现今构造变形图像与强震危险性、岩石圈三维精细结构与孕震环境、活动构造习性与强震发生规律、构造变形机制与强震发生机理为主要研究方向，以通过研究构造变形与地震活动的关系，揭示大陆强震发生的机理和动力学过程，发展地震物理预测的理论和方法为研究目标。实验室围绕地震机理与预测这一科学前沿问题和防震减灾的社会需求，开展地震科学领域的基础和应用基础研究。地震动力学实验室致力于地震机理与预测研究，为防震减灾提供科技支撑，在我国地震科学研究和防震减灾事业中具有十分重要的地位和作用。

22. 海洋地质国家重点实验室

1992年，同济大学海洋地质系成立海洋地质国家教委开放实验室，1999年更名为海洋地质教育部重点实验室，2005年获准立项建设国家重点实验室，2006年通过国家重点实验室建设验收。海洋地质国家重点实验室以海洋及相邻陆区的环境演变与海底资源观测为目标，以国际接轨的深海基础研究为特色，主要研究方向为古海洋学与古环境、大陆边缘演化与海洋沉积学、海底资源、深海生物地球化学和海底过程与观测等。实验室围绕大洋钻探等大型国际研究计划，突出"地球系统科学"的思想，实现海洋与陆地相结合，古代与现代相结合，依靠国内外的广泛合作和学科的交叉渗透，采用高分辨率的测试和数值处理手段，探索和发展海洋地质研究中的新思路、新途径和新方法。实验室经过多年发展，逐渐成为以面向深海和海陆结合为特色、与国际深海研究前沿接轨的培养高层次人才和进行IODP等深海基础研究的国家级基地以及我国深海科学教育基地。

23. 河口海岸学国家重点实验室

河口海岸学国家重点实验室于1989年由国家计委批准筹建，1995年

12月通过国家验收并正式向国内外开放。实验室秉持"艰苦创业、开拓创新、求实创优"的精神，坚守"求是、求实、求新、求成"的学术风范，聚焦于河口海岸的应用基础研究，以河口演变规律与河口沉积动力学、海岸动力地貌与动力沉积过程、河口海岸生态与环境为主要研究方向。今后发展中，实验室将继续努力，争取建设成国际一流的河口海岸研究中心、高层次人才培养与聚集中心和国内外河口海岸学术交流中心，为促进世界河口海岸学科的发展和实现国家可持续发展做出更大贡献。

24. 环境地球化学国家重点实验室

环境地球化学国家重点实验室前身为中国科学院地球化学研究所环境地质研究室，1989年由国家计委批准在研究所环境地质研究室的基础上建立环境地球化学国家重点实验室，1991年正式对国内外开放，1995年10月实验室正式建成并通过国家验收。实验室围绕环境地球化学学科前沿领域和发展趋势，立足于基础和应用基础方面的研究，紧密结合国家在资源、生态和人类健康服务等方面的重大需求，将地球科学、生命科学和环境科学这三大学科融为一体，把当今出现的环境现象与地球历史的长期演化结合起来，把地球环境系统的自然演化与人为影响结合起来，探索双重作用干扰下的地球化学环境系统的变化规律，进一步发展和完善环境地球化学理论体系。实验室最终目标在于为我国环境地球化学培养大批优秀人才，并成为相关学科的人才培养基地，在环境地球化学理论研究、应用基础研究和人才培养方面取得不可替代的地位，成为国际著名环境地球化学研究中心之一。

25. 环境基准与风险评估国家重点实验室

2011年科技部批准环境基准与风险评估国家重点实验室，实验室依托中国环境科学院建设。实验室主要以环境风险评估、环境风险处置技术、环境保护的基础科学问题等前沿领域的探索研究为主，紧跟国际科学前沿和"科学确定基准"国家目标，主要开展环境基准与风险评估相关领域的基础性研究和基础性工作，为我国制定或者修改环境质量标准、涉及环境保护和人体健康的重大决策及环境风险管理提供理论和科学技术方面的支撑。

26. 灾害天气国家重点实验室

灾害天气国家重点实验室前身为原中国气象科学研究院强风暴实验室和数值预报中心，2005年实验室进入建设阶段，2007年通过建设期验收，2008年正式进入国家重点实验室行列。建立灾害天气国家重点实验室可以针对灾害天气关键科学问题，认识灾害天气演变规律，持续发展灾害天气监测理论和方法，改进灾害天气预报技术，促进学科交叉与知识传播，培养人才队伍，提升天气预报业务科技水平，以期为我国气象防灾减灾能力建设提供理论依据和技术支撑。

27. 中国科学院陆地表层格局与模拟重点实验室

中国科学院陆地表层格局与模拟重点实验室以服务我国资源、环境和可持续发展领域的重大需求为出发点，以中国陆地表层过程变化的资源、环境、生态和健康效应为研究重点领域，探索陆地表层资源环境变化的格局及区域协调管理机制，并在重点区域开展退化生态环境的修复技术。

28. 兰州大学西部环境教育部重点实验室

兰州大学西部环境教育部重点实验室是在1975年成立的兰州大学地质地理系冰川冻土研究室（专业）的基础上发展起来的，于2000年8月立项建设，2001年9月通过了教育部验收并正式对国内外开放。实验室以理解我国西部干旱和高寒环境系统的形成和演化为目标，以地貌演化与新生代环境、环境变化与文明演化、干旱区气候演变与机理、生态响应与区域发展、水文过程与地质灾害为研究方向，重点关注、研究气候和全球变化的区域响应，以干旱为研究特色，开展青藏高原隆升及其干旱环境的形成演化、风沙过程和风沙地貌、干旱区生态水文过程、西部重大地质灾害等问题攻关，为国民经济可持续发展和国家生态环境安全提供理论基础和科学支撑。

29. 中国科学院青藏高原地球科学卓越创新中心

2014年1月21日，中国科学院青藏高原地球科学卓越创新中心依托中国科学院青藏高原研究所成立。该中心立足于青藏高原地球系统科学前沿，研究深部圈层相互作用对地表过程的影响、高寒生态和人类活动对高原隆升与全球变化的响应和适应、冰冻圈地表过程与全球变化耦合作用及其影响等关键科学问题,引领国际青藏高原研究,发展地球系统科学理论,服务人类生存环境改善和区域可持续发展。通过汇集创新优秀人才,建设世界一流科学研究平台,组织国内和国际重大研究计划,营造竞争、流动、创新、开放的新机制,形成对青藏高原地球科学研究的重大成果发源地,成为国际公认、特色鲜明、引领若干前沿研究的地球系统科学研究中心,为绿色丝绸之路建设和区域生态环境管理提供科技支撑。

第二节 研究基地

这里的研究基地是指人文社会科学研究方面的基地,主要是指中国教育部人文社会科学重点研究基地,尤其是具有鲜明人文经济地理乃至地理学特色的人文社会科学重点研究基地。这一类基地的建设发展与人文经济地理学乃至地理学的发展之间,形成了复杂的、良性的正反馈关系,互相促进,这种正反馈关系是地理学特别是人文经济地理学的理论建设和学科建设的主要影响因素之一,深远影响地理科学类各个专业的发展。

一、基地标准

教育部人文社会科学重点研究基地按照"一流"和"唯一"的标准进行建设。所谓"一流",就是要求建立的重点研究基地在确定的研究领域应该在全国是一流的,或者至少在全国高校同一研究领域是一流的,并经过若干年的建设有望在全国同一研究领域达到一流。所谓"唯一",就是说在同一领域、同一研究方向上只设一个重点研究基地,要求建立的重点研究基地切实成为该研究领域的中心,在繁荣和发展我国人文社会科学中明显地居于领先地位。经过建设,这些基地在科学研究、人才培养、社会服务、学术交流、基础建设、政府智库等方面取得重要成果。

二、基地分布

人文社会科学重点研究基地的主要学科包括马克思主义、哲学、宗教学、语言学、中国文学、外国文学、历史学、考古学、经济学、社会学、民族学、图书情报学、教育学、统计学、历史文献学、综合学科等学科领域。

1. 类型分布

马克思主义类重点基地包括：北京大学邓小平理论研究中心、中国人民大学"三个代表"重要思想研究中心、山东大学当代社会主义研究所、湘潭大学毛泽东思想研究中心。

宗教学类重点基地包括：中国人民大学佛教与宗教学理论研究所、四川大学道教与宗教文化研究所。

经济学类重点基地包括：北京大学中国经济研究中心、中国人民大学中国经济改革与发展研究院、中国人民大学财政金融政策研究中心、复旦大学中国社会主义市场经济研究中心、复旦大学世界经济研究所、武汉大学经济发展研究中心、吉林大学中国国有经济研究中心、吉林大学数量经济研究中心、南开大学跨国公司研究中心、南开大学政治经济学研究中心、厦门大学宏观经济研究中心、南京大学长江三角洲经济社会发展研究中心、浙江大学农业现代化与农村发展研究中心、浙江大学民营经济研究中心、兰州大学西北少数民族研究中心（与新疆大学共建）、东北财经大学产业组织与企业组织研究中心、对外经济贸易大学世界贸易组织研究院、辽宁大学比较经济体制研究中心、陕西师范大学西北历史环境与经济社会发展研究院、西北大学中国西部经济发展研究中心、西南财经大学中国金融研究中心、中央财经大学中国精算研究院、辽宁师范大学海洋经济研究中心、南昌大学中国中部经济发展研究中心、浙江工商大学现代商贸研究中心、重庆工商大学长江上游经济研究中心。

教育学类重点基地包括：北京大学教育经济研究所、北京师范大学比较教育研究中心、北京师范大学教师教育研究中心、华东师范大学课程与教学研究所、华东师范大学基础教育改革与发展研究所、厦门大学高等教育发展研究中心、清华大学高校德育研究中心、东北师范大学农村教育研究所、南京师范大学道德教育研究所、华南师范大学心理应用研究中心、郑州大学中国公民教育研究中心。

历史学类重点基地包括：北京大学中国古文献研究中心、北京大学中国古代史研究中心、中国人民大学清史研究所、复旦大学历史地理研究中心、北京师范大学史学理论与史学史研究中心、南开大学中国社会史研究中心、南开大学世界近代史研究中心、中山大学历史人类学研究中心、南京大学"中华民国"史研究中心、华中师范大学中国近代史研究所、东北师范大学世界文明史研究中心、河北大学宋史研究中心。

民族学类重点基地包括：四川大学中国藏学研究所（与西藏大学共建）、内蒙古大学蒙古学研究中心、云南大学西南边疆少数民族研究中心、中央民族大学中国少数民族研究中心。

社会学类重点基地包括：北京大学中国社会与发展研究中心、中国人民大学社会学理论与方法研究中心、中国人民大学人口与发展研究中心、南京大学马克思主义社会理论研究中心。

新闻学与传播学重点基地包括：武汉大学媒体发展研究中心、中国人民大学新闻与社会发展研究中心、复旦大学信息与传播研究中心、中国传媒大学广播电视研究中心。

语言学类重点基地包括：北京大学汉语语言学研究中心、华东师范大学中国文字研究与应用中心、浙江大学汉语史研究中心、华中师范大学语言与语言教育研究中心、北京外国语大学中国外语教育研究中心、北京语言大学对外汉语研究中心、广东外语外贸大学外国语言学及应用语言学研究中心、黑龙江大学俄语语言文学研究中心。

哲学类重点基地包括：北京大学外国哲学研究所、北京大学美学与美育研究中心、中国人民大学伦理学与道德建设研究中心、复旦大学当代国外马克思主义研究中心、北京师范大学价值与文化研究中心、吉林大学哲学基础理论研究中心、中山大学马克思主义哲学与中国现代化研究所、中山大学逻辑与认知研究所、山东大学易学与中国古代哲学研究中心、山东大学犹太教与跨宗教研究中心、湖南师范大学道德文化研究中心、山西大学科学技术哲学研究中心。

中国文学类重点基地包括：复旦大学中国古代文学研究中心、北京师范大学文艺学研究中心、南京大学中国现代文学研究中心、山东大学文艺美学研究中心、安徽师范大学中国诗学研究中心、首都师范大学中国诗歌研究中心。

国际问题研究类重点基地包括：中国人民大学欧洲问题研究中心、复旦大学美国研究中心、吉林大学东北亚研究中心、南开大学亚太经济合作组织研究中心、华东师范大学俄罗斯研究中心、厦门大学东南亚研究中心、四川大学南亚研究所、暨南大学华侨华人研究所、上海外国语大学中东研究院。

考古学类重点基地包括：北京大学中国考古学研究中心、吉林大学边疆考古研究中心。

统计学类重点基地包括：中国人民大学应用统计科学研究中心。

图书情报文献学类重点基地包括：武汉大学信息资源研究中心。

外国文学类重点基地包括：北京大学东方文学研究中心。

心理学类重点基地包括：北京师范大学发展心理研究所、天津师范大学心理与行为研究院。

政治学类重点基地包括：北京大学政治发展与政府管理研究所。

历史文献学类重点基地包括：兰州大学敦煌学研究所。

港澳台问题研究重点基地包括：中山大学港澳珠江三角洲研究中心、厦门大学台湾研究中心。

法学类重点基地包括：北京大学宪法与行政法研究中心、中国人民大学刑事法律科学研究中心、中国人民大学民商事法律科学研究中心、武汉大学环境法研究所、武汉大学国际法研究所、吉林大学理论法学研究中心、中国政法大学诉讼法学研究院、中国政法大学法律史学研究院、中南财经政法大学知识产权研究中心。

管理学类重点基地包括：武汉大学社会保障研究中心、南开大学公司治理研究中心、中山大学行政管理研究中心、厦门大学会计发展研究中心、清华大学现代管理研究中心、清华大学技术创新研究中心、上海财经大学会计与财务研究院。

综合及综合研究类重点基地包括：复旦大学中外现代化进程研究中心、北京师范大学民俗典籍文字研究中心、武汉大学中国传统文化研究中心、中山大学中国非物质文化遗产研究中心、华东师范大学中国现代思想文化研究所、华东师范大学中国现代城市研究中心、四川大学中国俗文化研究所、华中师范大学中国农村问题研究中心、河南大学黄河文明与可持续发展研究中心、上海师范大学都市文化研究中心、苏州大学中国特色城镇化研究中心、西北师范大学西北少数民族教育发展研究中心、西南大学西南民族教育与心理研究中心、安徽大学徽学研究中心、中国海洋大学海洋发展研究院、中央音乐学院音乐学研究所、延边大学中汉朝日研究中心、福建师范大学闽台区域文化研究中心、宁夏大学西夏学研究中心、山东师范大学齐鲁文化研究中心、深圳大学中国经济特区研究中心、四川师范大学巴蜀文化研究中心。

2. 地理分布

我国教育部人文社会科学重点研究基地在各省(自治区、直辖市)分布不均匀,主要集中在东南沿海地区。其中,北京市的数量最多,有47个教育部人文社会科学重点研究基地;上海市仅次于北京,拥有17个重点基地;湖北省位居第三,有11个重点基地;广东省拥有10个重点基地;广西、海南、贵州、西藏、青海和新疆6个省(自治区)无教育部人文社会科学重点研究基地分布。

三、地理学性质基地

这里的地理学性质基地是指与地理科学特别是人文经济地理学有密切关系的人文社会科学重点研究基地,地理科学特别是人文经济地理学与基地发展相互促进。

1. 华东师范大学中国现代城市研究中心

2003年3月,华东师范大学中国现代城市研究中心成立。2004年11月,研究中心通过教育部评审,成为我国普通高等学校人文社会科学重点研究基地。华东师范大学在城市地理研究方面拥有悠久的研究历史,培养了像严重敏教授、吴铎教授等地理人才,在城市地理领域取得了一系列研究成果,为我国该领域的发展做出了巨大贡献,产生了深远影响。研究中心借助本校国家重点学科(人文地理学)和社会学、经济学等主要学科的优势,展开了对城市地理、城市社会等方面的研究。经过不断的实践发展,已经取得了一系列具有重要影响力的标志性成果。在今后的发展中,研究中心将充分利用国家新型城镇化发展战略、校内城市协同创新研究平台、跨界合作研究等契机和机遇,通过与内外研究机构及高校的合作,在城市研究方面取得新的进步。

2. 河南大学黄河文明与可持续发展研究中心

2004年,中心经教育部批准,成为全国普通高等学校人文社会科学重点研究基地,2018年,中心获批为黄河文明省部共建协同创新中心。研究中心秉持"黄河文明伟大复兴"和"沿黄地区可持续发展"的服务理念,经过长期发展,逐步构建以"黄河学"为中心的学术与知识体系,并将打造具有中国特色的"黄河学"作为中心发展的宏伟目标。随着国家提出黄河流域生态保护与高质量发展的重大战略,中心紧紧抓住这一历史机遇,聚焦于学术前沿和国家重大战略需求,不懈努力,力争把研究中心建设和打造成在国内外具有重大影响力的"黄河学"研究学术高地、人才培养的重要基地及黄河流域生态保护与高质量发展的高端智库。

3. 中国海洋大学海洋发展研究院

2004年11月,中国海洋大学海洋发展研究院成为教育部人文社科重点研究基地。2016年,研究院被山东省委授予省重点智库试点单位。"十二五"以来,研究院立足于国家海洋强国战略的重大需求,聚焦于国家在海洋方面的重大问题,积极开展了海洋发展战略与政策研究。研究方向涉及国家海洋焦点问题的各个方面,历经10余年发展,研究院硕果累累,在国际上的影响力也逐步扩大,为地方和国家高层在海洋事业发展方面提供了一系列决策咨询成果。

4. 苏州大学中国特色城镇化研究中心

2004年12月,中国农村城镇化研究中心成立。2009年3月,经教育部批准正式更名为中国特色城镇化研究中心,是教育部人文社会科学重点研究基地。中心自成立以来,立足于国家发展的战略需求,聚焦于中国特色的新型城镇化发展道路和政策的研究,取得了一系列丰富的研究成果,积极服务于国家和社会发展需要,中心影响力逐步得到提升,吸引了许多国内外知名学者的加入。中心依托其在经济学、政治学、历史学等重点学科、博士点及博士后流动站等方面的优势,对中国特色城镇化道路的理论、发展历史等问题进行深入探索和研究,力争建设成为中国特色城镇化研究的优秀"思想库""信息库"和"人才库",提高在国内外的知名度。

5. 深圳大学中国经济特区研究中心

1983年,深圳大学特区经济研究所建立。1993年,研究所更名为深圳大学特区台港澳研究所。2000年,特区台港澳研究所更名为中国经济特区研究中心。2001年,研究中心被确定为教育部省属高校人文社科重点研究基地。研究中心在发展过程中,重视学术研究、学科建设、研究队伍构建、国内外学术交流等,与多个国家和地区的学术机构及政府决策部门建立长期合作关系,在为新兴市场经济国家提供政策咨询、特区规划以及宣传中国经济特区成功经验方面做出了巨大贡献。研究中心经过长期发展,在学术研究、学科建设、研究队伍构建等方面都已经取得了显著的成绩,提高了在中外经济特区比较和特区问题研究方面的国际影响力,同时也对在中国现代史研究方面做了富有创新意义的开拓性探索。在今后发展中,研究中心将继续肩负学术担当与使命,秉承"研究国际化,学术走出去"的理念,为完善社会主义市场经济理论体系,探索中国政治经济学,总结、宣传中国经济特区成功经验,诠释、传播中国道路的实质与内涵等方面做出更多、更大的贡献。

问题与讨论

一、常规性问题与讨论

1. 简述主要的实验室。
2. 简述主要的研究基地。
3. 长期作业:
(1) 每天最少完成一张学术文献卡片;
(2) 每天研读所确定的学术名著。

二、研究性问题与讨论

请你在导师或主讲教师指导下,选定某一知识主题或科学问题之后,确认哪些实验室或研究基地可能开展此方面研究。

第十一章 学会与会议

学术组织特别是学会和学术会议是促进地理学科发展和地理各个专业发展的主要影响因素之一。

第一节 学　　会

一、国际地理联合会

国际地理联合会（International Geographical Union, IGU）是一个国际性的、非政府的专业组织，致力于地理学科的发展。1922年在布鲁塞尔正式成立。

19世纪后半叶，随着地理学在欧洲许多国家的迅速发展，以及地理学家人数逐渐增多，迫切需要一个在不同国家进行学术交流的论坛。因此，在他们的倡议和努力下，于1871年8月在比利时安特卫普召开了300名来自不同国家的地理学家参加的第一次国际地理大会。由于这次会议的成功举办和一些主要地理团体及个别学校的热情支持，确保了这个国际集会的连续性。1913年在罗马举行的第10次国际地理大会上成立"世界地理组织"，但由于后来的第一次世界大战导致这一计划破产。国际地理联合会直到第一次世界大战后的1922年才建立起来。

国际地理联合会的宗旨是：促进地理学问题的研究；倡议和协调需要国际合作的研究，并为它们提供科学讨论和出版的条件；推动地理学家参与有关国际组织的工作；促进地理资料和有关文件在成员国之间的交流；发起组织国际地理大会、区域性会议和与联合会有关的专业学术会议；参与各种形式的国际合作,促进地理学的研究与应用;推动地理学中所使用的方法、术语和符号的国际标准化与统一。

国际地理联合会每四年主办一次国际地理大会,并促进区域会议和其他会议,以进一步实现联盟的目标。国际地理联合会作为国际科学理事会(ISC)和国际哲学与人文科学理事会(CIPSH)的正式成员联盟,也促进了地理学家在全球科学家社区的参与。

中国于1949年4月参加国际地理联合会,中华人民共和国成立后,因席位问题长期未参加活动。1984年在巴黎召开的第25届国际地理大会修改了有关章程,恢复了中国的会籍。中国的吴传钧院士于1988年在澳大利亚召开的第26届国际地理大会上当选为国际地理联合会副主席。

国际地理联合会定期出版半年一期的会刊,还有不定期的通讯等。每个专业委员会也主办自己的出版物。联合会还联合主办2个重要刊物:在法国出版的《国际地理学文献目录》和在德国出版的《全球地理学》。联合会的出版物和档案都储存在英国皇家地理学会。

二、中国地理学会

中国地理学会(The Geographical Society of China,GSC)是由中国广大地理工作者自愿组成、在中华人民共和国民政部依法登记注册、具有独立法人资格的全国性、公益性、学术性的社会团体。学会挂靠在中国科学院地理科学与资源研究所。

中国地理学会的前身是1909年在天津成立的中国地学会。中华人民共和国成立初期,中国地学会与1934年在南京成立的中国地理学会合并,组成现在的中国地理学会。

中国地理学会主办或联合主办有《地理学报》《地理学报》(英文版)、《地理研究》《地理科学》《地理科学》(英文版)、《地理科学进展》《冰川冻土》《中国沙漠》《遥感学报》《山地学报》《干旱区地理》《地球信息科学学报》《全球变化数据学报》(中英文版)、《经济地理》《人文地理》《世界地理研究》《寒区旱区科学》(英文版)、《历史地理研究》18种学术期刊,以及《中国国家地理》与《中华人民共和国地貌图集》两种科普期刊。

学会每年举办"中国地理学大会""中国地理编辑出版年会""中国人文地理学术年会""地理学与中国全球战略高层论坛""中日韩地理学国际学术研讨会",以及"'地球小博士'全国地理科普知识大赛"和"全国中学生地理奥林匹克竞赛"等各类学术、科普、培训活动80多项。另外,学会还组织建设了"林超地理博物馆"(网络版)和"傲世彩虹"网站等地理科普平台和国际交流平台。

三、美国国家地理学会

美国国家地理学会(National Geographic Society,NGS)是于1888年1月13日在美国华盛顿宇宙俱乐部成立的一个学会。同年10月,新成立的学会创办了自己的会刊《国家地理》。学会现已经成为全球最大的非营利教育与科学机构。美国国家地理学会的建设宗旨是增进和普及地理知识。

1888年10月,美国国家地理学会会刊《国家地理》(原名 National Geographic Magazine,之后简化为 National Geographic)出版,刊物前两页的公告上,指明了其使命是引导协会及刊物的方向:国家地理学会为增加和普及地理知识而成立,为了实现这一目标,学会出版这本刊物。《国家地理》开始是作为地理学会的会刊出现,是一种纯学术的刊物,1898年《国家地理》总编辑吉伯特·格罗夫纳对期刊进行了一系列的大胆改革,就此确立了《国家地理》"人性化的地理学"理念。除《国家地理》外,美国国家地理学会还有1984年问世的《国家地理旅行家》《国家地理儿童》及1999年4月推出的《国家地理探险》等。

除了出版合刊推广地理知识与资讯外,美国国家地理学会向来都非常热衷于赞助一些国际性的地理探索或调查活动。而近年来为了进一步拓展传播资讯的广告,开始从平面的书籍进入多媒体的领域,制作地理知识相关影片,并拥有专属的有线电视频道"国家地理频道"。

国家地理频道(National Geographic Channel,NGC)是由美国国家地理学会于1997年成立的一个制作与播放自然、科学、文化与历史纪录片的付费电视频道。在亚洲地区则与星空传媒合资,中国中央电视台与该频道也有合作关系,会选购部分节目以普通话翻译加上中文字幕播出。

四、俄罗斯地理学会

俄罗斯地理学会(Russian Geographical Society, RGO)是总部位于俄罗斯圣彼得堡。学会支持探险和地理研究活动,包括海洋学和民族志方面的研究。俄罗斯地理学会是一个不接受政府资助的非营利组织。

学会于1845年8月6日经过沙皇尼古拉一世批准在圣彼得堡成立,1917年之前,学会的名称是俄罗斯帝国地理学会。1926年,更名为国家地理学会。1938年,又更名为苏联地理学会。1991年苏联解体后改为"俄罗斯地理学会"。该学会在历史上多次赞助探险活动,也是世界上最早成立的国家地理学会之一。俄罗斯地理学会在俄罗斯和国外有超过25 000名成员,在俄罗斯联邦的85个地区都开设了区域办事处。俄罗斯地理学会对俄罗斯、乌拉尔、西伯利亚、远东、中亚、高加索、伊朗、印度、新几内亚、北极等国家和地区的研究做出了重要贡献。1919年,协会成员建立了第一个俄罗斯地理博物馆。在博物馆的鼎盛时期,其藏品在俄罗斯排名第三位,仅次于艾尔米塔什博物馆和俄罗斯博物馆。

五、英国皇家地理学会

英国皇家地理学会(The Royal Geographical Society, RGS)创立于1830年,是欧洲最大的地理学术团体,也是世界最大的地理学术团体之一。它的前身是1827年成立的地理学家晚餐俱乐部,其宗旨是促进和传播地理科学;在此基础上,1830年成立了英国伦敦地理学会(GSL),1859年后改称皇家地理学会(RGS)。它因资助大型探险活动著称于世,对英国探险的"黄金时代"起了巨大推动作用。1933年又成立了英国地理学家协会(IBG)。为了推动地理学的发展,扩大地理研究成果和地理知识的传播,增强学会实力,英国皇家地理学会和英国地理学家协会于1995年合并,仍称英国皇家地理学会。英国皇家地理学会的主要学术活动有:每年组织召开一次大型的国际性学术年会,同时每年在全英及世界许多地区组织200次左右的短时(半天)学术讲座或考察活动。英国皇家地理学会的主要出版物有:《地理学报》(*The Geographical Journal*)、《英国地理学家协会会刊》(Transactions of the Institute of British Geographers)、《区域》(Area)，以及科普刊物《地理》(Geographical Magazine)。另外，还不定期出版许多研究与探险类图书；每两年出版一本《地理单位简介》。英国皇家地理学会鼓励和支持勘探和实地考察。他们建立了世界著名的探险指导中心，培训和指导那些致力于探险和野外研究的人。他们每年帮助500多个探险队，主要来自相关大学，也资助小型探险活动。英国皇家地理学会另一个重要作用是鼓励和资助地理学研究和高等地理教育。

六、日本地理学会

日本地理学会(The Association of Japanese Geographers, AJG)成立于1925年，致力于促进日本地理学各方面的研究。日本地理学会针对近年来全球环境危机、地震、火山爆发、滑坡、暴雨等自然灾害，对大地和生活在那里的人类进行综合研究调查，为制定具体对策做出了重大贡献。学会还致力于推进国际化和国际理解、国土开发和保全、追求社会持续发展的可能性、空间信息处理技术的开发等诸多当今课题。另外，为了将这些学术成果传授给下一代，在地理教育实践和普及方面也进行了积极的活动。日本地理学会的活动主要有关于地理学的研究、调查和奖励、机关刊物和其他图书的发行。机关刊物为《地理学评论》(Geographical Review of Japan)。每年举办两次(春、秋)学术大会、研究会、讲演会、实地参观会等。随着日本地理的发展和国际联系的不断增加，学会于1984年推出了《日本地理评论》的英文版。英文版每年出版两次。每期都有关于地理各个分支领域的英文论文。《日本地理评论》(英文版)旨在为出版提供一个国际媒体，为地理学提供新的概念、观点和范围。

七、国际地貌学家协会

国际地貌学家协会(International Association of Geomorphologists, IAG)于1989年在法国成立，国际地貌学家协会是一个非政府及非营利性科学组织，其宗旨是通过国际合作提高地貌学学科水平；全面促进和发展地貌学的研究；加强对地貌学知识的普及。20世纪80年代，国际地理联合会(IGU)中有关地貌学专门委员会的活动已经满足不了全球地貌学家们的要求。因此,以英国的地貌学家为首,邀请世界各主要国家的有关专家于 1985 年在英国曼彻斯特组织召开了第一届国际地貌学大会。1989 年在德国法兰克福组织召开了第二届国际地貌学大会,会上成立了国际地貌学家协会。国际地貌学家协会的主要活动有四年一届的国际地貌学大会,每两届大会之间的区域性会议及不定期的专题性学术会议;建立地区研究组,组织研究、会议;与各国和国际地貌学组织合作,交流和沟通信息;鼓励和组织地貌学工作者参加国际学术组织和活动。国际地貌学家协会的组织成员由会员国组成,各国地貌学的学术机构可申请加入,享有选举权。如未建相关机构,个人会员可申请入会。目前拥有团体会员 39 个,其中 32 个正式会员,观察员 7 个。国际地貌学家协会是国际地理联合会(IGU)、国际地质联合会(IUGS)的联系成员。

八、美国地理学家协会

美国地理学家协会(Association of American Geographers,AAG)是一个成立于 1904 年的非营利性科学和教育协会。它的宗旨是在专业的领域促进地理学的交流、发展、理解和应用。美国地理学家协会有两本主要刊物,即《美国地理学家协会年鉴》和《职业地理学家月刊》。美国地理学家协会也出版一些教育辅导书,以及对地理学科研机构的评价刊物。美国地理学家协会之下有按照科研主题划分的小组,每一个小组的成员都是在某个科研方向兴趣相同的人,他们之间可以进行频繁的交流以得到互相的帮助和启发。其中规模比较大的科研主题小组有:地图学、政治和文化生态学、人文地理学、经济地理学、能源和环境科学、地理学教育、历史地理学、政治地理学、乡村地理学、水资源科学、地理信息系统、自然地理学。除此之外,还有许多规模较小的科研主题组,包括发展地理学、海岸地理学、景观地理学、军事地理、古生代地理、极地地理、旅游地理、遥感、空间分析、冰川地理、交通地理等学科。

美国地理学家协会的主要活动就是每年一届的年会。每年全美的会员都会受邀聚集到一座主要城市举办为期五天的年会。同时,会员们也会参加协会组织的实地考察活动,来考察举办地当地的地理环境。

九、欧洲地理学家协会

欧洲地理学家协会(European Association of Geographers, EUROGEO)成立于 1979 年,前身为欧洲地理教师协会常务会议(ESCGTA)。该组织的主要目标是在地理教育和欧洲国家的教学方面为欧洲层面的教育发展提供建议。成员是来自欧洲各地的地理教师协会和地理协会。欧洲地理学家协会的主要目标是通过以下方式提高地理学的地位:为会员筹办活动、制作刊物、进行研究,支持地理学家的工作和事业,识别和推广良好的做法,在国际、欧洲和国家层面进行游说,向决策者提出建议。欧洲地理学家协会与其他组织合作,出版了大量出版物,并定期组织地理会议和讲习班。欧洲地理学家协会在每次大会之间都会出版一份欧洲地理简报。

十、德国莱布尼茨学会

德国莱布尼茨学会(Leibniz-Gemeinschaft),中文又翻译为莱布尼茨协会、莱布尼茨科学联合会等,是一家德国各专业方向研究机构的联合会,总部位于德国首都柏林,学会成员包括 84 家大学外的研究机构。研究领域涵盖自然科学、工程科学、社会科学和人文科学,基础科学研究与应用相结合,与高等院校、工业界及其他国内外研究机构合作紧密。莱布尼茨学会定位于问题导向的研究,同时提供咨询与服务。研究所分为人文与教育、经济、生命科学、数学、自然科学与工程以及环境科学等学科领域。这个组织把自己看作大学、工业界、政界和政府机关的合作伙伴。莱布尼茨学会各研究所进行具有国际水平的、面向实际应用的基础研究。这些研究所的实力体现在研究课题的多样性和研究科目的交叉性上。科研的目的是解决教育、科研和技术领域现已提出的未来任务,所以许多莱布尼茨学会研究所都是为了解决某个具体的社会问题而成立的。

十一、国际土壤科学联合会

国际土壤科学联合会(International Society of Soil Sciences, ISSS),1909年由匈牙利发起,1924 年成立于意大利罗马,原名为国际土壤科学会,是基于个人会员的非营利、非政府学术团体的联合会。1998年改为国际土壤科学联合会,同时对会员组成进行了调整,加强了该领域学术团体的力量。国际土壤科学联合会的宗旨是促进土壤学的各个分支学科的发展及其应用;促进科学家以及土壤科学研究和应用工作者之间的联系;推动土壤研究以及研究的进一步应用,造福人类。

十二、国际大地测量学和地球物理学联合会

国际大地测量学和地球物理学联合会(IUGG)是国际科学联盟理事会(International Council of Scientific Unions,ICSU)的组成机构之一。它是非官方的国际学术组织,1919年成立于比利时布鲁塞尔。基本任务在于促进世界各国开展地球外形、地球物理方面的研究工作,对需要国际合作完成的科研活动进行筹划、组织和协调,并开展国际学术交流和资料交换。国际大地测量学和地球物理学联合会在1980年已有70多个成员国,中国是成员国之一。该组织每四年召开一次大会,由各成员国派代表参加,理事会由各成员国派一名代表组成,领导联合会的工作,由执行委员会和办公署负责处理日常事务。执行委员会总部设在巴黎。国际大地测量学和地球物理学联合会由7个专门协会联合组成:国际大地测量学协会(IAG)、国际地磁和高层大气物理学协会(IAGA)、国际水文科学协会(IAHS)、国际气象学和大气物理学协会(IAMAP)、国际海洋物理科学协会(IAPSO)、国际地震学和地球内部物理学协会(IASPEI)、国际火山学和地球内部化学协会(IAVCEI)。每个协会均具有相对的独立性,都有各自的章程、领导机构、委员会或专门委员会。20世纪40年代以来,国际大地测量学和地球物理学联合会积极筹划、组织并参加一系列大型国际科研活动,其中较重要的有:国际地球物理年(IGY)、南极研究科学委员会(SCAR)、海洋研究科学委员会(SCOR)、空间研究委员会(COSPAR)、国际印度洋考察队(IIOE)、国际太阳宁静年(IQSY)和中层大气研究计划(MAP)。此外,还积极参与了全球大气研究计划(GARP)的一系列活动。主要出版物有定期出版月刊《国际大地测量学和地球物理学联合会大事记》,不定期出版物《国际大地测量学和地球物理学联合会文集》。此外,各

协会均有自己的公报和专门出版物。

十三、中国城市规划学会

中国城市规划学会（Urban Planning Society of China，UPSC）是城市规划领域的全国性学术团体和职业组织，中国科学技术协会（以下简称"中国科协"）优秀科技社团、世界一流学会、全国综合改革治理一档学会，民政部4A级社会组织，学会的前身是1956年在北京成立的中国建筑学会城乡规划学术委员会。其业务范围包括：就城市规划问题开展国际、国内学术活动，推广先进技术，参与论证、咨询与决策，编辑出版学术刊物、专著、科普读物和其他出版物，开展注册规划师继续教育，代表我国加入有关国际组织，并参与组织国际合作事务，维护城市规划工作者合法权益，表彰奖励先进。学会下设组织、青年、学术、编辑出版和标准化5个工作委员会，以及住房与社区规划、区域规划与城市经济、风景环境规划设计、历史文化名城规划、城市规划新技术应用、小城镇规划、国外城市规划、工程规划、城市设计、城市生态规划、城市安全与防灾规划、城市交通规划、城市规划历史与理论、城市影像、城市总体规划、城乡规划实施、山地城乡规划、乡村规划与建设、城乡治理与政策研究、城市更新、控制性详细规划等21个专业学术委员会。学会的会刊是《城市规划》和 China City Planning Review，并出版《凤凰品城市》《人类居住》《城市交通》和《小城镇建设》等刊物。

十四、国际城市与区域规划师协会

国际城市与区域规划师协会（ISOCARP）成立于1965年，是全球专业的城市与区域规划师协会。国际城市与区域规划师协会旨在通过一体化的参与式城市和领土规划，使城市和人类住区具有包容性、安全性、韧性和可持续性。2016年，协会发起了ISOCARP研究所，作为一项研究副产品，为城市和领土建设创造和传播知识。ISOCARP鼓励规划师之间的专业知识交流，促进各种形式的规划专业，促进和改进规划研究、培训和教育，提高公众对全球重大规划问题的认识和理解。国际城市与区域规划师协会的主要活动是每年举办的国际规划大会。

十五、中国自然资源学会

中国自然资源学会（China Society of Natural Resources，CSNR）是由从事自然资源及相关学科的科学研究、工程技术、教育以及管理工作者自愿组成并依法登记成立的全国性、学术性的法人团体，是中国科协所属的全国一级学会，是发展我国自然资源科技事业的重要社会力量。1980年经中国科协批准成立中国自然资源研究会，1993更名为中国自然资源学会。中国自然资源学会的宗旨是团结、动员广大会员和科技工作者，以科学发展观为指导，以推动资源学科建设和为国家经济社会发展服务为中心，加强自然资源的综合研究，促进资源科学和技术的发展与繁荣，促进资源科技的普及与推广，促进资源科技人才的成长与提高，促进资源科技与经济社会的结合。中国自然资源学会下设7个专业委员会以及编辑委员会，学会主办《自然资源学报》《应用基础与工程科学学报》《资源科学》、*Journal of Resources and Ecology*、*Journal of Arid Land* 等5种学术期刊，学会的主要活动是中国自然资源学会学术年会。

十七、中国区域科学协会

中国区域科学协会（The Regional Science Association of China，RSAC）是由北京大学支持，经业务主管单位教育部同意、民政部登记的全国性学术团体，成立于1991年10月。协会旨在团结组织我国区域科学和区域经济工作者，开展国内外学术交流与合作，进行人口和经济布局、城镇化和区域发展咨询服务，为社会主义现代化事业提供智力支撑。中国区域科学协会与国际区域科学协会（RSAI）、亚洲太平洋区域科学协会（PRSCO）、北美区域科学协会（NARSC）、欧洲区域科学协会（ERSA）、主要国家的区域科学学术团体，以及国内外相关高等院校、科研院所、政府部门、企业之间交流合作的机制不断完善，并于2019年1月正式加入国际区域科学协会。中国区域科学协会不定期地举办发展中国家区域科学国际会议、空间经济学国际会议、新经济地理学国际研讨会以及"区域科学/空间经济学国际高级讲习或研讨班"、全国区域经济学教师高级培训班、中国区域发展论坛。

十八、中国区域经济学会

中国区域经济学会是组织研究区域经济理论和实践问题的全国性学术团体,学会正式成立于 1990 年 2 月。中国区域经济学会的宗旨是组织区域经济理论与实际工作者,深入实际,开展调查研究、学术交流和战略咨询,为中央、各级地方政府和企业的决策服务;加强区域经济理论研究,结合我国具体实践,建立具有中国特色的区域经济科学体系;同时,为各级政府培养经济管理人才、提高干部素质服务。中国区域经济学会会刊为《区域经济评论》,并联合主办《发展研究》;学会定期或不定期地举办中国区域经济学会年会和学术研讨会,并出版论文集。2009 年起,学会论文集以"中国区域经济学前沿"形式由经济管理出版社出版,现已出版了 6 本。学会深入开展区域经济学理论研究和学科建设,出版了《区域经济学》《区域经济辞典》《跨世纪中国区域发展》《区域经济学理论与政策》《区域经济空间秩序》《中国区域发展:经济增长、制度变迁与地区差异》等理论专著。

十九、国际区域科学协会

国际区域科学协会(The Regional Science Association International, RSAI)成立于 1954 年,是一个国际学者社区,对经济或社会变革的国家或全球过程的区域影响感兴趣。国际区域科学协会的工作借鉴了许多不同学科的专业知识,这种多学科的方法有助于促进解决区域问题的新理论见解。反过来,这为协会内的学者提供了更多的机会,使其可以更充分地与计划者和政策制定者互动。在定量方法的坚实基础上,区域科学处于针对区域分析和影响评估的新模型设计研究的前沿。1990 年,该协会改变了组织结构,以更好地反映该领域的成长和发展。该协会的主要目标是促进思想交流和促进针对该区域的研究,包括利用专门为区域分析而设计的工具、方法和理论框架,以及该区域的概念、程序和分析技术。这些目标通过其成员之间以及与相关领域的学者的相识和讨论、通过鼓励学术研究的发表、通过提供服务以帮助其成员和区域科学领域的发展而得到支持。

二十、欧洲区域科学协会

欧洲区域科学协会(ERSA)是整个欧洲国家区域科学协会的超国家组织。欧洲区域科学协会的主要功能除了促进区域科学领域外,还包括组织欧洲年度大会、年度暑期学校、青年科学家奖和欧洲区域科学奖,以表彰杰出的区域科学家。欧洲区域科学协会的成员是对空间经济学和规划、区域和地方发展以及相关问题感兴趣的学者、政策专业人士和研究人员。它们主要来自经济学、地理学和计划学学科,目前有20个活跃的组织,并且覆盖多个国家。欧洲区域科学协会的宗旨与目标:加强整个欧洲的区域科学,促进研究和解决方案的实施,为年轻科学家提供支持,为成员提供最新知识,在国际层面促进有价值的交流,通过项目推进专业研究发展。

二十一、中国环境科学学会

中国环境科学学会(CSES)于1978年经中国科学技术协会批准成立,是国内成立最早、规模最大、专门从事环境保护事业的全国性、学术性科技社团。作为国家一级学会和国内环境领域最高学术团体,中国环境科学学会是党和政府联系广大环境科技工作者的桥梁纽带,是国家环境保护事业和创新体系的重要社会力量。中国环境科学学会现有个人会员70 000余名,单位会员1700余家,分布在全国各地。学会现设有8个工作委员会、55个分会及专业委员会,基本涵盖了环境科学技术管理等各个领域。中国环境科学学会主办《中国环境科学》《环境与生活》《安全与环境学报》《中国花卉盆景》4种学术期刊。

二十二、美国环保协会

美国环保协会(EDF),成立于1967年,总部位于纽约,目前拥有超过200万名会员,并在美国、中国、英国、墨西哥设有12个办公室,共有全职工作人员500余人。美国环保协会自成立以来,一直遵循创新、平等和高效的原则,通过综合运用科学、法律及经济的手段,始终为最紧迫的环境问题提供解决方案。美国环保协会致力于人类社会可持续发展的现在和未来。协会研究涉及水、大气、海洋、人体健康、食品安全以及生物多样性等诸多领域。相比其他环保组织,美国环保协会拥有更多的科学家和经济学家,并且越来越多地与公司、政府、社区合作,寻找改善环境同时也能发展经济的共赢之策。

二十三、中国地理信息产业协会

中国地理信息产业协会(CAGIS)是由中国地理信息产业的产、学、研、用单位和个人自愿组成的全国性、行业性社会团体,是具有法人资格的非营利性社会组织。协会的宗旨是发挥社团组织的桥梁纽带作用和"服务、自律、协调、维权"的职能,促进产业技术进步,规范市场行为,维护会员合法权益,竭诚为会员提供服务,努力推进我国地理信息产业健康发展,为社会经济发展做贡献。协会的职责范围主要包括:开展产业统计调查,研究我国地理信息产业的发展战略和有关方针政策,向有关决策机关提出建议,并定期发布地理信息产业发展报告;开展地理信息产业建设和发展方面的学术和管理交流活动;开展软件测评和认证;推动地理信息的标准化研究工作,组织开展和管理、协调地理信息产业团体标准化工作;接受有关管理部门的委托制定地理信息标准和审查工作;促进地理信息数据共享机制的形成、完善,促进地理信息数据共享和开发利用;建立与国内外地理信息相关组织和团体的联系,开展国际地理信息产业合作和交流活动。中国地理信息产业协会的主要活动是召开中国地理信息产业大会,该会议为业内外人士搭建了解和交流产业状况、产业政策、科技前沿、最新成果、市场信息等的平台,并举办科技成果展览。协会主办《地理信息世界》,并编辑出版相关科普读物、论文集及有关资料;通过传统媒体、互联网与手机新媒体等传播平台开展地理信息产业的宣传推广工作。

第二节 学 术 会 议

一、国际地理大会

国际地理大会(IGC)是国际地理联合会(International Geographical

Union，IGU）主办的四年一届的国际地理学学术会议。早在 1871 年以欧洲为主的地理学家们在比利时安特卫普发起召开了第一届国际地理大会。举办 10 届大会之后，到了 1922 年，为了规范国际地理大会的组织领导，各国代表又发起成立了国际地理联合会（IGU）。在 IGU 的主导下，国际地理学大会已经成为全球地理学界规模最大、学术水平最高、影响力最强的国际盛会。1934 年中国地理学会派吕炯参加了在波兰华沙举行的第 14 届国际地理大会，这是中国学者最早参加的国际地理大会。1949 年中国地理学会派林超参加了在葡萄牙里斯本举行的第 16 届国际地理大会，并代表中国申请加入了国际地理联合会。中国地理学会组织中国学者参加了 1980 年以来的历届国际地理大会以及期间的 IGU 区域会议，并且于 1990 年在北京成功地举办了 IGU 亚太区域会议。2008 年 8 月 12—15 日第 31 届国际地理大会在突尼斯举行，来自世界各地的 1000 多名地理工作者参加了大会的学术交流。大会通过无记名投票，选举产生了 2016 年第 33 届国际地理学大会的主办国。中国北京以 30∶10 的绝对优势战胜俄罗斯莫斯科，取得了 2016 年国际地理大会的举办权。2016 年 8 月 21—25 日第 33 届国际地理大会于中国北京国家会议中心举行。大会的主题是"构建我们的和谐世界"，目的是促进人类和国际社会对于人与自然和谐相处，尊重自然、尊重差异、尊重不同地域的科学与文化的理解，引导科技工作者深入开展对全球变化、未来地球和人类可持续发展的研究。围绕大会主题，该届大会设有 200 多个专题分会场，除 IGU 所属专门委员会组织的面向国际前沿的分会场外，大会组织委员会设立了"地理科学与未来地球；气候变化与全球共识；城市化与可持续发展；环境-健康与社会福祉；不同文化背景下的地理学"5 个方面的热点问题，引导与会者展开交流和讨论。另外，大会组织委员会还专门组织了"一带一路""中亚论坛""山地论坛"等与中国相关的重要议题；以及"非洲对话""拉美对话""青年沙龙"和"专题讲座"等特殊板块。有来自 100 多个国家和地区的 5000 名专家学者参会，提交大会论文（摘要）3800 多篇。140 多年来，在世界各地已成功地举办了 34 届国际地理学大会。亚洲只有新德里（1968）、东京（1980）、首尔（2000）、北京（2016）分别举办过一次。

二、亚洲地理大会

亚洲地理大会作为亚洲地区地理学领域的学术盛会,是由中国地理学会发起,并联合日本和韩国两国地理学会共同创办的。第一届亚洲地理大会于 2015 年 10 月在上海与第十届中日韩地理学国际研讨会联合举办,会议由中国地理学会、华东师范大学、日本地理学会和韩国地理学会联合主办,华东师范大学地理科学学院承办。该大会以"城市化中的亚洲:多样性应对全球化"为主题,围绕城市自然、人文、文化地理等多领域议题,展开了为期三天的学术交流与探讨。此次大会是在中日韩地理学家学术研讨会的基础上发展而来的,吸引了来自中国、日本、韩国、新加坡、印度、蒙古、巴基斯坦、哈萨克斯坦、老挝、阿塞拜疆等 11 个亚洲国家与地区,以及英国、美国、瑞典等欧美国家的近 300 名地理学者和地理学工作者共同参加。第二届亚洲地理大会于 2016 年 9 月在日本北海道札幌与第十一届中日韩地理学国际研讨会联合举行。这次会议的主题是"亚洲地理的前沿:回望十年,用青年精神创造未来",旨在探讨不同地区的经济和社会发展,以及亚洲出现的各种问题,并为培养具有全球视野的后代做出贡献,吸引了来自东北亚、东亚、东南亚、南亚、西亚、中亚各国共 170 多名地理学者和学生参加会议。此外,这次会议还为来自亚洲的国际研究人员提供了展示和讨论他们最新研究成果的机会。第三届亚洲地理大会于 2017 年 8 月在韩国济州国立大学与第十二届中日韩地理学国际研讨会联合举行,这次会议以"迈向可持续环境和人类社会"为主题,吸引了来自中国、韩国、日本、巴基斯坦、孟加拉国、蒙古、越南和美国等国家的近 200 名地理学者参加会议。通过这次区域地理会议,来自不同国家的地理学家齐聚一堂,分享了有关 21 世纪人类生活更美好的地理理念和研究,并进一步深入思考了对人类社会下一代的可持续管理。第四届亚洲地理大会于 2018 年 12 月在广州举行。本次大会由中国地理学会、中山大学主办,中山大学地理科学与规划学院承办,日本地理学会、韩国地理学会、印度国家地理学会、香港地理学会、澳门地理暨教育研究会等协办。大会以"崛起的亚洲与我们的地理学"为主题,吸引了来自中国、日本、韩国、新加坡、蒙古、印度、印度尼西亚、泰国、越南、菲律宾、柬埔寨、尼泊尔、孟加拉国、斯里兰卡、哈萨克斯坦、塔吉克斯坦、吉尔吉斯斯坦、阿塞拜疆、伊朗、以色列、土耳其等21个亚洲国家，以及澳大利亚、比利时、法国、南非和美国等国家的专家学者500余人参会，会议包括了系列大会报告会、专题分会场报告会、亚洲国家代表工作会和野外考察调研等活动。亚洲地理大会的成功举办，为国内外专家学者的交流合作提供了重要平台，向亚洲和世界展示了亚洲地理学的发展状况和学术成就，同时也将促进相关领域科学工作者之间的学术交流和融合发展。

三、中国地理学会学术年会

2001年中国地理学会建立了综合学术年会制度，先后在上海、北京、武汉、广州、兰州、南京、长春、乌鲁木齐、开封、成都等10个城市举办了14次大型综合性学术年会。其中，2009年与中国地理学会百年庆典联合举办，2016年与第33届国际地理大会联合举办。

由中国地理学会和湖南省经济地理研究所联合主办，《经济地理》期刊社承办的"中国地理学会编辑出版工作学术研讨会"于2001年10月26—31日在湖南省长沙市隆重举行。会议围绕"促进公众理解地理学"这个主题进行研讨。

中国地理学会2002年学术年会于11月22—24日在北京师范大学隆重举行，会议由中国地理学会、北京师范大学、中国科学院地理科学与资源研究所、北京大学地理科学中心、首都师范大学资源环境与旅游学院等单位联合主办。本届年会的主题是"地理教育与学科发展"。

中国地理学会2003年学术年会于10月16—20日在武汉举行，由中国地理学会、华中师范大学城市与环境科学学院、武汉大学资源与环境科学学院、中国地质大学地球科学学院和湖北省地理学会等单位联合主办，华中师范大学城市与环境科学学院承办，大会以"认识地理过程、关注人类家园"为主题，呼吁全国广大地理工作者在关注人类家园，进行资源、环境与人类社会可持续发展研究的同时，重视地理过程的研究，强化地理学理论研究，发展我国地理科学。

由中国地理学会、中山大学和中国科学院地理科学与资源研究所联合主办,中山大学地理科学与规划学院承办的"中国地理学会2004年学术年会暨海峡两岸地理学术研讨会",于12月3—5日在广州中山大学隆重举行。本次年会的主题是"地理学与科学发展观"。

由中国地理学会、北京大学、中国科学院地理科学与资源研究所联合主办的"2005年全球华人地理学家大会(中国地理学会2005年学术年会)"于8月16—17日在北京大学隆重举行。来自美国、加拿大、英国、法国、奥地利、日本和中国的1000余名代表出席了会议。本次大会的主题是"地理学与中国发展",会议收到论文近700篇。

中国地理学会2006年学术年会于8月19—21日在兰州市举行,来自全国的近千名代表出席了大会。本次年会由中国地理学会、兰州大学、中国科学院寒区旱区环境与工程研究所、西北师范大学、中国科学院地理科学与资源研究所联合主办,兰州大学西部环境教育部重点实验室、兰州大学资源环境学院承办。本届年会的主题是"和谐社会建设与地理学创新",目的是组织广大地理科技工作者进行交流与研讨,服务于地理学的创新与发展,建设创新型国家,促进和谐社会建设。

中国地理学会2007年学术年会于11月2—4日在南京市隆重举行,本次年会由中国地理学会、北京师范大学、中国科学院南京地理与湖泊研究所、南京大学、中国科学院地理科学与资源研究所联合主办,南京师范大学地理科学学院、虚拟地理环境教育部重点实验室、江苏省环境演变与生态建设重点实验室承办,中国科学院湖泊与环境国家重点实验室、南京大学地理与海洋科学学院、江苏省地理学会协办。本届年会的主题是"地理学与地球系统科学建设"。

由中国科学院东北地理与农业生态研究所承办的中国地理学会2008年学术年会于7月14—15日在长春隆重举行。本次会议由中国地理学会、中国科学院东北地理与农业生态研究所、东北师范大学、中国科学院地理科学与资源研究所联合主办,吉林省地理学会、东北师范大学城市与环境科学学院、吉林大学环境与资源学院、吉林师范大学旅游与地理科学学院、长春师范学院城市与环境科学学院、延边大学理学院地理系和白城师范学院地理系协办。本届年会的主题是"地理学与生态文明建设"。

2009年10月17日下午至10月19日上午,由中国地理学会和北京师范大学主办、北京师范大学地理学与遥感科学学院承办的"中国地理学会百年庆典暨人文经济地理学大会"在北京隆重召开。本次大会主题报告和分会场学术交流内容丰富,既回顾了我国人文经济地理学的发展进程,又为新世纪本学科建设和发展指明了方向和目标。

2010年5月29—30日,中国地理学会第十次全国会员代表大会在上海召开,中国地理学会长江分会在上海华东师范大学进行了换届选举会议和学术交流会。会议由中国科学院南京分院原院长余之祥研究员主持,有委员与青年学者50余人参加。本次会议主要内容有会员代表大会、理事会换届、开展学术交流等。

2011年5月14—15日,"2011年中国人文地理学术年会暨纪念李旭旦先生诞辰100周年学术研讨会"在南京师范大学隆重举行,来自中国、新加坡和俄罗斯的学者400多人出席了会议。大会由中国地理学会人文地理专业委员会主办,南京师范大学地理科学学院承办,中国科学院南京地理与湖泊研究所、南京大学地理与海洋科学学院和江苏省地理学会等单位协办。会议围绕人地关系这一研究主题,对中国人文地理学的发展思路、发展目标、发展方向、发展路径、发展重点、面临的困惑、解决的方案以及人文地理学研究方法论与方法等做了深入系统的研讨。

中国地理学会2012年学术年会于10月12—14日在河南大学隆重召开。这是百年中国地理学会与建校百年的河南大学在河南开封的第一次联合办会,来自全国各地的地理工作者近1300人齐聚古朴典雅的河南大学大礼堂,围绕年会主题"地理学发展:科学与社会",共同探讨地理学发展问题,并就地理学自身发展与能力建设、地理学的社会应用和如何与市场紧密结合等问题进行了广泛深入的交流与研讨。

2013年,本次年会是中国地理学会学术年会制度改革以后的第一次区域性会议,从会议规模、学术层次、与会者区域分布、专业分布和单位分布等方面来看,都达到了预期目标,为中国地理学会其他片区学术年会的举办积累了很好的经验。

2013年4月27—29日,中国地理学会西南地区学术年会在昆明举行,会议主题是"山地环境与生态文明建设"。

2013年9月15—17日,中国地理学会华北地区学术年会在天津师范大学隆重召开。本次学术会议主题为"城市发展与区域环境演变"。会议主要宗旨是以科学发展观为指导,以城市发展与区域演变的关系研究为切入点,深入探讨城市发展与周边地区资源开发利用、区域环境演变、人口迁移和文化扩散等诸方面问题,为建成生态宜居城市以及促进各区域社会协调发展和环境良性演变献计献策。

2013年9月27—29日,中国地理学会华中地区学术年会在武汉举行,会议主题是"地理科学与区域发展"。

2013年10月18—21日,中国地理学会东北地区学术年会暨中国地理学会十届四次理事会议在大连隆重召开,本次会议主题为"区域可持续发展与陆海统筹"。会议主要宗旨是:以区域可持续发展和陆海统筹为切入点,将地理学研究加快融入东北经济升级版的区域实践;深入探讨在东北地区等老工业基地振兴战略背景下,通过沿海经济带开发开放带动海洋战略实施,加快沿海与内陆腹地互动发展;新型城镇化与人居环境演变;海洋资源利用与海陆产业一体化等诸方面问题,为促进区域可持续发展和陆海一体化发展献计献策。

2013年11月29日至12月1日,中国地理学会华南地区学术年会在广州隆重召开,本次学术年会主题为"生态文明建设与区域协调发展",契合了十八届三中全会精神。会议宗旨是以科学发展观为指导,面向国家和区域经济社会发展需求,围绕自然资源合理利用、生态与环境保护、国土综合整治、区域可持续发展、防灾减灾等领域的科学问题展开交流,以期加强地理科学研究的深度与广度,为推动生态文明建设与区域协调发展献计献策。本着交流学术成果、了解同行信息、领略大家风采、探讨学科热点、把握学科前沿和规划学科未来的目的,大会邀请了7个特邀报告、组织了6个分会场的77个口头学术报告和"青年学术论坛"。

2014年10月24—26日,中国地理学会2014年学术年会在成都四川师范大学隆重召开。本届年会以"中国地理学:面向未来、走向世界"为主题,鼓励与会者总结回顾100年来中国地理学发展状况,特别是改革开放30多年来,中国地理学在理论方法上的贡献,以及地理学在为中国经济腾飞、社会进步、城市化建设和资源环境管理等方面做出的巨大贡献;同时,这届年会也是面向2016年8月北京"第33届国际地理学大会"的一次全面动员,希望全国地理学界协同创新,共同办好第33届国际地理大会,并且面向未来,翻开中国地理学走向世界的新篇章。

2015年10月23—25日,中国地理学会2015年(华中地区)学术年会在河南信阳师范学院隆重召开,来自湖北、湖南、江西、河南四省以及中国科学院地理科学与资源研究所、南京师范大学、《地理学报》等地区和单位的专家学者200余人出席了年会,会议主题为"地理科学与区域创新发展"。

2015年11月29—30日,由中国地理学会、中国地理学会(华南地区)代表处和广西师范学院科协主办,广西地理学会等承办的中国地理学会2015年(华南地区)学术年会在广西师范学院成功召开。大会围绕"海上丝绸之路华南沿线区域节点功能发挥与生态文明建设"主题,分享了来自全国学者关于地理学在海上丝绸之路、生态文明建设中的贡献和作用的不同观点,为海上丝绸之路华南沿线区域节点功能发挥与生态文明建设提供了新的思路。

2016年9月24—25日,2016年中国人文地理学联合学术年会在长春隆重召开。本次会议主题为"'十三五'时期中国人文地理学的协同创新"和"面向世界和服务国家的中国人文地理学发展"。

2017年7月7—9日,2017年中国地理学会(东北地区)学术年会在哈尔滨师范大学隆重举行。本次年会以"地理学创新与绿色发展"为主题。本次学术年会设立10个分会场,与会专家学者分别围绕"东北老工业基地创新发展""冰冻圈与全球变化""区域发展与全域旅游""土壤生态与黑土保护""景观生态系统演化""海洋开发与地缘经济""湿地生态恢复与农业发展""地理空间技术与应用""新型城镇化与资源型城市转型发展""2017 CPGIS:Go Home Project"等议题做了130多个精彩报告,并进行了热烈的交流。

四、中国地理学大会

为了打造高质量、多功能、国际化的品牌学术活动,经中国地理学会常务理事会研究,决定从 2018 年起将中国地理学会综合学术年会更名为"中国地理学大会",英文为"China Conference on Geography,简称 CCG"。

2018 年 8 月 29—30 日,中国地理学大会在西安举行,来自世界各地的 4000 多名地理科技工作者出席了大会。大会围绕"新时代中国地理学的发展"主题,总结和交流近年来地理学理论、方法和技术应用等方面的最新研究成果;研讨社会经济发展和全球变化背景下生态、环境保护、水土资源利用和城乡统筹与区域协调发展问题;探索新时代中国地理学面向世界科技前沿、面向经济建设主战场、面向国家重大需求的发展路径。

2019 年,恰逢中国地理学会成立 110 周年。为了纪念这一历史时刻,夯实中国地理学大会的基础,经学会常务理事会研究,定于 2019 年 11 月 1—3 日在北京召开"2019 年中国地理学大会暨中国地理学会成立 110 周年纪念活动"。本次大会由中国地理学会、中国科学院地理科学与资源研究所和中国科学院青藏高原研究所联合主办,来自中国、日本、韩国、蒙古、印度、巴基斯坦、尼泊尔、越南、菲律宾、柬埔寨等 21 个亚洲国家和地区地理学会的主席或代表,以及英国、美国、加拿大、南非、比利时、荷兰的专家学者近 3000 人出席会议。本届大会以"创新发展再续辉煌——中国地理学理论与实践"为主题,旨在搭建学术交流与国际合作平台,引领全国地理学人以地理学基础研究、应用基础研究为核心,不断提升中国地理学的理论、方法和技术水平,促进学科发展,服务国家和社会,使地理科学发展成为指导人类社会可持续发展的重要基础学科。

五、中国地理编辑出版年会

中国地理编辑出版年会是中国地理学会编辑出版工作委员会主办的系列学术会议。自 2009 年以来,已经连续举办 10 次。近年来,年会秉承搭建学术交流平台、支撑地理学科发展、推动地理知识普及、提升会员服务水平的宗旨,依托中国地理学会所属期刊和相关出版机构,创新办会模式,健全服务功能,积极打造学会示范品牌。目前该年会已经成为国内地学书刊出版领域规模最大、影响最广的作者、编者和读者间探讨学术与交流技术的平台。

六、中国国情与发展论坛学术年会

中国国情与发展论坛于2018年在中国科学院地理科学与资源研究所成立。论坛学术委员会主任委员为秦大河,组织委员会理事长为陆大道。该论坛由中国科学院学部工作局和中国科学院地理科学与资源研究所共同举办,以生态文明建设和实施可持续发展战略为基本宗旨,以探讨新时代国情与发展的关系为主线,客观分析我国国情,科学评估发展态势,服务国家宏观决策。论坛计划每年组织一次百人论坛,并针对国家重大发展战略等组织专题论坛。

2018年,中国国情与发展论坛暨首届学术年会在中国科学院地理科学与资源研究所召开。该年会主题为"长江大保护与长江经济带的可持续发展"。来自中国科学院、国家发展和改革委员会、自然资源部、北京大学、南京大学等机构的50位论坛成员参加了年会。秦大河阐述,自然科学作为经济社会发展的基础非常重要,出口是人文社会,自然科学和人文科学两方面专家坐在一起共同为中国国情和人类福祉做贡献。陆大道阐述,"中国国情与发展"论坛的基本理念是:根据资源环境的基本状况与人地关系的基本特点,我国必须建设资源节约型社会与创新型社会;我国在世界上的地位日益重要,需要具有全球观念;我国实行社会主义市场经济体制,正在建设全面小康社会并很快进入建设现代化社会的发展阶段。2019年中国国情与发展论坛第二届学术年会在中国地质大学召开。2020年中国国情与发展论坛第三届学术年会在中国科学院地理科学与资源研究所召开。

七、中日韩地理学国际研讨会

中日韩地理学国际研讨会是由中国地理学会、日本地理学会和韩国地理学会联合主办的区域性、系列性国际学术研讨会,创办于2006年。当年

9月由中国地理学会发起并在北京主办了第一届会议,称"首届中日韩青年地理学家学术研讨会",会议得到了日韩两国地理学同行和地理学会的支持。此后每年召开一次研讨会,由三国地理学会共同主办、轮流承办。为了吸引和便于更多资深地理学家参与交流,从第三届起更名为"中日韩地理学国际研讨会"。

八、中国高校 GIS 论坛

中国高校 GIS 论坛(College GIS Forum,简称 CGF)是 2006 年举办的,由政府大力支持、高校自发组织、企业参与的非营利性学术论坛,该论坛每两年举办一届。历届论坛的主题为"创新与发展""规范与服务""挑战与机遇""突破与提升""变革与成长""探索与超越""慧智与共赢""担当与融创"。

九、全球地理信息开发者大会

全球地理信息开发者大会(World Geospatial Developers Conference,简称 WGDC)由泰伯网主办,自 2012 年举办至今,从时空大数据领域出发,到引领云计算、人工智能和万物互联等新技术跨界创新,事实上已成为具有全球影响力的科技产业跨界盛会,每年参会现场数万人次,线上影响力超过 1000 万人,被业界誉为科技创新领域的风向标。大会历届主题分别是"新技术 新模式 新商业""跨界边界 共享价值""融合 开放 智能""构筑地理信息新生态""无处不在的地理信息""空间大数据的崛起""空间智能驱动万物互联""新空间经济时代""科技与产业的共振"。

十、中国地理信息产业大会

中国地理信息产业大会由中国地理信息产业协会主办,会议自 2011 年至今,每年举办一次。历届会议主题分别为"新型服务业态 产业创新发展""同心聚力 抱团发展""抱团 创新 机遇 梦想""新机遇 新跨越 新辉煌""创新驱动 转型升级 科学发展""创新、转型、融合、发展""共享、融合、智慧、应用""新时代 新机遇 新发展""促进高质量发展 谱写产业新篇章""迎

难而上 锐意进取 促进产业高质量发展"。

问题与讨论

一、常规性问题与讨论

1. 简述国际地理联合会。
2. 简述中国地理学会。
3. 简述国际地理大会。
4. 简述中国地理学大会。
5. 长期作业：

(1) 每天最少完成一张学术文献卡片；

(2) 每天研读所确定的学术名著。

二、研究性问题与讨论

请检索国际地理大会的历次大会信息，梳理大会主题的变化。

第十二章 地学工具书

第一节 学科名词

一、《地理学名词(第二版)》

该书由全国科学技术名词审定委员会审定、颁布,地理学名词审定委员会主编,于 2007 年由科学出版社出版。该书对 1988 年公布的《地理学名词》作了少量修正,增加了一些新词,每条词均给出定义或注释。这些名词是科研、教学、生产、经营以及新闻出版等部门应遵照使用的地理学规范名词。正文中汉语名词按学科分支排列,类别的划分主要是为了便于审定和检索,而非严谨的科学分类。正文共分 30 个部分:01. 地理学总论;02. 自然地理学;03. 地貌学;04. 气候学;05. 水文学;06. 生物地理学;07. 土壤地理学;08. 医学地理学;09. 环境地理学;10. 化学地理学;11. 冰川学;12. 冻土学;13. 沙漠学;14. 湿地学;15. 海洋地理学;16. 古地理学;17. 人文地理学;18. 经济地理学;19. 城市地理学;20. 资源地理学;21. 旅游地理学;22. 人口地理学;23. 历史地理学;24. 社会与文化地理学;25. 数量地理学;26. 地球信息科学;27. 地图学;28. 地名学;29. 遥感应用;30. 地理信息系统。每条地理学名词配以国际上习惯的英文或其他外文。附录中有英汉索引和汉英索引。

二、《资源科学技术名词》

该书由全国科学技术名词审定委员会审定、公布,资源科学技术名词审定委员会主编,由科学出版社于 2008 年出版。内容包括 21 个部分:

01. 资源科学总论;02. 资源经济学;03. 资源生态学;04. 资源地学;05. 资源管理学;06. 资源信息学;07. 资源法学;08. 气候资源学;09. 植物资源学;10. 草地资源学;11. 森林资源学;12. 天然药物资源学;13. 动物资源学;14. 土地资源学;15. 水资源学;16. 矿产资源学;17. 海洋资源学;18. 能源资源学;19. 旅游资源学;20. 区域资源学;21. 人力资源学。共收词3339条。

三、《地理信息系统名词(第二版)》

该书由全国科学技术名词审定委员会审定、公布,地理信息系统名词审定委员会主编,由科学出版社于2012年出版。该书对2002年公布的《地理信息系统名词》作了少量修订,增加了一些新词。内容包括基本概念、技术与应用两大类,共收词1469条。书末附有英汉、汉英两种索引,以便读者检索。

四、《测绘学名词(第三版)》

该书由全国科学技术名词审定委员会审定、公布,测绘学名词审定委员会主编,由科学出版社于2016年出版。该书对2002年公布的《测绘学名词(第二版)》进行了修订和增删。正文共分7个部分:01. 总类;02. 大地测量学;03. 摄影测量与遥感学;04. 地图学;05. 工程测量;06. 海洋测绘;07. 测绘仪器。共收词2269条,每条词均给出了定义或注释。这些名词是科研、教学、生产、经营以及新闻出版等部门应该遵照使用的测绘学规范名词。

五、《生态学名词》

该书由全国科学技术名词审定委员会审定、公布,生态学名词审定委员会主编,由科学出版社于2007年出版。全书包括总论、生理生态学、行为生态学、进化生态学、种群生态学、群落生态学、生态系统生态学、景观生态学、全球生态学、数学生态学、化学生态学、分子生态学、保护生态学、污染生态学、农业生态学、水域生态学、城市生态学、生态工程学和产业生态学等分支学科组,共 3414 条,每一词条包括汉文名、英文名、定义。

六、《城乡规划学名词》

该书是由全国科学技术名词审定委员会审定、公布,由科学出版社于 2020 年出版。内容包括:01. 城乡规划学总述;02. 城乡与区域规划理论和方法;03. 城乡规划与设计;04. 城乡规划技术科学;05. 社区与住房规划;06. 中国城市建设史和遗产保护规划;07. 城乡规划管理等 7 部分。共 1462 条,每条名词均给出了定义或注释。

第二节 百 科 全 书

一、《中国大百科全书》

《中国大百科全书》是由中国大百科全书总编辑委员会组织编纂、中国大百科全书出版社出版的图书。到目前为止,《中国大百科全书》共出版两个版本,第一版于 1993 年出版,第二版于 2009 年出版。

《中国大百科全书(第一版)》于 1978 年立项,1993 年完成,全书 73 卷,外加索引 1 卷,共 74 卷,是我国第一部包罗古今中外知识并突出中国内容的现代综合性百科全书。全书共收 77 859 个条目,12 568 万字,并附有 5 万幅图片,覆盖哲学、社会科学、文学艺术、文化教育、自然科学和工程技术等 66 个学科或知识领域,包括:《哲学》Ⅰ、Ⅱ;《宗教》;《中国历史》Ⅰ、Ⅱ、Ⅲ;《外国历史》Ⅰ、Ⅱ;《政治学》;《法学》;《军事》Ⅰ、Ⅱ;《经济学》Ⅰ、Ⅱ、Ⅲ;《财政·税收·金融·价格》;《社会学》;《民族》;《考古学》;《文物·博物馆》;《中国文学》Ⅰ、Ⅱ;《外国文学》Ⅰ、Ⅱ;《美术》Ⅰ、Ⅱ;《音乐·舞蹈》;《戏剧》;《戏曲·曲艺》;《电影》;《语言文字》;《图书馆学·情报学·档案学》;《教育》;《体育》;《新闻出版》;《中国地理》;《世界地理》;《数学》;《物理学》Ⅰ、Ⅱ;《力学》;《化学》Ⅰ、Ⅱ;《天文学》;《大气科学·海洋科学·水文科学》;《固体地球物理学·测绘学·空间科学》;《地理学》;《地质学》;《环境科学》;《生物学》Ⅰ、Ⅱ、Ⅲ;《现代医学》Ⅰ、Ⅱ;《中国传统医学》;《心理学》;《农业》Ⅰ、Ⅱ;《矿冶》;《机械工程》Ⅰ、Ⅱ;《电工》;《电子学与计算机》Ⅰ、Ⅱ;《自动控制与系统工程》;《化工》;《轻工》;《纺织》;《土木工程》;《建筑·园林·城市规划》;《水利》;《交通》;《航空·航天》;《总索引》。

地理科学类有:①《地理学》卷,共收条目909个,插图632幅,计147万字,内容包括自然地理学、人文地理学、历史地理学、区域地理学、地图学、地名学、方志学和地理学史;②《中国地理》卷,共收条目1610个,插图728幅,计213万字,内容包括总论,一级行政区和特别行政区,重要的市县镇、山脉、河流、高原、盆地、湖泊、沼泽、自然保护区和名胜古迹等;③《世界地理》卷,共收条目1163个,插图899幅,计199万字,内容包括对202个国家和地区、613个主要城市的介绍。

《中国大百科全书(第二版)》于1995年立项,2009年正式出版,总计32卷(正文30卷、索引2卷),约6000万字,插图30 000幅,地图约1000幅。全书内容以条目形式编写,在继承第一版的编纂原则和编写理念的基础上,设条和行文更注重综合性和检索性,介绍知识既坚持学术性、准确性,又努力做到深入浅出,具有可读性,适于中等及以上文化程度的读者查检和阅读。《中国大百科全书(第二版)》既有鲜明的中国特色和风格,重视中国各民族的历史文化遗产、科学技术成就和各方面情况的介绍,充分阐述建设中国特色的社会主义理论和实践成果,又反映近年来世界科学文化的最新成就和最新发展,以及国际关系的新格局、国际形势的新变化。内容精简凝练,既涵盖过去,又注重现代;既放眼世界,又侧重中国;既重视基础,又关注前沿,为读者提供了一个完整的知识系统。

二、《美国百科全书》

《美国百科全书》(*Encyclopedia Americana*)是美国综合性大型百科全书。初版于1829—1833年,由德国移民F.李勃在德国《布罗克豪斯社交词典》(第7版)的基础上编撰形成,共13卷。于1903—1904年进行改编,增补为16卷。1918—1920年再经重编改版,共30卷,遂成为后来历次修订版的基础,并从此采取了连续修订制,每年修订约10%的内容。《美国百科全书》的条目按字母顺序编排,面向的主要读者对象是成年人和高级知识分子。全书最新重印本共计 30 卷,约 3150 万词,收有 6 万条目。采取狭主题、小条目的编法,同时也针对重大主题设置大条目。全书约有插图 2 万幅,另有许多彩色插页。条目释文内共有地图 1100 幅。全书图文比为 1∶1500 词。条目之间建有严谨的参考系统,采取集中注释和随文注释相结合的方式。该书内容偏重美国和加拿大的历史、人物和地理资料,人物条目和科技条目篇幅较大,前者约占 40%,后者占 30% 多。

三、《不列颠百科全书》

《不列颠百科全书》(Encyclopedia Britannica,简称 EB),又称《大英百科全书》,是世界上重要的大型综合性百科全书。第 1 版于 1768 年由英国人 W.斯梅利、A.贝尔和 C.麦克法夸尔在苏格兰编纂,1771 年出版,共 3 卷。1902 年,不列颠百科全书公司迁至美国芝加哥。1943 年为芝加哥大学副校长 W.本顿购得,版权归芝加哥大学所有。1974 年,面目全新的第 15 版问世,它打破了传统的标准型百科全书模式,将全书分为三个部分:《详编》《简编》和《类目》。《类目》(1 卷)是知识的概览。《简编》(10 卷)提供事实性的简要资料并具有索引的功用,有 102 214 个短条目,平均篇幅 137 个单词,黑白插图 12 000 幅,彩色插图 4000 幅。《详编》(19 卷)提供知识的详尽解释,4207 个中、长条目,篇幅均在 1000 单词以上,黑白插图 4000 幅,彩图 160 幅,其中的长篇条目是《不列颠百科全书》传统的、完整的学术性专条。全书共 30 卷。1985 年的印本增加 2 卷《索引》。20 世纪 90 年代初,《不列颠百科全书》出版电子版。该公司 1994 年还开发了不列颠百科全书在线,通过互联网提供广泛的电子查阅服务。

四、《科利尔百科全书》

《科利尔百科全书》(Collier' Encyclopedia,简称 EC),为著名英语三大百科全书之一。1949 年,由美国科利尔出版公司创编出版,是 20 世纪新编的大型英语综合性百科全书。主要读者是自学者和有关学科专业人员。全书共 24 卷约 2100 万字,插图丰富,约 1.7 万幅。23 000 个条目根据字母索引排列,其中,社会科学占20%,人文科学30%,科技15%,地理和地区研究35%。它虽属国际性百科全书,但主要侧重西方资料。在写作风格上,力求通俗、简练、可读性强。大中小条目结合,而以中小条目为主,重要的条目长达40~100页。《科利尔百科全书》光盘版(Collier's Encyclopedia1998),包括《麦克纳利地图集》和《美国传统词典》,共1700万字,提供了3000个互联网地址供进一步查找研究资料。地图可以放大,信息量丰富,集释词、背景知识和地图于一体,使用方便。

五、《俄罗斯大百科全书》

《俄罗斯大百科全书》(Большая советс-кая энциклопедия,缩写 БСЭ)是俄罗斯及全世界最大规模及最完整的百科全书之一。其前身《苏联大百科全书》是根据苏联共产党中央委员会的决定,由苏联百科全书出版社负责组稿、编纂和出版的。该书于1926—1990年出版。2002年起,以《俄罗斯大百科全书》的名义重新出版。全书系统地反映了世界各国政治、经济、文化、教育等领域的知识,新版突出了社科条目,附有大量的参考书目和社科文献。可供大学生及大学以上文化程度的读者学习参考。《苏联大百科全书》第一版共65卷,外加上补充卷,共收录65 000条条目,在1926—1947年陆续出版。第二版共50卷,共收录10万条条目,在1950—1957年陆续出版,撰稿的专家、学者共15 000余人,从1957年开始逐年出版《苏联大百科年鉴》,1958年出版补遗卷,1960年出版全书索引2卷。第三版的总编辑是诺贝尔奖获得者、苏联物理学家A. M. 普罗霍洛夫院士,第三版共30卷,在1969—1978年陆续出版,全书共收10.2万条目,有插图3.6万幅,有地图1650幅,图文比约为1∶600词,另有人名索引1卷,第三版聘请的各学科、各专业的学术顾问有600余人,还有44个国家的学者和其他人士参加各项工作,第三版还特别设立了"苏联"专卷(第24卷二分册),大量收入了反映现代科学进展的新词内容包罗广泛,材料比较精新。

六、《插图欧美大百科全书》

《插图欧美大百科全书》是西班牙著名大百科全书,于1905—1933年编辑出版,全书共 80 卷,其中 70 卷为正篇,10 卷为补篇,条头为法、意、英、德、葡等对应外文。现为世界上条目较多的大型综合性百科全书,为大型和某些专业图书馆所必备的百科全书,对于研究世界地理、海洋和伊比利亚半岛与南美西班牙语国家情况也是很重要的工具书。其特点是:① 采取逐年补卷的修订体制,往往是在 3~5 年之后出版;② 以词典式小条目为主体;③ 有关地理、海洋、伊比利亚半岛和拉丁美洲的资料丰富;④ 地图较多,还有各国军服、国旗、货币等彩色插页;⑤ 收取语言词典的因素,注意词源解释。

七、《法国大百科全书》

《法国大百科全书》(La Grande Encyclopédie),全称《伟大的百科全书——科学、文字及艺术的系统库存》。全书共分 31 册,于法国出版,成书于 1886—1902 年,由 H. Lamirault 编著。法国大百科全书编辑委员会的总秘书是 Ferdinand-Camille Dreyfus 及 André Berthelot。书中大部分条目附上参考文献。全书共分 31 册,20 万条条目,15 000 幅插图及 200 幅地图。

八、《意大利科学、文学与艺术百科全书》

《意大利科学、文学与艺术百科全书》(Enciclopedia Italiana di scienze, lettere ed arti,简称《意大利百科全书》),是位于罗马的意大利百科全书出版公司在 1929—1939 年出版的百科全书,共 36 卷,是意大利最具代表性的百科全书。全书以人文学科和插图精美著称,其主编为意大利哲学家真蒂利(Gentili)。第一版是由罗马的意大利百科全书出版公司于 1929—1939 年出版的,全书 36 卷。其中 35 卷为正文,最后一卷为全书的索引,它的人文学科和艺术条目以及欧洲名门家族氏系(包括重要历史人物)的条目,写得非常充实。全书有插图 1.2 万幅,大量的世界名画复制品彩图插页,尤为人们所珍爱。

九、《地球系统科学百科全书》

《地球系统科学百科全书》(Encyclopedia of Earth System Science)是

第一部全面覆盖地球科学的百科全书，涵盖了大气科学、生物地球化学、气候学、生态学、地质学、地球物理学、冰川学、水文学、气象学、矿物学、海洋学、岩石学等众多领域。它将地球视为一个相互作用过程的系统，描述了这些过程如何相互影响。这部百科全书共四卷，提供了广泛的知识基础。

第三节 辞 典

一、综合性辞典

1.《现代地理科学词典》

《现代地理科学词典》是刘敏主编的工具书，由科学出版社在2009年出版。全书收录词条4600余条，词条为中英文对照，均配有简明释义。词典内容涉及地理科学综论、自然地理学、地球概论、地质学、地貌学、气象气候学、水文地理学、生物地理学、土壤地理学、海洋地理学、环境地理学、化学地理学、医学地理学、灾害地理学、地图学与测绘学、遥感学、地理信息系统、人文经济地理学、资源能源地理学、工业地理学、农业地理学与乡村地理学、交通运输地理学、商业地理学、社会地理学、文化地理学、旅游地理学、人口地理学、城市地理学、政治地理学、军事地理学、历史地理学等地理科学各方面内容。可供有关专业的广大科技人员、管理人员以及大中专院校的师生参考使用。

2.《地理学词典》

《地理学词典》是现代《地理学词典》编辑委员会编著的工具书，由上海辞书出版社在1983年12月出版。全书收录词目5433条。词目按笔画顺序排列，有词目表及分类词目索引帮助检索。内容涉及地球概貌、地貌学、经济地理学、地图学、测量学、地质学、气象气候学、水文学、海洋学、土壤学、生物地理学、环境科学、地理地带、少数民族语地理词汇、学科学说学源、地理学家等方面内容。附录有"太阳系九大行星基本数据""我国节气、候应表""时区对照表""地质年代表""蒲福风力等级表"等5个。

3. 《A to Z GIS 图解词典》

《A to Z GIS 图解词典》是 Tasha Wade 等主编的工具书,由科学出版社在 2011 年出版。全书收录了 1800 多条术语和 400 多幅彩色插图。它是一本 GIS 通用术语词典,而不仅限于 GIS 软件术语。词典中采选的术语,涉及地图学、大地测量学、地理学、信息处理技术、全球定位系统以及遥感技术,汇聚了大量专业技术知识。书中采用素描的手法绘制插图,以最简约的方式,既直观明了地表达术语的概念,又兼顾了技术的准确性。可供学生、教育工作者和专业人士等在研究、工作和应用中参考使用。

4. 《牛津地理学词典》

《牛津地理学词典》是 Susan Mayhew 主编的工具书,由上海外语教育出版社在 2001 年出版。词典全面介绍了人文地理和物理地理两方面的信息。现版本对第一版所收词条内容已做全面更新,并新增 1000 个词条。全书内容涉及地图绘制、勘测法、气象学、气候学、生态学、人口学、工业学和发展等方面内容,是学习和研究地理知识必备的工具书。该系列词典可作为大专院校各专业的学生以及专业技术人员学习专业知识、提高专业英语能力的参考书。

5. 《地理学小词典》

《地理学小词典》是吴三保、孙以年等编著的工具书,由科学技术文献出版社在 1994 年 8 月出版。该辞典是一本综合性地理学工具书,内容包括宇宙与地球;气象与气候;地质、火山、地震、岩石、矿物;地貌、水文、河湖、海洋;地图与测量;计量地理;遥感;环境科学;自然资源与其他。本书参考了大量中外文献资料,注意吸收新材料、新成果、通俗易懂,讲究实用,主要面向中等文化程度以上广大读者,包括大专院校、各类业余大学、中学师生、自学青年,以及从事文化工作的人们。

6. 《现代地理学辞典》

《现代地理学辞典》是中国科学院、国家计划委员会地理研究所的科研人员集体编写的工具书,由商务印书馆在 1990 年 7 月出版。辞典共收辞目 2726 条,分为 4 个部分。其中,第一部分总论 206 条,按地理学的理论、应用及实验研究现状,从学科体系角度介绍了地理学及其分支学科的基本特点。第二部分自然地理学1267条,以传统的学科划分为基础,结合当前各分支学科的纵深发展趋势,从自然地理学、气候学、地貌学、水文地理学、生物地理学、土壤地理学、环境地理学、化学地理学、医学地理学、海洋地理学、古地理学等11个学科,有重点地选择了条目。第三部分人文、经济地理学803条,选择当前研究工作活跃的社会、经济领域的许多方面,词条涉及资源地理学、经济地理学、人口地理学、聚落地理学、旅游地理学、政治地理学、军事地理学、社会地理学、民族地理学、文化地理学、历史地理学等11个学科。第四部分地图学、遥感与信息系统450条,这是当前地理学中技术性最强、应用途径最广、与地理学各分支学科联系最密切的部分。附录有中文词目索引与英文词目索引。本书可供有关专业的广大科技人员、管理人员以及大中专院校的师生参考使用。

7.《地学大辞典》

《地学大辞典》是孙鸿烈主编,吴国雄、郑度、孙枢副主编的工具书,由科学出版社在2017年12月出版。该辞典为专科术语辞典,收录地学辞目共计2万余条,是一部综合性的地学大辞典。内容涵盖大气科学、地理学、地质学、地球物理学、海洋科学等学科,以常用、基础和重要的名词术语为基本内容,提供简明扼要的定义或概念解释,并有适度展开。附录有便于检索的外文索引和汉语拼音索引。可供地学及相关专业的科技工作者、高等院校师生、中学教师,以及具有大专以上文化程度的其他读者参考使用。

8.《中华科学技术大词典·地学卷》

《中华科学技术大词典·地学卷》是王存忠编、白春礼总主编的工具书,由商务印书馆在2019年出版。该卷共有条目42 000多条,内容涉及海洋、测绘、大气、地理、地质、矿物和古生物等方面。该词典主要以表格的形式提供中国大陆和中国台湾工程技术领域术语的对照,并附有术语的英文解释。

9.《地理学词典》

《地理学词典》是英国的穆尔(W. G. Moore)编写的工具书,刘伉翻译,由商务印书馆于1980年9月出版。该辞典共收词目3000条左右,并未纯粹以自然地理为限,还兼收了少量人文地理术语。在自然地理术语中,收录了地貌、地质、气象、水文、土壤、地图、生物、地球物理以至天文等方面最重要、最常见的术语；在人文地理词条中，收录了经济地理、政治地理、语言地理以至人种学等方面的若干条目。辞典主要是为一般读者（并非仅以专业人员为限）编写的，为照顾相当广泛的读者面，对各个术语的解释都比较简明扼要，力求通俗易懂，一般不做艰深、抽象的学理探讨。

10.《哈金森地理辞典》

《哈金森地理辞典》是英国的丹尼斯·德莱斯纳主编的工具书，由江苏人民出版社在2009年出版。《哈金森地理辞典》分为三大部分：世界各国；世界地方志和附录。世界各国部分是按英文字母顺序编排的，所有主权国家各有一个词条，每个国家都给出了50个类别的信息，分列在政府、经济和资源、人口和社会、交通运输、年表大事记以及实用信息等几大标题下。世界地方志部分收录了包括世界各个城镇、地区、省份及其地理特征的共6500多个词条。附录包括世界地理、人口及行政区划等方面的各种表格。

11.《大辞海·天文学地球科学卷》

《大辞海·天文学地球科学卷》是夏征农、陈至立主编的工具书，由上海辞书出版社在2015年出版。该卷共收天文学、空间科学技术、地球科学、测绘学词目约8000条，内容涉及各学科名称、人物、著作、团体、主要的理论、学说、定律，重要的自然现象，常见的仪器设备，以及重要的矿物、岩石、宝石、天体、人造天体等方面的内容。该卷按天文学、空间科学技术、地球科学、测绘学四大类分类编排。大类以下按其学科的传统习惯分类编排。所分类别仅从便于查检考虑，并不代表学科体系。地球科学所包括的学科较多，现分为大气科学、固体地球物理学、地貌学、地质学、海洋学。地球化学、结晶学、宝石学都是相对独立的学科，考虑到和地质学的关系较为密切，因此在编排时归入地质学。地理学因另有分卷，故该卷只收地貌学。

二、专题性辞典

1.《人文地理学词典》（张文奎主编版）

《人文地理学词典》是张文奎主编的工具书，由陕西人民出版社在

1990年出版。全书收录词条1846条,内容涉及环境科学、经济地理学、人口地理学、旅游地理学、聚落和村落地理学、城市地理学、政治地理学、文化地理学、行为地理学、历史地理学以及人文地理学家、地理学术机构、地理学术期刊等方面的内容。收词量适中,译文繁简有度,安排恰当。凡人文地理主要分支学科都已兼及,有关各个学科基本概念的条目,差不多都已齐备。另有介绍人文地理学基本理论、古今中外主要的人文地理著作和中外人文地理学家的词条。有选择地列入了近年来出现的某些新的学说、理论和术语,并做必要的解释和提示。可供一般读者乃至有关的科学工作者参考使用。

2.《人文地理学词典》(约翰斯顿主编版)

《人文地理学词典》是约翰斯顿主编的工具书,由商务印书馆在2004年出版。全书共收录词条逾700条,词条所涉及的英语词汇、术语和习语涵盖了政治地理学、历史地理学、种族地理学、人口地理学等范畴,重点关注人文地理中出现的新主题、方法和热点。《人文地理学词典》组织了20多位中青年地理学者通力协作,进行译述。该词典还包括了一些目前尚难定义的名词和术语。这还需要我们在今后研究人文地理学的实践中不断加深体会和更好地消化与吸收后,才能逐步得到多数人的认同。

3.《地理区划与规划词典》

《地理区划与规划词典》是郑度主编的工具书,由中国水利水电出版社在2012年出版。是我国第一部以地理区划与规划为主题的词典,地理区划与规划是地理学最为重要的基本概念,也是地理学认识地理规律和按地理规律进行生产布局的基本方法论。本词典将区划与规划有机地结合在一起,并从自然与人文、社会、经济各个方面,对相关词条按照学科和应用的特点系统编排,准确释义。本词典可供政府规划与管理人员、专业研究与规划人员等参考,也可供大专院校师生教学和学习参阅。

4.《自然地理辞典》

《自然地理辞典》是苏联巴尔科夫主编的工具书,由北京工业出版社在1962年出版。全书收录词条2000多个,词目按俄文字母顺序排列。内容包括天文、地理、气象、气候、海洋、地质、生物以及著名地理学家简介,附录包括地质时代表、地震烈度表、地椭球体要素、各大洲面积与人口、各大洋面积与深度、重要海峡、大岛、大河、大湖、高山、火山等表，还有按汉语拼音排列的中文名词索引及中文名词首字笔画检索表。

5.《地貌学词典》

《地貌学词典》是周成虎主编的工具书，由中国水利水电出版社在2006年出版。该辞典为国内第一部地貌学专业辞典，全面、系统地收入地貌学及相关学科的名词术语共计1900余条，内容涉及地貌通论、构造与岩石地貌、黄土地貌、喀斯特地貌、流水地貌、湖泊地貌、冰川冰缘地貌、干燥地貌、河口海岸地貌、重力地貌、地貌制图与数字地貌11个部分，释义准确、规范，并附有学科分类目录和中英文索引。本辞典可供地理学、地质学、水文学、海洋学以及相关学科的研究人员和大专院校的师生使用。

6.《中华古文献大辞典·地理卷》

《中华古文献大辞典·地理卷》是王兆明、傅朗云主编的工具书，由吉林文史出版社在1991年出版。《中华古文献大辞典》是一部查检我国主要古籍文献的大型工具书，地理卷是该辞典的分卷之一。收录地方总志和地方志、杂志、边疆民族地理、中外交通、游记、地理考证、地图图说、地理丛书和外国人地理著作等地理古籍2500余种。地理总志和地方志分全国通志、区域志和各省地方志。专志分山水、名胜、水利、物产、城镇、寺观、宫苑、关隘交通、军事地理。杂志分岁时、风俗、地名、语言地理和地理教科书。边疆民族地理部分包括疆域志、边疆地理、民族地理。中外交通部分包括中外交通、域外地理和世界地理。地图图说分世界地图、中国全图、中国区域地图、各种专业地图和图说、图表。游记分纪行、纪胜和一般游记。地理考证分为地理文献考证、地物（山、水、物产）、地域（疆域、政区）考证。地理丛书酌收1911年以后编辑的丛书。

7.《经济大辞典·国土经济·经济地理卷》

《经济大辞典·国土经济、经济地理卷》是吴传均主编的经济专科工具书，由上海辞书出版社在1988年出版。该书是《经济大辞典》的一个分卷，广泛选收并解释经济生活和经济科学中的各种名词，本卷共收词目1533条，内容包括国土经济和经济地理两大部分，国土经济又分为国土资源、国土整治、国土规划和立法四大类;经济地理又分为经济地理学概论、农业地理、工业地理、交通运输地理、商业地理、人口地理、城市地理、旅游地理、人文地理、数量地理、经济地图、人物著作组织共十二大类。主要供经济研究人员、国土规划整治工作者、经济地理工作者以及大专院校财经、地理专业师生查阅参考。

8.《社会经济地理学概念术语词典》

《社会经济地理学概念术语词典》是苏联阿拉耶夫主编的工具书,李德美等翻译,由测绘出版社在 1990 年出版。该词典收入 800 多条术语,其中 670 条在书后附有俄、英、法、德、西(班牙)文对照,230 多条附有俄、汉文对照。词典的结构有两重"序列"。一方面,全书分三部分:第一、二部分论述"原生"学科(地理学、经济学、社会学)的概念,第三部分分述及社会经济地理学本身的概念。另一方面,在每一个概念术语系统中又分两篇:"研究客体"(客体—关系—过程)和"研究方法"。该词典利用表意词典的形式,即按概念术语系统排列。以概念术语系统为基础,保持它们之间的逻辑联系,就可以在很大限度上把读者的注意力首先集中在概念上,然后再到术语上。

9.《汉英水文水资源词汇》

《汉英水文水资源词汇》是张海敏主编的工具书,由科学出版社在 1999 年出版。全书收录词条 50 000 条,内容涉及水文、水资源、天文、气象、地理、农学、林学、生物、环境、测量、水利工程、泥沙等学科。该书是一本较为详尽、系统的综合性水文水资源专业工具书,可供水文水资源(或水科学)、地学科技工作者和高校有关师生,以及文化界有关人员参考使用。

10.《土壤学大辞典》

《土壤学大辞典》是周健民、沈仁芳主编的工具书,由科学出版社在 2013 年出版。全书收录词条 4700 条,内容涉及土壤学总论、土壤地理、土壤物理、土壤化学、土壤生物与生物化学、土壤肥力与植物营养、土壤生态、土壤侵蚀与水土保持、土壤环境与土壤修复、土壤与全球变化、土壤研究技术与方法等学科内容。词目为中英文对照,并配有简明释义。词典还收录了国际制常用单位、土壤粒径与质地分类、主要土壤矿物及所含养分、常用肥料成分、国际及中国的土壤分类表等资料。为了便于读者查阅，书前附有按学科编排的中文词目表，书后附有中英文索引。本书可供广大土壤学和相关学科科技工作者、大专院校师生参考使用，同时也面向对土壤和土壤学感兴趣的广大读者。

11.《自然资源简明辞典》

《自然资源简明辞典》是包浩生主编的工具书，由中国科学技术出版社在1993年出版。全书收录词条1070条，内容为总论、土地资源、水资源、气候资源、生物资源、岩石矿产资源、能源、海洋资源及旅游资源9个部分。该辞典是普及资源知识、增强资源意识、促进资源教学与研究的一本基础性工具书，可供从事自然资源开发、利用、治理、保护和管理的工作人员、科研人员以及高等院校有关专业师生查阅参考。

12.《现代经济学大典·资源与环境经济学分册》

《现代经济学大典·资源与环境经济学分册》是著名经济学家李晓西主编的工具书，由经济科学出版社在2016年出版。内容为：分析改革的中国模式、发展的中国道路，探究中国发展之"谜"。以中国改革和开放的实践为背景，以中国经济学理论进展为线索，本分册可以全面解读中国奇迹之"谜"。相应的，本分册定位在对中国经济改革和发展的理论概括。突出反映中国改革开放30多年来经济学研究所取得的成果。目的就是要把我国的经济学推向世界，让中国道路为世界所知。本书词条写作要求编写与研究相结合，体现原创性，内容要求具有权威性、全面性、历史性和新颖性，通过词条反映经济学在中国的发展变迁以及中国经济思想的发展过程，使其更具应用价值。可供有关专业的广大科技人员、管理人员以及大中专院校的师生参考使用。

13.《环境学词典》

《环境学词典》是方如康主编的工具书，由科学出版社在2003年出版。全书收录词条4000条，内容涉及环境学总论、环境地学、环境生物学、环境化学、环境物理学、环境工程学、环境医学、环境管理学、环境法学、环境经济学、环境教育等环境科学各个方面。本词典词条均为中英文对照，配有简明释义，同时收录了有关单位换算表、我国主要的环境保护质量标准、我国自然保护区情况、国外部分环境标准、我国主要的环境保护法律法规等作为附录。可供从事环境科学及相关工作的广大科技人员、管理人员及大专院校有关专业的师生参考使用。

14.《环境科学大辞典》

《环境科学大辞典》是《环境科学大辞典》编委会主编的工具书,由中国环境科学出版社在 2008 年出版。本辞典是一部以环境科学为主的大型专业辞典,内容涉及环境科学基本的、重要的、常见的名词术语,覆盖了环境科学所有的分支学科,体现了环境学各学科、各专业知识的完整性和均衡性。同时,针对环境科学是一门新兴的综合性学科的特点,收录了极为丰富的环境科学新名词、新术语以及与环境科学密切相关的专业术语。力求定义明确,特点鲜明,充分反映当代环境科学发展的最新成果,促进环境科学技术发展。这部辞典,适应环境科学发展的迫切需要,全面系统地反映当代环境科学发展水平,主要供环境科学工作者,以及广大理、工、农、医、法律、经济、管理等专业工作者使用,同时供具有中等以上文化程度的读者释疑解惑之用。

15.《环境与可持续发展词典》

《环境与可持续发展词典》是申玉铭主编的工具书,由辽宁教育出版社在 2001 年出版。全书收录词条 310 条,内容以环境问题为主线,将人口、资源、生态、环境和社会经济发展等问题有机地结合起来。可供有关专业的广大科技人员、管理人员以及大中专院校的师生参考使用。

16.《英汉环境科学与工程词汇》

本书共有两个版本。第一版《英汉环境科学与工程词汇》是由周培疆、严国安、甘复兴主编的工具书,由科学出版社在 2001 年出版。全书收录词条 5 万条,内容涉及环境科学与工程各分支学科基础性专业词汇和环境工程常用及新开发技术、艺术、设备方面。释义简明、科学、实用。《英汉环境科学与工程词汇》可供从事环境科学与工程以及相关学科研究、教学、管理和生产实践工作的各类人员使用。第二版《英汉环境科学与工程词汇》是王立章、李海平主编的工具书,由化学工业出版社在 2007 年出版。全书收录词条 65 万条,内容涉及:① 环境保护领域的新理念、新政策词汇,如可持续发展、排污权交易、循环经济相关词汇等;②环境工程方面的相关新工艺、新技术名词;③科普类环保图书中常用的俗称俚语;④第一版中遗漏的部分词汇。第二版是基于第一版的修订、完善和补充,删除了第一版中已过时或很少用到的部分词汇,并纠正了第一版中排印时造成的某些错误,尽可能反映环境科学与工程方面的所有基础性词汇和环境工程方面的新技术、新名词、新设备,也重点收录石油化工、化工、冶金、食品等行业的相关词汇。可供有关专业的广大科技人员、管理人员以及大中专院校的师生参考使用。

17.《中国生态文明词典》

《中国生态文明词典》是王旭烽主编的工具书,由中国社会科学出版社在2013年出版。词典内容旨在强调生态文明是人类社会经过了漫长的原始文明、农耕文明和工业文明等不同的文明阶段之后的、一种超越以往文明的全新的文明形态,是人类文明的一个新起点。强调人类在实践中遵循自然、人、社会协调发展规律,不主张人与自然的竞争,反对不计后果的物质需求,追求一种全新的、与自然和谐相处的和全面可持续的生活方式,人类社会与地球上所有生态群落达成和解并成为负责任的一员,协同并进、共享繁荣。《中国生态文明词典》为国内首部生态文明辞典,可供有关专业的广大科技人员、管理人员以及大中专院校的师生参考使用。

18.《英汉城市规划与园林绿化词典》

《英汉城市规划与园林绿化词典》是赵洪才主编的工具书,由中国建筑工业出版社在1994年出版。全书收录词条17 000条,涉及区域与城市生态环境、城市与区域经济、经济地理与自然地理、综合运输系统与交通规划、道路交通设施、给水与排水、城市电力与电信、煤气工程、供热工程、园林绿化与自然保护区、城镇化与城镇体系、区域资源利用、土地开发与利用、居住区规划、城市防灾等内容,酌情收录了一些城市思想文化方面的词汇,为适应城市规划与建设的发展,适当收录了数理统计、计量经济、计算机方面的词汇。该书主要是为从事有关城市规划、建设、管理和园林绿化方面工作的科学技术人员以及翻译人员阅读或翻译英文资料中引用的专门名词和术语而编订的。可供有关专业的广大科技人员、管理人员以及大中专院校的师生参考使用。

19.《中国历史文化名城词典》

《中国历史文化名城词典》是罗亚蒙主编的工具书，由上海辞书出版社在2000年出版。书中共收录国务院正式公布的国家历史文化名城99座，分上、下两卷，上卷46座，下卷53座，大致按来稿先后分卷，城市顺序按地区排列。总计约300万字，上、下卷字数基本相当。每个城市独立成篇，介绍范围以现今行政区域为准，适当兼顾历史文化区域，每个城市一般包括：史地概况、古迹园林、风物特产、城市建设四个部分，旨在对历史文化名城进行概括性的介绍，附录有词目笔画索引。该书可供有关专业的广大科技人员、管理人员以及大中专院校的师生参考使用。

20.《城市百科词典》

《城市百科词典》是中国大百科全书出版社编辑部主编的工具书，由中国大百科全书出版社在1992年出版。由于地方文化源远流长，对于生于斯长于斯的城市居民来说，需要更多了解当地的历史、人文。即便是在区域一体化、城市大融合的时代，地方文化仍然具有极强的生命力、影响力，并随着社会的发展不断丰富。在新媒体时代，网络已经无处不在、无时不有、无所不能。将本土文化以词典的方式加以收录、聚合，放到互联网上以方便公众，无疑是十分有意义的。《城市百科词典》正是借助网络平台，使之成为地方网络文化的重要组成部分。附录有繁体字和简化字对照表、条目外文索引。该书可供有关专业的广大科技人员、管理人员以及大中专院校的师生参考使用。

21.《中国地理词典》

《中国地理词典》是陈尔寿主编的工具书，由辽宁教育出版社和人民教育出版社在2000年出版。全书分政区和人口，自然环境，资源、环境和保护，产业和发展，著名地理学家和地理著作5个部分，每部分按内容分20个专题，以人口、资源、环境、发展为主线排序。

22.《世界地理词典》

《世界地理词典》是汤建中主编的工具书，由辽宁教育出版社在2001年出版。全书共收录词条480余条，分别以区域和国家为主线，按世界概论、亚洲、非洲、北美洲等顺序,分洲、分国排列,涵盖了中学世界地理教材的主要内容。

23.《外国科技人物词典》

《外国科技人物词典》是大连外国语学院主编的工具书,由江西科学技术出版社在1990年出版。全书共收录科技人物词条7200条,每个词条的撰写都尽量参考几种文本的百科全书和人物词典所提供的资料,做到博采众家之长。词典的内容主要取材于近年来出版的英、俄、日、法、德五种文本的大百科全书和人物词典,以世界范围内的古代和现代知名人物为主,近年来出现的有突出成就的人物也收录了一些。全书共分为4卷出版,数学家、物理学家、化学家及其相关学科的学者为1卷;工程技术方面的学者、专家、发明家为1卷;医学家、药学家、生物学家、生理学家和农林牧等方面的学者和专家为1卷;天文学家、地理学家及相关学科的学者和专家为一卷。该词典作为一部综合性工具书,只对科技人物的生平和学术成就做简明扼要的介绍,篇幅较小,内容概括,文字简练。

24.《自然地理学名词辞典》

《自然地理学名词辞典》是刘继湘主编的工具书,由名山出版社在1985年出版。本辞典收录词条约17 000条,内容涉及自然地理学、地形学、水文学、气象学、土壤学、植物学等专业常用术语,附录有汉文词目索引。该书可供有关专业的广大科技人员、管理人员以及大中专院校的师生参考使用。

25.《大辞海·中国地理卷》

《大辞海·中国地理卷》是夏征农、陈至立主编的工具书,由上海辞书出版社在2015年出版。该卷为中国地理卷,共收词目10 650余条,涉及中国地理、历史地理、古代中西交通的基本名词术语、地名、著作、人物等方面的内容。该卷按中国地理、历史地理、古代中西交通三大类分类编排。其中,中国地理按总类、政区地理、自然地理、经济地理、文化地理编排;历史地理按总类、政区、地名、道路、山、岛屿(坡岭、原、冈、丘、堆、洲等)、水(运渠、湖泽、陂堰、池塘、海洋等)、著作与人物、一般名词编排;古代中西交通按朝代或时代先后编排。历史地理和古代中西交通之下的各小类词目一般按照笔画编排。所分类别仅从便于查检考虑,并不代表学科体系。

26.《大辞海·世界地理卷》

《大辞海·世界地理卷》是夏征农、陈至立主编的工具书,由上海辞书出版社在 2015 年出版。该卷为世界地理卷,共收词目 5500 余条,包括两大类:地理学 1400 余条,世界地理 4100 余条。内容涉及地理学科、地理学家、自然地理学、人文地理学和区域地理学等方面。世界地理收词内容涉及大洲、大洋、国家和地区及主要政区、城市、港口、山脉、高原、沙漠、平原、丘陵、低地、盆地、三角洲、河流、湖泊、水库、海洋、港口、海峡、群岛、岛屿、半岛以及世界名胜古迹和历史地名等方面。

27.《大辞海·民族卷》

《大辞海·民族卷》是夏征农、陈至立主编的工具书,由上海辞书出版社在 2015 年出版。该卷共收词目 5990 余条。除民族学的词目外,考虑到民俗学与民族学关系密切,故将民俗学这一学科的词目也收入该卷。主要内容分为 7 类:民族理论、民族学、中国民族、中国民族史、中国少数民族语文、世界民族、民俗学。

28.《大辞海·宗教卷》

《大辞海·宗教卷》是夏征农、陈至立主编的工具书,由上海辞书出版社在 2015 年出版。该卷共收词目 7800 余条。主要内容分为 10 类:宗教学、史前和原始宗教、古代宗教、佛教、基督教、伊斯兰教、道教、中国民间信仰、其他宗教、新兴宗教。

29.《大辞海·建筑水利卷》

《大辞海·建筑水利卷》是夏征农、陈至立主编的工具书,由上海辞书出版社在 2015 年出版。该卷共收建筑、水利的词目约 3500 条,内容涉及以上两个学科的基本名词、人物、著作、理论、学说、方法、设备、工艺等方面。该卷按建筑、水利两大类分类编排。

三、地名录

1.《中国地名录》

《中国地名录》是国家测绘局测绘科学研究所地名研究室主编的工具

书,由中国地图出版社在1983年10月出版了第一版,1995年6月出版了第二版。《中国地名录》选取了1994年中国地图出版社出版的8开本《中华人民共和国地图集》中"中国地形"图及省区图幅上的地名,共计33 000余条。每条地名都注明所在省、自治区、直辖市和经纬度,并标出其所在的索引格即图幅页码和坐标网格。因此,该书可与地图集配合使用,也可单独使用。

2.《世界地名录》

《世界地名录》是萧德荣主编的工具书,由中国大百科全书出版社在1984年12月出版,全书收录中外地名加以汇录,共932万字,其中中外地名近30万条。内容涉及外国地名、中国地名两部分,中外国地名部分收录了中国地名委员会编辑的《外国地名译名手册》中全部外国地名词条,地图出版社出版的非洲分国地图、美国国家地名局出版的《不列颠百科全书》(简编)中重要地名也酌量选入。此外,书中还收录了部分重要的历史朝代名。附录有我国南海诸岛部分标准地名、香港和台湾省地名(当地英文报刊拼写法)、我国部分地名在外国报刊中的常见拼写法。地名性专名(建筑物、公园、广场、街道、名胜古迹等)常见地理通名、世界主要语言文字(及其罗马字母转写)表和22幅略图。世界地名录弥补了我国有关外国地名译名工具书和地图的不足。该书可供有关专业的广大科技人员、管理人员以及大中专院校的师生参考使用。

问题与讨论

一、常规性问题与讨论

1. 请到学校图书馆阅读《中国大百科全书(第一版)》"地理学"卷,并简述该书。

2. 请到学校图书馆阅读《中国大百科全书(第一版)》"中国地理"卷,并简述该书。

3. 请到学校图书馆阅读《中国大百科全书(第一版)》"世界地理"卷,并简述该书。

4. 简述百科全书。

5. 简述辞典。

6. 简述中国《大辞海》。

7. 简述《美国百科全书》。

8. 简述《不列颠百科全书》。

9. 简述《俄罗斯大百科全书》。

10. 简述《地球系统科学百科全书》。

11. 简述《地理学名词(第二版)》。

12. 简述《资源科学技术名词》。

13. 简述《地理信息系统名词(第二版)》。

14. 简述《城乡规划学名词》。

15. 长期作业：

(1) 每天最少完成一张学术文献卡片；

(2) 每天研读所确定的学术名著。

二、研究性问题与讨论

1. 通过检索各种工具书，整理对某一知识主题，如"地域分异""地理区划""中国"的文献资料。

2. 请为某一大百科全书试撰写"一带一路"词条。

3. 请为某一大百科全书试撰写"精准扶贫"词条。

4. 请为某一大百科全书试撰写"脱贫攻坚"词条。

5. 请为某一大百科全书试撰写"主体功能区"词条。

第十三章 赛事活动

第一节 大学地理赛事活动

一、中国高校地理科学展示大赛

中国高校地理科学展示大赛是教育部高等学校地理科学类专业教学指导委员会、中国地理学会和中山大学主办,设有地理专业的院校承办的地理赛事活动,是中国知名度高、影响力大的地理类大赛活动。大赛每年举办一届,一般每年6月份开始报名,到11月下旬结束,比赛历时5个月左右。大赛以高校开设地理专业的学院(系科)为单位报名参赛,不接受个人报名。每支参赛队伍成员须为在校本科生,人数为3~5人。指导老师原则上不多于2人。中国高校地理科学展示大赛参赛组别分为自然地理组和人文地理组,从2015年起,赛程分为南、北片区赛和全国总决赛两阶段。

二、高校地理师范生教学技能展示交流活动

高校地理师范生教学技能展示交流活动是由中国教育学会地理教学专业委员会主办的地理学专业学术交流活动,旨在提升师范院校地理专业学生教学技能水平和实践操作能力,增强专业素质、素养,加强各院校以及学生之间的学术交流,促进高校地理师范生的培养,提高整个地理教育的发展水平,推进地理教育的改革。高校地理师范生教学技能展示交流活动是国内参与最广泛、水平最高的地理师范生教学技能比赛,举办时间为每年10月10日左右,一般为期3天,活动参赛对象为重点师范大学及理事

单位师范院校全日制地理专业本科生和研究生；活动参赛人员名额有限，每次活动各参赛高校推选2~3名选手(参赛选手人数每年有细微变化，有的年份是2名，有的年份是3名)，教师联系人1名。活动采用现场抽题限时完成竞赛内容的方式，其中竞赛活动主要由四个环节组成：教学设计、课件制作模拟、讲课和现场答辩。参赛选手现场随机从已准备好的比赛题目中抽取比赛题目，然后在规定的时间内准备教学设计和课件制作，一般准备时间为1小时；其次现场进行10分钟课堂展示，即模拟授课；最后接受为时5分钟的现场答辩。所有环节结束后，经过评委们的评分和讨论，评出最后的竞赛名次。该交流活动是沟通地理学界的桥梁，是推进地理师范生高素质发展的重要平台，对中国地理师范专业的发展具有很大的推动作用。

高校地理师范生教学技能展示交流活动迄今为止已举办六届，第一届于2014年10月在天津师范大学举办，由中国教育学会地理教学专业委员会和天津师范大学主办，天津市地理学会、天津市教育学会中学地理专业委员会承办。

三、中国"互联网＋"大学生创新创业大赛

中国"互联网＋"大学生创新创业大赛是由教育部等12个中央部委和省级人民政府共同主办的重大创新创业赛事。大赛旨在深化高等教育综合改革，激发大学生的创造力，培养造就"大众创业、万众创新"的生力军，推动赛事成果转化，促进"互联网＋"新业态形成，主动服务经济提质增效升级，以创新引领创业、创业带就业，推动高校毕业生更高质量创业就业。目前该赛事共举办了五届。

四、全国大学生GIS应用技能大赛

全国大学生GIS应用技能大赛是由中国地理信息产业协会教育与科普工作委员会、教育部高等学校地理科学教学指导委员会主办的赛事活动。全国大学生GIS应用技能是GIS领域具备极大权威性的赛事活动，大赛首届举办于2012年，每年举办一届，目前该赛事已举办了八届。全国

GIS 应用技能大赛为 GIS 爱好者提供了一个互相交流与学习的平台,有助于促进提高 GIS 学习者的实际应用能力。

全国普通高等院校在校大学生,不限院校专业年级。参赛选手必须以团队形式参赛,团队成员不得超过 4 人,每个团队必须有主要负责人或指导老师。竞赛内容为空间数据的采集编辑与集成处理能力和空间分析技术的应用与系统设计能力两部分。分两个时段进行,每个时段为 3 小时。第一个时段进行空间数据的采集编辑和集成处理技能大赛,第二个时段进行空间分析技术的应用与系统设计能力竞赛。

五、Esri 杯中国大学生 GIS 软件开发竞赛

Esri 杯中国大学生 GIS 软件开发竞赛是一项由中国地理信息系统协会主办,Esri 中国(北京)有限公司承办,并由数所高校协办的全国性 GIS 比赛。其目的是激发学生学习应用和交流 GIS 技术的热情,增强学生的创造力和动手能力,大力推动 GIS 技术在中国的普及,并为 GIS 产业的发展选拔和储备大量优秀人才,希望参与的学生能够充分发挥想象力和创造力,把 GIS 应用拓展到更广阔的空间。该赛事每年举办一届,自 2004 年第一届 Esri 杯中国大学生 GIS 软件开发竞赛成功举办以来,已经连续成功举办了八届,得到了越来越多的高校、企业和政府部门的关注,每年都会有超过 2000 名在校师生参与到该项赛事中来。该赛事已经成为空间信息企业选拔优秀人才的渠道之一。GISRS 测绘地理规划等相关专业的在读本科生和研究生均可参加。

六、全国高校 GIS 技能大赛

全国高校 GIS 技能大赛是由中国测绘地理信息学会、工业和信息化部人才交流中心和地理信息系统产业技术创新战略联盟、国家地理信息系统工程技术研究中心共同主办,中地数码集团承办的全国性 GIS 技能水平比赛。首届赛事举办于 2008 年,每年举办一届。参赛对象为全国普通高校在校生,不限院校、专业、年级;参赛同学可同时参加多组比赛;参赛小组成员可来自不同的学校、院系、年级;操作技能组每组组员上限为 3 人,初级

开发组为 1 人,高级开发组为 4 人;操作技能组、高级开发组必须有组长和指导老师,操作技能组指导老师最多 1 人,初级开发组无指导老师,高级开发组指导老师最多 2 人。

七、CPGIS 年度最佳学生论文奖(大赛)

国际华人地理信息科学协会(CPGIS)是由海内外 GIS 相关华人学者于 1992 年在美国纽约州立大学布法罗分校发起成立的国际学术团体。会员来自 60 多个国家和地区。GPGIS 旨在加强海内外从事地理信息系统与科学的华人学者之间的交流与合作,促进地理信息科学的发展。每年举办国际地理信息科学年会。学生会员可以参加竞争年度学生论文奖。

第二节 中学地理赛事活动

一、国际地理奥林匹克竞赛

国际地理奥林匹克竞赛(International Geography Olympiad,IGEO)是一个为中学生举办的国际地理学竞赛活动。1994 年在布拉格召开的国际地理联合会区域会议上,波兰与荷兰地理学组织提议举办地理奥林匹克竞赛。竞赛由国际地理联合会地理教育委员会(IGU-CGE)与国际地理联合会国际地理教育奥林匹克委员会合作举办。中学生国际地理奥林匹克竞赛开始于 1996 年,每两年举办一次。竞赛的主旨是:激发学生对地理及环境研究的主动兴趣;培养学生在地理方面的知识和技能;提供正式接触环境以及建立来自各地年轻学生间的友好关系,进而促进国家间的了解。与数学、化学、物理等学科的奥林匹克竞赛相比,地理奥林匹克竞赛的发展时间和参加国的数目都要少得多。

国际地理奥林匹克竞赛是一种学生之间的竞赛。每一个参加国或地区需派一队由 4 位学生组成的参赛队伍。参赛者必须是就读于中等学校的学生,或尚未开始高等教育的学生,在参赛当年的 6 月 30 日前,年龄必须未满 20 岁。除了参赛学生外,还必须有 2 名成人代表,其中一位为领队;另一位需为参赛选手的服务,如翻译等。由于国际地理竞赛是以英语为正式语言的,竞赛的问题及解答以英文呈现,故参赛选手必须掌握英语。IGEO 竞赛包括 3 个部分:主观笔试部分、现场问答和野外考察任务。

第 13 届国际地理奥林匹克竞赛在中国北京举行。第 15 届国际地理奥林匹克竞赛在英国魁北克举行。中国(大陆)队获 3 金 1 铜。第 16 届国际地理奥林匹克竞赛在中国香港举行。由中国地理学会派出的中国(大陆)代表队与来自 42 个国家和地区的 165 名选手参加。中国(大陆)代表队取得 1 金 1 铜的优异成绩。

二、全俄中学生地理奥林匹克竞赛

全俄中学生地理奥林匹克竞赛是俄罗斯中学地理学科的重要赛事,每年举办一次。于 1992 年 3 月在亚罗斯拉夫尔市举行了俄罗斯首届地理奥林匹克竞赛,至今已经举办了十多届,这一赛事为我国的中学生地理奥林匹克竞赛带来了很多思考与启示。俄罗斯教育部于 1994 年公布了《全俄学生地理奥林匹克竞赛章程草案》。地理奥林匹克竞赛的宗旨:提高学生对研究地理的认识和兴趣;调动学生在地理科技协会、小组、选修班等地理课外活动中的积极性;改进选择与地理相关职业的中学生的定向培养工作。该赛事吸引大学教师、地理科研人员、研究生、大学生和地理学者,积极帮助学校并宣传地理知识。校级竞赛选手无名额限制,6—11 年级的学生都可自愿参加。最后阶段(全俄)的竞赛仅允许 9—11 年级学生参加。参赛队的人数有严格规定,每队由 2 名选手和 1 名领队组成,领队由相应的教育行政机关任命,全权负责全队工作。每队的一名选手必须是 9 年级学生,另一名是 10 或 11 年级学生。俄罗斯的每一个边区、州、自治共和国、莫斯科市、圣彼得堡市和竞赛主办城市,各选出一个代表队参加全俄地理奥林匹克竞赛。

三、全国中学生地理奥林匹克竞赛

全国中学生地理奥林匹克竞赛。由中国地理学会主办,始于 2006 年,2007 年起每隔两年举办一次。该赛事是我国中学地理学科的重要赛事,同时也是国际中学生地理奥林匹克竞赛中国大陆赛区选拔赛,竞赛优胜者将组成中国大陆代表队参加于次年举办的国际地理奥林匹克竞赛。

四、国家世界地理锦标赛

国家地理世界锦标赛由美国国家地理学会于1993年发起组织,每两年举办一次。参赛对象主要为初中生,要求参赛国地理学会在本国组织针对16岁以下在校学生的区域或全国范围的国家地理竞赛,在此基础上组队参加国家地理世界锦标赛。国家地理世界锦标赛先进行初赛,包括笔试、地理挑战活动两个部分。笔试有选择题和看图回答,与笔试题相比,地理挑战活动确实具有挑战性,也更突出地理学的特点,往往与比赛所在地的特点有关。初赛结束后,按照得分排出名次,前三名的队伍进入决赛。决赛采用现场问答的方式,并作为美国当红电视竞猜节目"危险之中!"的一期作品进行转播。国家地理世界锦标赛具备三大特点:注重地理感性知识内容;注重通过真实环境学习地理;注重引起社会群体的广泛关注。

五、全国中学生地球科学竞赛

全国中学生地球科学竞赛是面向全国中学生的地球科学竞赛活动,旨在普及地球科学知识,激发中学生学习地球科学的兴趣,增强学习地球科学的能力,为参加国际地球科学奥林匹克竞赛做准备;同时为对地球科学有兴趣且学有余力的中学生提供进一步提高的机会,以发现、培养和选拔一批地球科学青少年人才。全国中学生地球科学竞赛主要考察和检验中学生在地质学(含地貌学)、地球物理学、地震学、气象学、海洋学、天文学和环境科学等地球科学领域的知识和能力。目前该竞赛有考试章程、考试大纲和固定的组织机构等,有望成为与五大奥林匹克竞赛学科并列的第六个奥林匹克竞赛学科。目前该竞赛已与北京大学地球科学冬令营结合(北京大学地球与空间科学学院主办)。全国中学生地球科学竞赛分为赛区初赛和全国决赛,最终选拔出国家集训队成员,从中选拔4名成员代表中国参加一年一度的国际地球科学奥林匹克竞赛。初赛初高中学生都可报名,选出赛区前20名参加全国决赛;全国决赛每年由不同的大学承办,入围决赛的同学选拔出金银铜奖。

六、全国中学生天文奥林匹克竞赛

全国中学生天文奥林匹克竞赛,简称"天文奥赛",最初是由北京天文馆与《天文爱好者》共同发起的一项全国级别的中学生天文知识竞赛。现由中国天文学会普及工作委员会、北京天文馆、北京师范大学天文系《天文爱好者》期刊社共同主办。此赛事从2003年起开始举办,在全国的影响也日益加强。竞赛分预赛和决赛两个阶段,预赛通常在每年的3月份举行,决赛在4月或5月举行,并将从决赛获奖选手中选拔组成国家集训队,参加国际比赛。预赛报名通常从前一年年底开始,采用网上报名的方式。报名信息和相关资料可参考北京天文馆主页的天文奥赛专题或天文在线论坛。全国中学生天文奥林匹克竞赛参赛对象为全国中学初中、高中各年级学生。学生可由所在学校统一报名,也可以个人报名。预赛人数不限,预赛高中组一等奖获得者可以获得决赛参赛资格,未参与预赛者不得参加决赛。预赛采用闭卷笔试方式,所有试题均为选择题,包含单项选择与多项选择。预赛试题由考试委员会统一命题并制定评分标准。

七、"地球小博士"全国地理科技大赛

"地球小博士"全国地理科技大赛是中国地理学会自2007年开始举办的一个地理科普类大赛。其宗旨为:通过大赛宣传科学发展观,重点宣传普及节约资源、保护生态、改善环境、应急避险、健康生活、合理消费、循环经济等观念和知识,倡导建立资源节约型、环境友好型社会,形成科学文明健康的生活方式。通过大赛宣传我国人口众多、资源有限、人均占有资源远低于世界平均水平的基本国情,使年轻一代从小树立人与自然和谐相处和可持续发展的意识,也是具体落实《全民科学素质行动计划纲要》中有关未成年人科学素质行动计划的一部分。参赛对象包括有创新能力的品学兼优的中小学在校学生,并相应分成小学段、初中段和高中段三个组进行,以学校为单位,由在校的地理教师或校科技辅导员集体向组织委员会报名参赛。"地球小博士"全国地理科技大赛试题由两部分内容组成:问答题和

撰写科(学)技小论文(小学生 400 字,初中生 600 字,高中生 800 字以上,并用 A4 纸递交)。问答题将由组织委员会成员依据学生受教育的程度不同分别拟订三套不同的试题,试题采用选择题和判断题的形式,使用答题卡答题;科(学)技小论文可以依据大赛的主题自行拟定题目。大赛的题目在中国地理学会网站(www.gsc.org.cn)上公布,参赛同学可以通过网站下载大赛题目。

第三节 其他地理赛事活动

一、美国《国家地理》全球摄影大赛

美国《国家地理》全球摄影大赛由美国国家地理学会国际授权,是一个跨越国界、跨越民族、高水准的国际盛事。中国赛区(含港澳地区)由美国《国家地理》中国大陆唯一合作伙伴《华夏地理》主办。2015 年 11 月 13 日,美国《国家地理》全球摄影大赛颁奖典礼在北京隆重举行。主办方为《华夏地理》期刊。奖项设置:一等奖:每类 1 名,共 4 名;二等奖:每类 2 名,共 8 名;三等奖:每类 3 名,共 12 名。中国赛区每类别一等奖获奖作品会被送往美国参加国际角逐。大赛一等奖及其他奖项解释权归《华夏地理》所有。

二、全俄地理听写大赛

全俄地理听写大赛是俄罗斯地理协会组织的一场大型地理知识竞赛,一年举办一次,根据普京的倡议于 2015 年举办首届大赛。参赛者共需回答 30 道题,内容涉及地理概念和术语、使用地图的技能和根据旅行日记摘录确定地理目标。比赛中,参赛者需要在规定时间内按照主持人的提示写出相关地理知识答案,分数高的参赛者进入下一轮。全俄地理听写大赛受到地理爱好者的广泛关注和喜爱,大赛参赛对象范围极为广泛,人数很多,有在校学生,也有政府官员参与。全俄地理听写大赛每年都会吸引来自世界其他国家的选手参加活动,他们主要来自中国、英国、丹麦和土

耳其等国。比赛场地也设海外考场，其中在中国最多。全俄地理听写大赛加强了民众的国土安全意识，近年来有关地理知识的比赛在俄罗斯流行起来。

三、中国地理学会主办的"全民地理科普摄影大赛"

"全民地理科普摄影大赛"全称"映像·新知"全民地理科普摄影大赛。参赛者围绕"映像·新知"主题，拍摄反映国家地理风貌、奇特地理现象、科学进步与创新、颂扬或反思人与自然关系、反映日常生活中的地理现象、科普活动情景或身边的地理人等相关作品，拍摄内容和表现手法上富有创意，并为作品配上有关地理知识和照片故事的文字阐释。鼓励采取无人机航拍、水下摄影等体现科技创新的拍摄手法，让公众深入感受科技给生活带来的美好。大赛邀请地理专业人员、专业摄影人担任评审。大赛设一等奖、二等奖、三等奖及网络人气奖，并向获奖者颁发证书。

问题与讨论

一、常规性问题与讨论

1. 简述地理赛事活动。
2. 简述中国高校地理科学展示大赛。
3. 简述国际地理奥林匹克竞赛。
4. 长期作业：
(1) 每天最少完成一张学术文献卡片；
(2) 每天研读所确定的学术名著。

二、研究性问题与讨论

1. 请从促进科学发展的角度，分析地理赛事活动促进地理学发展。
2. 请构想一个全国乃至全世界的地理赛事活动，以促进地理学发展。

主要参考文献

白光润.地理科学导论[M].北京:高等教育出版社,2006.

毕思文,许强.地球系统科学[M].北京:科学出版社,2002.

陈传康.自然地理学、地球表层学和综合地理学[J].地理学报,1988(03):258—264.

蔡运龙.地理学人才结构与课程体系[J].中国大学教学,2007(09):19—20,28.

蔡运龙.高校地理教学中的"创新方法"[J].中国大学教学,2009(09):8—12.

蔡运龙.高校地理教育的国际态势[J].中国大学教学,2010(07):6—12.

蔡运龙.我国高校地理教育现状分析与发展建议[J].中国大学教学,2010(10):4—10.

陈光祚.科技文献检索[M].武汉:武汉大学出版社,1985.

陈述彭.城市化与城市地理信息系统[M].北京:科学出版社,1999.

陈洪澜.知识分类与知识资源认识论[M].北京:人民出版社,2008.

董玉祥.英国高校地理学科专业课程体系的设置及其启示[J].高等理科教育,2000(04):39—43.

德意志研究联合会(DFG),地球科学研究评议委员会.地球工程技术——地球系统:从过程认识到地球管理[M].孙成全,赵才生,等,译.兰州:兰州大学出版社,2003.

顾基发,王浣尘,唐锡晋,等.综合集成方法体系与系统学研究[M].北京:科学出版社,2007.

国家自然科学基金委员会.自然科学学科发展战略调研报告·地理科学[M].北京:科学出版社,1995.

国家自然科学基金委员会,中国科学院.未来10年中国学科发展战略·地球科学[M].北京:科学出版社,2012.

国家自然科学基金委员会,中国科学院.未来10年中国学科发展战略·能源科学

[M].北京:科学出版社,2012.

国家自然科学基金委员会地球科学部."十五"优先资助领域:21世纪初地球科学战略重点[M].北京:中国科学技术出版社,2002.

〔英〕卡尔·皮尔逊.科学的规范[M].李醒民,译.北京:华夏出版社,1998.

韩俊丽,丁占良,赵捷,等.中外高校地理课程改革之比较[J].世界地理研究,2005(01):108—112,101.

黄秉维,郑度,赵名茶,等.现代自然地理[M].北京:科学出版社,1999.

《黄秉维文集》编辑组.黄秉维文集:地理学综合研究[M].北京:商务印书馆,2003.

李春芬,王恩涌,张同铸,等.我国地理教育三十年[J].地理学报,1980(02):97—107.

李喜先.知识系统论[M].北京:科学出版社,2011.

李喜先.科学系统论[M].2版.北京:科学出版社,2005.

李喜先.工程系统论[M].北京:科学出版社,2007.

李喜先.技术系统论[M].北京:科学出版社,2005.

林定夷.问题与科学研究:问题学之探究[M].广州:中山大学出版社,2006.

廖顺宝.地球系统科学数据资源体系研究[M].北京:科学出版社,2010.

陆林,凌善金王莉.试论高校地理专业人文地理学的教学改革[J].人文地理,2003(05):65—69.

闾国年,汤国安,赵军,等.地理信息科学导论[M].北京:科学出版社,2020.

美国国家研究院地学、环境与资源委员会,地球科学与资源局重新发现地理学委员会.重新发现地理学:与科学和社会的新关联[M].黄润华,译.北京:学苑出版社,2002.

美国国家科学院国家研究理事会.理解正在变化的星球:地理科学的战略方向[M].刘毅,刘卫东,等,译.北京:科学出版社,2010.

美国科学院,美国工程科学院,美国医学科学院,等.怎样当一名科学家:科学研究中的负责行为[M].何传启,译.北京:科学出版社,1996.

潘玉君.中国北方古代文明的地理基础:读《中国北方与南方古代文明发展轨迹之异同》[J].中国社会科学,1995(06):187—189.

潘玉君,王丽华.走进人类中心主义:兼向余谋昌先生请教[J].自然辩证法研究,1996(04):55—59.

潘玉君.构建地理学发展的哲学基础:蔡运龙等著《地理学方法论》学习与评介[J].

地理学报,2013,68(02):284—288.

潘玉君.简论区域生态环境建设中的补偿问题[N].光明日报,2004-11-9.

潘玉君,武友德.通过加强基础教育实现区域和谐[N].光明日报,2005-10-19.

潘玉君,武友德,邹平,等.可持续发展原理[M].北京:中国社会科学出版社,2005.

潘玉君.地理学思想史:通论和通史[M].北京:中国社会科学出版社,2019.

潘玉君,武友德,汤茂林,等.地理学思想史:专论和专史[M].北京:中国社会科学出版社,2019.

潘玉君.地理学思想史:以中国为中心的地理学大事年表(上卷)[M].北京:中国社会科学出版社,2021.

潘玉君.地理学思想史:以中国为中心的地理学大事年表(下卷)[M].北京:中国社会科学出版社,2021.

潘玉君,郑度,杨勤业.地理学思想史:以中国为中心的地理学大事年表长表》(上、中、下卷)[M].北京:中国社会科学出版社,2023.

潘玉君,武友德,华红莲,等.区域现代化实证研究[M].北京:科学出版社,2005.

潘玉君,李灿光,武友德,等.区域发展研究:发展阶段与约束条件[M].北京:科学出版社,2007.

潘玉君,马佳伸,肖翔,等.主体功能区区划研究:基于人地关系地域系统的云南省实证研究[M].北京:科学出版社,2018.

潘玉君,武友德,张谦舵等.省域主体功能区区划研究[M].北京:科学出版社,2011.

潘玉君,马佳伸,张谦舵,等.主体功能区资源环境承载能力评价研究[M].北京:科学出版社,2020.

潘玉君,张谦舵,肖翔,等.教育地理区划研究:云南省义务教育地理区划实证与方案[M].北京:科学出版社,2015.

潘玉君,李天瑞.困境与出路:全球问题与人地共生[J].自然辩证法研究,1995(06):1—9.

潘玉君,武友德.地理科学导论[M].3版.北京:科学出版社,2021.

潘玉君.地理科学[M].哈尔滨:哈尔滨地图出版社,1995.

潘玉君.地理科学与地理信息系统[M].哈尔滨:哈尔滨工业出版社,1998.

潘玉君.地理学基础[M].北京:科学出版社,2001.

潘玉君,武友德,明庆忠.地理野外研究性实习的初步探讨[J].中国大学教学,

2005(02):51—52.

潘懋元,王伟廉.高等教育学[M].福州:福建教育出版社,2005.

彭俊芳.论高校地理科学专业培养方案的改革与创新[J].重庆师范大学学报(自然科学版),2005(03):125—128,132.

钱学森.论地理科学[M].杭州:浙江教育出版社,1994.

钱学敏.钱学森科学思想研究[M].西安:西安交通大学出版社,2008.

齐清文,姜莉莉,张岸,等.地理信息科学方法论[M].北京:科学出版社,2016.

邱均平,张蕊,舒非,等.2019—2020世界一流大学和一流学科评价研究报告[M].北京:科学出版社,2020.

史培军,宋长青,葛道凯,等.中国地理教育:继承与创新[J].地理学报,2003(01):9—16.

石玉林.资源科学[M].北京:高等教育出版社,2006.

孙鸿烈.中国自然资源综合科学考察与研究[M].北京:商务印书馆,2007.

孙小礼.自然辩证法通论(第二卷):方法论[M].北京:高等教育出版社,1993.

孙九林,林海.地球系统研究与科学数据[M].北京:科学出版社,2009.

孙正聿.哲学通论[M].沈阳:辽宁人民出版社,1998.

宋长青,冷疏影.21世纪中国地理学综合研究的主要领域[J].地理学报,2005(04):546—552.

世界数据中心中国中心协调办公室.世界数据中心中国中心与地球系统科学数据[M].北京:科学出版社,1995.

田永中,徐永进,黎明,等.地理信息系统基础与实验教程[M].北京:科学出版社,2010.

王维.科学基础论[M].北京:中国社会科学出版社,1996.

王恩涌.关于高校地理教育改革的设想[J].中国大学教学,2000(03):17—19.

王卷乐.地球系统科学数据集成共享研究:标准视角[M].北京:气象出版社,2015.

王亮绪,李新.地球科学数据共享的挑战与实践:以中国西部生态环境科学数据中心为例[M].北京:科学出版社,2018.

王崇德.社会科学研究方法要论[M].上海:学林出版社,1990.

武亚群,李双双,延军平,等.中国高校地理研究发展与态势[J].地理学报,2020,75(02):302—317.

吴良镛.人居环境科学导论[M].北京:中国建筑工业出版社,2001.

魏宏森,曾国屏.系统论:系统科学哲学[M].北京:清华大学出版社,1995.

吴传钧.20世纪中国学术大典·地理学[M].福州:福建教育出版社,2002.

吴传钧.发展中的中国现代人文地理学:吴传钧院士学术报告选辑[M].北京:商务印书馆,2008.

武友德,潘玉君.区域经济学导论[M].北京:中国社会科学出版社,2004.

徐建华.计量地理学[M].北京:高等教育出版社,2014.

徐建华.现代地理学中的数学方法[M].2版.北京:高等教育出版社,1996.

姚鲁烽,何书金,赵歆.地理学论文写作[M].北京:科学出版社,2015.

中国科学院地学部地球科学发展战略研究组.21世纪中国地球科学发展战略报告[M].北京:科学出版社,2009.

中国大百科全书总编委会"地理学"编辑委员会,中国大百科全书出版社编辑部.中国大百科全书·地理学[M].北京:中国大百科全书出版社,1990.

中国大百科全书总编委会.中国大百科全书[M].2版.北京:中国大百科全书出版社,2009.

中国城市规划学会编著.中国城乡规划学学科史[M].北京:中国科学技术出版社,2018.

中国自然资源学会编著.中国资源科学学科史[M].北京:中国科学技术出版社,2017.

张孙玮,吕伯昇,张迅.科技论文写作入门[M].北京:化学工业出版社,2005.

孙鸿烈.20世纪中国知名科学家学术成就概览·地学卷:地理学分册[M].北京:科学出版社,2010.

周廷刚,苏迎春,沈敬伟,等.我国地理科学类本科专业设置与学生培养的变化[J].中国大学教学,2014(05):44—46.

Bearman N, Jones N, Andre I, et al. The future role of GIS education in creating critical spatial thinkers[J]. Journal of geography in higher education, 2016(40):394-408.

Brooks, C. Insights on the field of geography education from a review of master's level practitioner research[J]. International Research in Geographical and Environmental Education, 2018(27):5-23.

Butt, G. Re-contextualising knowledge: The connection between academic geography, school geography and geography education research[J]. //G. Butt. Geography education research in the UK: Retrospect and prospect. London, UK: Springer, 2020(23):41-47.

Finn M, Hammond L, Healy G, et al. Looking ahead to the future of GeogEd: Creating spaces of exchange between communities of practice[J]. Area, 2021(53):1-11.

Holloway S L, Hubbard P, Jöns, H, et al. Geographies of education and the significance of children, youth and families[J]. Progress in human geography, 2010(34): 583-600.

Lambert D, Solem M, Tani, S. Achieving human potential through geography education: A capabilities approach to curriculum making in schools[J]. Annals of the association of American geographers, 2015 (105): 723-735.

Maude A. What might powerful geographical knowledge look like[J]. Geography, 2016 (101):70-76.

Moenter L, Otto K. The concept of disasters in geography education[J]. Journal of Geography in Higher Education, 2017, 42 (2):1-15.

Pini B, Gulson K N, Kraftl P, et al. Critical geographies of education: an introduction [J]. Geographical research, 2017(55):13-17.

Solem M N, Boehm R G. RCN: Transformative research in geography education annual project report[M]. Washington, DC: National Science Foundation, 2017.

Stanek M B. Decolonial education and geography: Beyond the 2017 Royal Geographical Society wiMh the Institute of British Geographers annual conference[J]. Geography compass, 2019, 13(12):1-13.

Taylor C. Towards a geography of education[J]. Oxford review of education, 2009, 35 (5):651-669.

Wallas G. The Art of Thought[M]. London: Jonathan Cape Ltd, 1926.

West H, Hill J, Finn M, et al. GeogEd: A new research group founded on the reciprocal relationship between geography education and the geographies of education[J]. Area, 2020(52):1-8.

Wilcke H, Alexandra B. Comparison as a Method for Geography Education[J]. Education sciences, 2019, 9 (225):1-15.

Zhuang L, Ye C. Lieske S N. Intertwining globality and locality: bibliometric analysis based on the top geography annual conferences in America and China[J]. Scientometrics, 2020, 122 (2):1075-1096.

冰冻圈科学国家重点实验室: http://www.sklcs.ac.cn/index.html, 访问时间: 2023-10-30.

测绘遥感信息工程国家重点实验室: http://www.lmars.whu.edu.cn/, 访问时间: 2023-10-30.

城市和区域生态国家重点实验室:http://dse.rcees.cas.cn/,访问时间:2023-10-3.

城市水资源与水环境国家重点实验室:http://waterlab.hit.edu.cn/,访问时间:2023-10-3.

大陆动力学国家重点实验室:https://sklcd.nwu.edu.cn/index.htm,访问时间:2023-10-3.

大气边界层物理与大气化学国家重点实验室:http://www.lapc.ac.cn/,访问时间:2023-10-3.

大气科学和地球流体力学数值模拟国家重点实验室:http://www.lasg.ac.cn/gy-wm/sysjs/,访问时间:2023-10-3.

地表过程与资源生态国家重点实验室:http://www.espre.cn/,访问时间:2023-10-3.

地震动力学国家重点实验室:http://www.eqlab.ac.cn/,访问时间:2023-10-3.

地质过程与矿产资源国家重点实验室:http://www.gpmr.cug.edu.cn/,访问时间:2023-10-3.

地质灾害防治与地质环境保护国家重点实验室:http://www.sklgp.cdut.edu.cn/,访问时间:2023-10-3.

冻土工程国家重点实验室:http://sklfse.nieer.ac.cn/index.html,访问时间:2023-10-3.

俄罗斯地理学会:https://www.rgo.ru/en,访问时间:2023-10-3.

国际城市与区域规划师协会:https://isocarp.org,访问时间:2023-10-3.

国际大地测量学和地球物理学联合会:http://www.iugg.org/,访问时间:2023-10-3.

国际地理联合会:https://igu-online.org/,访问时间:2023-10-3.

国际地貌学家协会:http://www.geomorph.org/main.html,访问时间:2023-10-3.

国际区域科学协会:https://www.regionalscience.org/index.php,访问时间:2023-10-3.

国际土壤科学联合会:https://www.iuss.org/,访问时间:2023-10-3.

海洋地质国家重点实验室:https://mlab.tongji.edu.cn/,访问时间:2023-10-3.

河口海岸学国家重点实验室:http://www.sklec.ecnu.edu.cn/,访问时间:2023-10-3.

河南大学黄河文明与可持续发展研究中心:http://yrcsd.henu.edu.cn/,访问时间:2023-10-3.

湖泊与环境国家重点实验室:http://www.niglas.ac.cn/,访问时间:2023-10-3.

华东师范大学中国现代城市研究中心:http://ccmc.ecnu.edu.cn/,访问时间:2023-10-3.

环境地球化学国家重点实验室:http://skleg.gyig.cas.cn/,访问时间:2023-10-3.

环境化学与生态毒理学国家重点实验室:http://et.rcees.ac.cn/sysgk/sysjj/,访问时间:2023-10-3.

环境基准与风险评估国家重点实验室:http://www.craes.cn/,访问时间:2023-10-3.

环境模拟与污染控制国家重点联合实验室:http://www.skjlespc.net/news.php?class=147&xingzhi=1,访问时间:2023-10-3.

黄土与第四纪地质国家重点实验室:http://www.llqg.ac.cn/,访问时间:2023-10-3.

近海海洋环境科学国家重点实验室:https://mel.xmu.edu.cn/index.htm,访问时间:2023-10-3.

莱布尼茨学会:https://leibniz-phd.net/,访问时间:2023-10-3.

兰州大学资源环境学院西部环境教育部重点实验室:http://wel.lzu.edu.cn/,访问时间:2023-10-3.

流域水循环模拟与调控国家重点实验室:http://www.skl-wac.cn/sklsr/index.htm,访问时间:2023-10-3.

美国地理学家协会:http://www.aag.org/,访问时间:2023-10-3.

美国国家地理学会:https://www.nationalgeographic.com/,访问时间:2023-10-3.

美国环保协会:http://www.cet.net.cn/,访问时间:2023-10-3.

欧洲地理学家协会:https://www.eurogeography.eu/,访问时间:2023-10-3.

欧洲区域科学协会:https://ersa.org/,访问时间:2023-10-3.

人文社会科学重点研究基地:https://baike.baidu.com/item/,访问时间:2023-10-3.

日本地理学会:https://www.ajg.or.jp/,访问时间:2023-10-3.

深圳大学中国经济特区研究中心:http://ccsezr.org.cn/,访问时间:2023-10-3.

苏州大学中国特色城镇化研究中心:http://rurc.suda.edu.cn/,访问时间:2023-10-3.

现代古生物学和地层学国家重点实验室:http://www.sklps.cn/,访问时间:2023-10-3.

岩石圈演化国家重点实验室:http://www.igg.cas.cn/,访问时间:2023-10-3.

英国皇家地理学会:https://www.rgs.org/,访问时间:2023-10-3.

灾害天气国家重点实验室:http://tianqi.bj1000e.com/,访问时间:2023-10-3.
中国城市规划学会:http://www.planning.org.cn/,访问时间:2023-10-3.
中国地理信息产业协会:http://www.cagis.org.cn/,访问时间:2023-10-3.
中国地理学会:http://www.gsc.org.cn,访问时间:2023-10-3.
中国地学期刊网:http://www.geojournals.cn/,访问时间:2023-10-3.
中国海洋大学海洋发展研究中心:http://hyfzyjy.ouc.edu.cn/,访问时间:2023-10-3.
中国环境科学学会:http://www.chinacses.org/,访问时间:2023-10-3.
中国科学院陆地表层格局与模拟重点实验室:http://www.igsnrr.ac.cn/jgsz/kyxt/zrdlyqqbhyjb/,访问时间:2023-10-3.
中国科学院青藏高原地球科学卓越创新中心:http://www.cetes.cn/,访问时间:2023-10-3.
中国科学院青藏高原研究所高寒生态重点实验室:http://www.itpcas.ac.cn/,访问时间:2023-10-3.
中国区域经济学会:http://www.quyujingji.org/Index.asp,访问时间:2023-10-3.
中国区域科学协会:http://www.rsac.org.cn/,访问时间:2023-10-3.
中国自然资源学会:http://www.csnr.org/index.html,访问时间:2023-10-3.
资源与环境信息系统国家重点实验室:http://www.lreis.ac.cn/,访问时间:2023-10-3.